殷周歷史與文字

（第一辑）

中国社会科学院甲骨学殷商史研究中心　编

刘源　执行主编

中西書局

图书在版编目（CIP）数据

殷周历史与文字．第一辑 / 中国社会科学院甲骨学殷商史研究中心编；刘源执行主编．-- 上海：中西书局，2022
ISBN 978-7-5475-2018-5

Ⅰ．①殷… Ⅱ．①中… ②刘… Ⅲ．①中国历史－商周时代－文集 Ⅳ．①K221.07-53

中国版本图书馆 CIP 数据核字（2022）第 207292 号

殷周历史与文字（第一辑）

中国社会科学院甲骨学殷商史研究中心 编
刘源 执行主编

责任编辑	田 颖
特约编辑	宋专专
装帧设计	黄 骏
责任印制	朱人杰
出版发行	上海世纪出版集团 中西書局（www.zxpress.com.cn）
地 址	上海市闵行区号景路159弄B座（邮政编码：201101）
印 刷	上海商务联西印刷有限公司
开 本	700毫米×1000毫米 1/16
印 张	16.25
字 数	242 000
版 次	2022年10月第1版 2022年10月第1次印刷
书 号	ISBN 978-7-5475-2018-5/K·404
定 价	85.00 元

本书如有质量问题，请与承印厂联系。电话：021-56044193

王震中

1957年1月生，籍贯陕西三原。1982年1月于西北大学历史系考古专业毕业，获历史学学士学位。1982年3月至1984年12月师从尹达、张政烺、杨向奎，获历史学硕士学位。1987至1991年师从田昌五、伊藤道治，获历史学博士学位。1985年至今在中国社会科学院古代史研究所工作，历经助理研究员、副研究员、研究员、科研处副处长、先秦史室副主任、副所长，2014年评选为学部委员，2017年为全国政协委员，2018年担任中国社会科学院历史学部副主任。现兼任中国殷商文化学会会长、国家教材委员会专家委员会委员、国家广播电影电视总局电影审查委员会委员等。

近年主要成果

《中国文明起源的比较研究（增订本）》，中国社会科学出版社2013年。

《中国古代国家的起源与王权的形成》，中国社会科学出版社2013年。

《重建中国上古史的探索》，云南人民出版社2015年。

《夷夏互化融合说》，《中国社会科学》2022年第1期。

《论二里头乃夏朝后期王都及“夏”与“中国”》，《中国社会科学院大学学报》2022年第1期。

刘　源

1973年7月生，籍贯湖南长沙。1990年至1994年就读于陕西师范大学历史系，获历史学学士学位。1994年至2000年在南开大学历史系师从朱凤瀚教授学习先秦史及古文字，获历史学硕士、博士学位。2000年至今在中国社会科学院古代史研究所先秦史研究室工作，现任研究员、古代史研究所学术委员会委员、先秦史研究室主任、中国社会科学院大学博士生导师。

近年主要成果

《论殷金文的特征体系》，《故宫博物院院刊》2020年第11期。

《谈殷墟花东卜辞中湏字反映的禳祓之祭》，《中国史研究》2021年第2期。

《新见义器、韦卣及毳器铭文反映的周承殷制现象》，《青铜器与金文》第六辑，上海古籍出版社2021年。

徐义华

1972年3月生，山东人。1996年考入中国社会科学院研究生院历史系学习甲骨学殷商史专业，1999年获硕士学位，进入中国社会科学院古代史研究所工作，2003年考入中国社会科学院研究生院历史系学习历史文献学专业，2006年获博士学位，2012年任研究员。

近年主要成果

《中国古史分期问题析论》，《中国史研究》2020年第3期。

《略论中国早期国家的血缘与地缘关系》，《中原文化研究》2020年第1期。

《从奴隶社会的运行机制看中国奴隶社会问题》，《中国史研究动态》2021年第5期。

《资源视角下的文明与国家概念》，《中国史研究动态》2022年第1期。

《商人契刻卜辞于甲骨的动因初探》，《河南社会科学》2022年第1期。

孙亚冰

1978年生，河南登封人。1995至1998年就读于河南大学历史文化学院，获历史学学士学位，1998至2001年就读于中国社会科学院研究生院，获历史学硕士学位，毕业后留古代史所工作至今，2011年获历史学博士学位，现任研究员、硕士生导师。主要研究方向为甲骨学与殷商史。

近年主要成果

《殷墟花园庄东地甲骨文例研究》，上海古籍出版社2014年。

《甲骨文中所谓的“占”字当释为“司”》，《考古》2019年第9期。

《殷墟卜骨的双兆干现象》，《甲骨文与殷商史》新九辑，上海古籍出版社2019年。

《论一版新见无名类卜辞中的“作册般”》，《古文字研究》第三十三辑，中华书局2020年。

《中国社会科学院古代史研究所藏甲骨文拓》，上海古籍出版社2020年。

赵 鹏

1976年生。1995至2002年就读于哈尔滨师范大学中文系，获文学学士、硕士学位。2002年至2006年就读于首都师范大学文学院，师从黄天树教授，获文学博士学位。2007年7月就职于中国社会科学院历史研究所先秦史研究室。

近年主要成果

《殷墟甲骨文人名与断代的初步研究》，线装书局2008年。

《中国社会科学院历史研究所藏甲骨集》（合著），上海古籍出版社2011年。

《笏之甲骨拓本集》，上海古籍出版社2016年。

《YH127坑宾组龟腹甲钻凿布局探析》，《考古学报》2017年第1期。

《殷墟甲骨文“某人某”及其相关问题》，《中国史研究》2018年第2期。

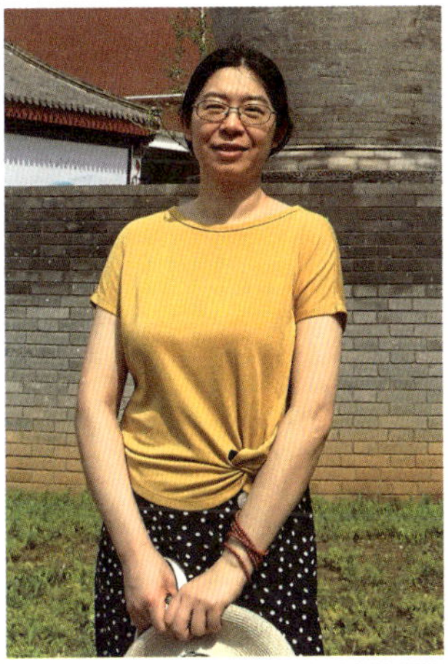

邵 蓓

1972年8月生，籍贯安徽宿州。1990至1994年就读于北京师范大学历史系，获历史学学士学位。1994至1997年师从晁福林教授，获历史学硕士学位。1997年至今在中国社会科学院古代史研究所《中国史研究》编辑部工作。现为编审、《中国史研究》编辑部主任。

近年主要成果

《礼与中国古代社会·先秦卷》（合著），中国社会科学院出版社2016年。

《中国通史：从中华先祖到春秋战国》（合著），华夏出版社2016年。

《〈封许之命〉与西周外服体系》，《历史研究》2019年第2期。

王泽文

1970年生。1988年至1992年就读于北京师范大学图书馆情报学系，获文学学士学位。1992年至1995年就读于北京师范大学历史系，师从晁福林先生，获历史学硕士学位。1999年至2002年就读于中国社会科学院研究生院，师从李学勤先生和席泽宗先生，获历史学博士学位。2002年7月到中国社会科学院历史研究所工作，现为副研究员，研究方向侧重青铜器与周代史。

近年主要成果

《关于文峰塔M1出土曾侯舆钟铭的初步研究》，《江汉考古》2015年第6期。

《试说“海昏”》，《中国史研究》2016年第4期。

《晋文公请隧别解》，《南方文物》2018年第4期。

《夏商周断代工程报告》（参与编写和修改），科学出版社2022年。

苏　辉

1977年生，福建浦城人，1995至1999年就读于北京师范大学资源与环境科学系，获理学学士学位。1999至2002年就读于中国社会科学院研究生院历史系，获历史学硕士学位。2006至2010年就读于清华大学中国考古与艺术史研究所，获历史学博士学位。2002年至今在中国社会科学院古代史研究所《中国史研究动态》编辑部工作。现为副编审、副主编。主要致力于青铜器与先秦史研究。

近年主要成果

《秦三晋纪年兵器研究》，上海古籍出版社2013年。

《海昏侯墓出土多棱形铜缶的一点考察》，《形象史学·2018上半年》总第十一辑，社会科学文献出版社2018年。

《〈相利善剑〉补论》，《凉州文化与丝绸之路国际学术研讨会论文集》，中国社会科学出版社2019年。

《由清华简〈封许之命〉释春秋金文中的“天命”“大命”》，《西北早期区域史学术研讨会暨第十一届中国先秦史学会年会论文集》，三秦出版社2020年。

刘义峰

1975年2月生，籍贯山东泰安。2005年至2008年就读于中国社会科学院研究生院历史系，获历史学博士学位。2008年7月至今在中国社会科学院古代史研究所工作，主要从事古文字与先秦史研究，现为副研究员。主持国家社科基金项目"无名组卜辞合集"，担任《(新编)中国通史·春秋战国卷》审读专家，兼任中国先秦史学会理事。

近年主要成果

《无名组卜辞的整理与研究》，金盾出版社2011年。
《甲骨组类学》，《中国史研究》2011年第4期。
《令方彝断代论》，《南方文物》2015年第4期。
《清华简〈尹至〉賸义》，《殷都学刊》2021年第4期。
《〈金縢〉周公人物形象的演变》，《寻根》2021年第6期。

张兴照

亦名张兴兆，1972年生，河南滑县人，历史学博士。2009年进入中国社会科学院历史研究所博士后流动站，出站后留所工作。现为副研究员，主要研究方向为先秦历史地理、中国水运史。

近年主要成果

《甲骨文所见商代水环境》，《中国史研究》2011年第4期。
《水上交通与商代文明》，《中国社会科学》2013年第6期。
《商代水利研究》，中国社会科学出版社2015年。
《商代地理环境研究》，中国社会科学出版社2018年。

任会斌

1980年5月生，籍贯山东沂源。1997至2004年就读于山东大学，先后获文学学士、历史学硕士学位。2004至2008年就读于清华大学人文学院历史系，获历史学博士学位。2008年至今在中国社会科学院古代史研究所工作，现为副研究员。

近年主要成果

《中国历史图谱·夏商西周卷》，湖南人民出版社2016年。
《齐长城研究》，湖南人民出版社2017年。
《殷商社会性质问题讨论的简要回顾与反思》，《史学理论研究》2021年第2期。

张 翀

1980年生，陕西西安人。1999年至2003年就读于西北大学文博学院（现更名为“文化遗产学院”）考古系，获历史学学士学位。2003年至2006年，师从张懋镕教授，获历史学硕士学位。2012年至2015年就读于中央美术学院人文学院，师从郑岩教授，2018年获艺术学博士学位。2006年至今在中国社会科学院古代史研究所先秦史研究室工作，现为副研究员，硕士生导师。

近年主要成果

《中国古代青铜器整理与研究·青铜豆卷》，科学出版社2015年。
《中国美术史》（合著），高等教育出版社2019年。
《青铜识小》，北京联合出版公司2020年。
《中国古代青铜器整理与研究·青铜觥卷》（合著），科学出版社2022年。

郜丽梅

1979年4月生，籍贯河北平山。1999至2003年就读于河北师范大学历史系，获历史学学士学位。2003年至2006年就读于河北师范大学历史系，师从沈长云教授，获历史学硕士学位。2006年至2009年就读于中国社会科学院研究生院历史系，师从王震中研究员，获历史学博士学位。2009年至今就职于中国社会科学院古代史研究所先秦史研究室，现任助理研究员。

近年主要成果

《〈甲骨文捃〉的初步复原》，《南方文物》2015年第3期。

《读〈甲骨文捃〉》，《博物院》2019年第6期。

《读〈甲骨文捃〉（二）》，《殷都学刊》2021年第3期。

郅晓娜

1984年7月生，籍贯河南许昌。2003至2007年就读于北京第二外国语学院国际传播学院，获文学学士学位。2007至2013年就读于中国社会科学院研究生院历史系，师从宋镇豪教授，2010年获历史学硕士学位，2013年获历史学博士学位。2013年至今在中国社会科学院古代史研究所先秦史研究室工作，现任助理研究员。

近年主要成果

《颜色与祭祀——中国古代文化中颜色涵义探幽》（译著），上海古籍出版社2013年。

《金璋所藏甲骨的著录情况》，《南方文物》2016年第3期。

《德国柏林民族学博物馆藏殷墟甲骨的著录情况》，《甲骨文与殷商史》新十一辑，上海古籍出版社2021年。

赵孝龙

籍贯山东青岛。2015年毕业于中国科学院古脊椎动物与古人类研究所科技考古学专业，获理学博士学位。2016年进入中国社科院历史所博士后流动站进行博士后研究，出站后入职先秦史研究室工作至今。研究方向为科技考古学、甲骨学与先秦史。

近年主要成果

Investigating the tool marks on oracle bones inscriptions from the Yinxu site (ca., 1319–1046 BC), Henan province, China, *Microscopy Research and Technique* (6)2016: 79.

《叶家山出土三足青铜器的地域特征分析》，《考古与文物》2018年第6期。

《显微技术在甲骨学研究中的应用》，《南方文物》2019年第6期。

《殷墟甲骨文所见书与契关系补论》，《甲骨文与殷商史》新九辑，上海古籍出版社2019年。

《甲骨文字涂朱方式分析》，《甲骨文与殷商史》新十一辑，上海古籍出版社2021年。

李红薇

1989年12月生，籍贯内蒙古呼伦贝尔。2012至2019年就读于吉林大学古籍研究所，师从吴振武教授，获历史学博士学位。2019年9月进入中国社会科学院古代史研究所从事博士后研究工作。主要研究方向为古文字文献学。

近年主要成果

《新见日藏郭沫若手批〈两周金文辞大系考释〉辑录》（合著），《文史》2018年第4辑。

《郭沫若“臣辰盉”研究史》，《郭沫若研究》第十六辑，社会科学文献出版社2021年。

《岩间大龟二三事》，《甲骨文与殷商史》新十一辑，上海古籍出版社2021年。

《从郭沫若容庚几封信札的考订谈及二人之间的一段往事》，《出土文献》2021年第1期。

前　言

本书是中国社会科学院古代史研究所（2020 年前称“历史研究所”）先秦史学科在职同仁近年代表论文的汇编。

先秦史学科主体为先秦史研究室。研究室有较长历史，始建于 1954 年，距今已有 66 年，其前身是《甲骨文合集》（以下称“《合集》”）组，负责人是胡厚宣先生。胡先生是著名甲骨学家，所著《甲骨学商史论丛》是学术经典力作。胡先生由复旦大学调入历史所后，他与夫人桂琼英女士的精力主要放在甲骨文搜集、整理、缀合和著录方面。《合集》组发展成先秦史研究室，鼎盛时期人数达 28 个半。在《合集》工作之外，顾颉刚先生调入历史所后，居家办公，主要任务是领导二十四史点校工作与研究《尚书》。先秦室有两位他的助手，即刘起釪和王煦华先生，也是《尚书》与文献的专家。继胡先生之后，李学勤先生也曾担任先秦室主任，他由缀合《殷虚文字乙编》入手研究甲骨文，继而研究西周甲骨、西周青铜器与战国文字，所著《新出青铜器研究》《东周与秦代文明》引领学界风气，成绩很大。李先生还鼓励研究室同仁开展西周甲骨、商代周祭、中国文明起源等专题的研究。

《合集》作为先秦史学科的一项核心工作，起到了出成果、出人才的作用。历史所从北京大学、中山大学、四川大学等高校选拔优秀人才，辅助胡厚宣先生编辑《合集》，萧良琼、王贵民、孟世凯、王宇信、杨升南、张永山、罗琨（罗振玉孙女）、齐文心（齐思和女儿）、彭邦炯、常玉芝、谢济等先生因此加入研究室。胡厚宣先生还招收研究生，培养后继人才，如齐文心、王宇信、宋镇豪先生。裘锡圭先生跟随胡先生来所，后来调去北大。《合集》工作持续 20 余年，于 20 世纪 80 年代陆续将图版出版齐全，成为中国学术史上划时代的里程碑之作。先秦室在王宇信、杨升南等先生的主持下，继续从事《甲骨文合集释文》《来源表》等工作，顾潮先生（顾颉刚女儿）也加入其中并从事数据整理工作。甲骨文发现一百周年之际，王宇信、杨升南等先生合撰《甲骨学一百年》，彭邦炯、谢济、马季凡等先生合编《甲骨文合集补编》，宋镇豪先生编纂《百年甲骨学论著目》，均继承了胡厚宣先生的学术事业，延续与完善了《合集》这一重点工作。经过《合集》编撰工作的锻炼，研究室老先生积累了材料，收获了研究成果，除了编辑《甲骨文与殷商史》论文集外，还相继推出了诸多个人著作，如王贵民《商周制度考信》《商西周文化志》、孟世凯《殷墟甲骨文简述》《甲骨学辞典》、王宇信《甲骨学通论》《西周甲骨探论》、杨升南《商代经济史》、常玉芝《商代周祭制度》《殷商历法研究》、彭邦炯《甲骨文农业资料考辨与研究》《甲骨文医学资料释文考辨与研究》等。目前，《合集》这一系统工程，作为先秦史学科的基础和重点，仍在延续，如宋镇豪先生主持《甲骨文合集三编》项目，王宇信先生最近组织出版了《〈甲骨文合集〉第十三册拓本搜聚》一书，可见《合集》这个富矿未来还是采掘不尽的。先秦室的老先生在参与完成国家、历史所其他重大课题方面，也有突出成果：周自强先生曾任室主任，主编《中国经济通史·先秦卷》；罗琨、张永山先生参加《中国军事通史》项目，撰写《夏商西周军事史》；宋镇豪先生参加《中国古代社会生活》项目，撰写《夏商西周社会生活史》。此外，王震中先生致力于中国早期文明的研究，他的博论《中国早期文明起源的比较研究》出版后，获首届胡绳青年学术奖。对外合作方面，李学勤、齐文心先生与艾兰教授携手整理出版了《英国所藏甲骨集》。前辈文稿整理方面，顾潮、王煦华先生完成了《顾颉刚文集》编订出版工作。上述这些丰硕的成果为历史所先秦史学科在海内外学界赢得了口碑和声望。

进入新世纪后，宋镇豪先生担任室主任，继承胡厚宣先生的遗志，主持《商代史》项目，并积极整理与著录海内外收藏的甲骨文材料，恢复了胡先生创办的《甲骨文与殷商史》集刊。宋先生在其《百年甲骨学论著目》基础上，组织宫长为、马季凡、徐义华等先生编成 40 大册《甲骨文献集成》。《商代史》项目，聘请研究室学有专长的先生，以各自前期优秀论著成果为基础，各司一卷，如请常玉芝先生负责《宗教与祭祀》卷，凡 11 卷，历经十余载，于

2011 年完成出版。《商代史》项目与研究生培养结合，也起到了出人才的作用，如《地理与方国》卷就和博士生林欢、硕士生孙亚冰的学位论文同步开展，这一卷对于甲骨文地理的研究推进很大。2008 年起，宋先生开始组织全室人员，墨拓整理海内外收藏甲骨文材料，目前已完成张世放、历史研究所、旅顺博物馆、重庆三峡博物馆、俄罗斯爱米塔什博物馆等多家藏品的拓本、摹本、照片"三位一体"的出版工作，山东博物馆、天津博物馆藏品整理基本完成。《合集》编辑过程中，从海内外搜集了大量珍贵甲骨文拓本材料，宋先生也组织赵鹏、孙亚冰、马季凡、郜丽梅等先生进行整理出版，已完成笏之考文、徐宗元尊六室、沐园、殷契四编、甲骨文拓等部分。此外，宋镇豪、孙亚冰先生还整理出版了上海朱孔阳藏甲骨文拓本与安阳民间收藏甲骨文材料，将后者编著成《殷墟甲骨拾遗》一书。胡厚宣先生创办的《甲骨文与殷商史》集刊，由宋镇豪先生复刊后，已出版了新刊十二辑，此刊已成为目前海内外唯一的甲骨学专业刊物。2005 年，宋镇豪先生让刘源建立"先秦史研究室网站"，经过 17 年的发展，此网站已成为海内外甲骨缀合发表的最重要学术平台。

目前，古代史所先秦史学科成员以先秦室成员为主，还包括中国通史研究室的徐义华，《中国史研究》《中国史研究动态》编辑部的邵蓓、苏辉，历史地理室的张兴照等位先生。学科在职人员全部拥有博士学位，年龄已完成新老交替，除王震中学部委员外，均为 1970 年以后出生的中青年。学科成员已推出一批代表作，如刘源《商周祭祖礼研究》(第四届胡绳青年学术奖)、《甲骨学殷商史研究》(与宋镇豪合著)，徐义华《商周甲骨文》(与王宇信合著)、《商代国家与社会》(与王宇信合著)，孙亚冰《商代地理与方国》(与林欢合著)、《殷墟花园庄东地甲骨文例研究》(第五届郭沫若中国历史学奖三等奖)，赵鹏《殷墟甲骨文人名与断代的初步研究》(第六届胡绳青年学术奖)，邵蓓《礼与中国古代社会・先秦卷》(与刘源、刘丰合著)，苏辉《秦三晋纪年兵器研究》，刘义峰《无名组卜辞的整理与研究》，张兴照《商代水利研究》《商代地理环境研究》，任会斌《甲骨文是什么》《齐长城研究》，张翀《中国古代青铜器整理与研究：青铜豆卷》《青铜觥卷》《青铜识小》，等等。

先秦史学科的发展，一直备受中国社会科学院、古代史研究所的重视和关怀，2017年开始列入院登峰计划优势学科。为了更好地向院所领导、先秦史学科老先生汇报近年工作，向海内外关心学科发展的同行专家致以感谢与回应，先秦史研究室邀请学科各位在职成员（包括一名在站博士后）各自提交一篇3年内的近作，共16篇，汇集成这本《殷周历史与文字》，所收论文涉及夏商至春秋的历史问题，研究对象包括甲骨文、青铜器、金文、传世文献、考古材料，内容丰富，反映了近年中国上古史学界注意地下新材料及二重证据研究法的风尚。论文按研究员、副研究员、助理研究员成果排序。书前附有作者照片与简历。本辑由刘源研究员担任执行主编，以后如能持续组稿编辑，则由学科成员轮流执事。是为记。

刘　源

2021年2月7日

目　　录

改革开放四十余年中国文明和国家起源的研究与反思

王震中

从1978年至2020年，我国的改革开放已有四十二年。改革开放，使中国的学术迎来了自己的春天，呈现出一片生机勃勃。中国文明和国家起源的研究，四十余年的成就蔚为大观，也很值得进行学术史的梳理和反思。如何作梳理和反思，也许见仁见智。比如，有人会以这个领域代表性的著名学者成果发表时间为依据，来作学术发展阶段的划分和评述；也有人会把这个领域分类为几个侧面，分别加以总结和阐述。我以为，学术的进步，最本质的是学术思想和方法的推进与突破，这是学术的灵魂。为此，本文从学术思想的变化，对四十年来中国文明和国家起源研究的主要趋势进行梳理，阐述我自己的一些思考。

一、20世纪80年代关于文明要素的研究

从学术思想的演变入手来考察四十余年我国学术界对中国文明和国家起源研究的趋势，我们发现20世纪从70年代末到整个80年代，发表的大量论文都是通过文明的"三要素"或"四要素"来探讨中国文明的起源。所谓文明三要素，是指铜器、文字、城市；文明四要素是指铜器、文字、城市、祭祀礼仪中心。例如，高广仁、邵望平《中华文明的发祥地之一——海岱历史文化》一文，就是以原始文字、金属工具、城堡来探讨海岱地区文明起源的。[1] 邹衡

---

① 高广仁、邵望平：《中华文明的发祥地之一——海岱历史文化》，《史前研究》1984年第1期。

《中国文明的诞生》一文也是从文明起源的三要素论证夏文明是中国最早的文明。[①] 李先登《关于中国古代文明起源的若干问题》一文，也是通过文字、青铜礼器、城市来探讨中国文明起源的。[②] 诸如此类的论文[③]形成一个时代特色，其中，1985 年出版的夏鼐《中国文明的起源》影响较大。

夏鼐《中国文明的起源》一书共由三章组成，第一章是“中国考古学的回顾与展望”，第二章是“汉唐丝绸和丝绸之路”，第三章是“中国文明的起源”。[④] 这三章是夏鼐 1984 年在日本作的三次演讲，其中第三章“中国文明的起源”是从殷墟文化所呈现的“都市、文字、青铜器铸造技术”向前追溯到郑州二里岗文化、偃师二里头文化、新石器文化，采用的是由已知推未知的方法。关于文明社会的标志，夏鼐指出：“现今史学界一般把‘文明’一词用来以指一个社会已由氏族制度解体而进入有了国家组织的阶级社会的阶段。”[⑤]这与恩格斯在《家庭、私有制和国家的起源》中说“国家是文明社会的概括”，是完全一致的。由此，我们可以说，探讨文明的起源，在某种意义上，也就是探讨国家的起源。夏鼐在讲中国文明的起源时，是明确地通过“三要素”进行论述的。他说：“中国的考古工作者，现正在努力探索中国文明的起源。探索的主要对象是新石器时代末期或铜石并用时代的各种文明要素的起源和发展，例如青铜冶铸技术、文字的发明和改进、城市和国家的起源，等等。”[⑥]夏鼐这样的研究是 20 世纪 80 年代中国学者、特别是考古学者代表性的研究范式。

20 世纪 80 年代我国学者用所谓文明的“三要素”或“四要素”来探讨文明起源的这种研究趋势的特点，其方法可以追溯到 20 世纪 40—50 年代。

---

① 邹衡：《中国文明的诞生》，《文物》1987 年第 12 期。

② 李先登：《关于中国古代文明起源的若干问题》，《天津师范大学学报》1988 年第 2 期。

③ 孙广清：《从考古发现谈中国古代文明的起源问题》，《中原文物》1989 年第 2 期；耿铁华：《中国文明起源的考古学研究》，《中原文物》1990 年第 2 期；曹桂岑：《我国何时进入文明时代》，《河洛文明论文集》，中州古籍出版社，1993 年。

④ 夏鼐：《中国文明的起源》，文物出版社，1985 年。

⑤ 夏鼐：《中国文明的起源》，第 81 页。

⑥ 夏鼐：《中国文明的起源》，第 80 页。

20世纪40—50年代，英国考古学家柴尔德曾提出由旧石器时代到新石器时代转变的“农业革命论”，以及由新石器时代向文明社会转变的“城市革命论”。他描述了城市国家的若干项指标：人口的大量增加，粮食的剩余和财富的积累，专业工匠等手工业的专门化和对外贸易，经济的积累与科学技术的进步，冶金技术的出现，文字的发明和文字体系，城市中心设有的神庙等祭祀礼仪中心以及祭司、官吏、商人、工匠和士兵等新的阶级的出现等。[①] 20世纪80年代，我国学者把前人所说的“城市国家”的若干项指标简化为三项或四项，作了高度的概括，从而形成了文明起源的“三要素说”或“四要素说”。

然而，所谓文明起源的“三要素”或“四要素”并非放之四海而皆准。

关于铜器，中国、西亚两河流域、埃及、南欧爱琴海等早期文明时代都是铜器时代；但是，中美洲墨西哥的特奥蒂瓦坎文明和玛雅文明都是没有铜器的文明，在中美洲不存在铜器时代；西欧也并非在其铜器时代而是在其铁器时代才进入文明社会的。由于美洲考古学的特殊性以及在美洲新大陆缺乏铜器、铁器之类的金属时代，为此在美洲考古学上，学者们提出了一套独立的时代划分及其术语，这就是“石期”、“古期”、“形成期”（又称“前古典期”）、“古典期”、“后古典期”。其中，石期的开始，大体相当于旧大陆旧石器文化；形成期在大部分地区开始于由狩猎采集和初期农耕向定居农耕的转变；而古典期则是其文明高度发展的黄金时代，但它却是尚未使用铜器的时代。[②]

尚需指出的是，即使是在那些铜器时代亦同时大体上就是古典文明时代的地区，是否铜器一出现，便立即由史前进入了文明社会？回答也是否定的。从理论上讲，铜器由发明到较为普遍地使用显然有一个过程。从实际上来考察，例如在我国甘青地区的马家窑类型的文化中就发现有完整的铜刀和其他铜器碎块，我们能说马家窑类型的文化已进入文明时代吗？从世界各地的上古史来看，不少地区确实是在铜器时代进入了阶级社会，但绝非一见铜器即为已进入阶级社会，而是经历了一个历史的发展过程与社会财

① 柴尔德：《远古文化史》，周进恺译，上海文艺出版社，1990年据群联出版社1954年本影印，第131—168页。

② 王震中：《中国文明起源的比较研究》，陕西人民出版社，1994年，第408—418页。

富的积累阶段。在考古学上，有时也使用“铜石并用时代”，这是指在“青铜时代”之前已发明铜器冶炼但又不起决定作用的时期。因而，发现了早期铜器，要判断它究竟是原始社会末期的东西，还是阶级社会的产品，必须联系其他条件综合研究，必须考察当时的社会政治经济状况。[①]

关于文字，摩尔根在其《古代社会》一书中认为，文明时代“始于标音字母的发明和文字的使用”，并说“刻在石头上的象形文字可以视为与标音字母相等的标准”。[②] 恩格斯进一步说，正是“由于文字的发明及其应用于文献记录而过渡到文明时代”。[③] 但是，南美秘鲁的印加文明，虽已建立了强大的帝国式的国家，却没有文字的使用；包括匈奴在内的许多游牧民族，在其初期文明社会虽已建立了政权机构，却也没有文字。[④] 此外，对于那些发明文字的民族来说，究竟是以文字的出现为文明的标志，还是以“应用于文献记录”为标志，也是难解的问题。在我国，从距今6000多年前的仰韶文化、大溪文化等陶器上的刻划符号，经距今5000—4500年前的大汶口文化中晚期陶器上的“炅”“斤”“钺”[⑤]等原始象形陶文，距今5000—4000多年前的良渚文化陶器上被释为“巫钺五俞（偶）”[⑥]的四字陶文等多字陶文，距今4300—4000年前的山西襄汾陶寺遗址出土的陶扁壶上用朱砂书写的可释为“文尧”的象形文字，再到安阳殷墟出土的甲骨文，从符号到文字，乃至再到成系统的文字，经历两三千年发展的历程。[⑦] 如果以有无成文历史或有无“应用于文献记录”而论，则“惟殷先人，有册有典”（《尚书·多士》），到商代才有成文历史。

---

① 李学勤主编，王震中等著：《中国古代文明与国家形成研究》，云南人民出版社，1998年，第4页。

② 摩尔根：《古代社会（新译本）》，杨东莼、马雍、马巨译，商务印书馆，1977年，上册，第11—12页。

③ 恩格斯：《家庭、私有制和国家的起源》，《马克思恩格斯选集》，人民出版社，1995年，第22页。

④ 王震中：《中国文明起源的比较研究》，第2页。

⑤ 唐兰：《关于江西吴城文化遗址与文字的初步探索》，《文物》1975年第7期；《中国有六千多年的文明史——论大汶口文化是少昊文化》，《大公报在港复刊30周年纪念文集》，1978年；《从大汶口文化的陶器文字看我国最早文化的年代》，《光明日报》1977年7月14日。

⑥ 李学勤：《良渚文化的多字陶文》，《苏州大学学报（吴学研究专辑）》，1992年。

⑦ 王震中：《中国文明起源的比较研究（增订本）》，中国社会科学出版社，2013年，第223—273页。

可见，用文字的发明和使用作为判断是否进入文明社会的标志，其局限性也是显而易见的。不但有许多民族在进入文明社会后相当长的时期内并无文字的发明，就是发明了文字的民族，从文字的萌芽、发展到成熟，必然要经历相当的过程，在这一过程中，文字发展到什么程度才算进入了文明社会，实难划定。

此外，今天看来，摩尔根和恩格斯提出的“由于文字的发明及其应用于文献记录而过渡到文明时代”，适应于作为人类文明史中“有文字记载的历史时代”开始的标志，也就是说它可以作为国外学术界把人类历史划分为“史前时期”、“原史时期”、“历史时期”（有文献记载的历史时期）这样的分类体系中的“历史时期”开始的标志。在这样连续发展的三个阶段中，所谓“原史时期”，西方学者一般将其定义为紧接史前但又早于能以书写文件证明的历史，其时间段被界定在史前时期与历史时期两大阶段的过渡阶段。联系中国古代史的具体实际，中国的“原史时期”，有一种观点认为它包括从距今4500年前的考古学上龙山文化时代中后期开始，经夏朝，再到商朝前期（即甲骨文之前的商朝前期）。兴起于欧美、后来在我国也有响应的“史前时期—原史时期—历史时期”的划分，只是按照是否有当时的文字记载而作的分期分类，其分期分类的标准根本不与社会形态的推移相关联，所以，这一分期系统不适合作为划分文明和国家起源的分期来使用。

关于城市、城邑或都市，虽说可以视为许多民族文明社会形成的充分条件，但它也不是每个民族都具备的。首先，对于农业民族来说城邑固然是其政治、经济、军事、文化、宗教的中心，是社会结构的物化形式之一，而对游牧民族来说则不成为绝对性的东西。其次，即使在农业民族中，古埃及人所创造的文明社会，无论是前王朝时期的诺姆文明，还是早王朝时期的文明，都是很难列入城市文明或都邑文明范畴的，欧美有的学者为了突显埃及文明的这种个性，称之为“没有城市的文明”。[①]

---

① J. Wilson, *Egypt through the New Kingdom: Civlization without Cities*, in *City Invincible*, eds. E.Kraeling and R.McC.Adams, Chicago: University of Chicago Press, 1960.

上述所谓文明起源的“三要素”，严格地说来只是文明社会到来的某些现象。由于各个古代文明所处的生态地理环境和社会环境的不同，其文明到来时的现象即文明的因素及其表现形式，自然也就不尽一致，它体现了各地文明社会演进格局的多样性。

既然“三要素”“四要素”不能放之四海而皆准，就具体的某一地区或民族而言，我们也无法以“三要素”“四要素”中的哪几项作为进入文明社会的标志，那么，就应该转变思路。对此，我在 1984 年发表的《试论我国中原地区国家形成的道路》一文中曾对当时学术界以“大汶口文化晚期遗址所出的这些原始的象形文字”、“铜的出现和铜工具的使用”、“龙山文化中、晚期出现的城堡”，“来判断此时中国已进入奴隶制国家时代”，提出了我的质疑。[①] 严格地来说，最初明确指出“以文字、铜器和城市三者的出现作为文明社会到来的标志”的局限性问题的是吾师田昌五先生。田先生在 1986 年出版的《古代社会形态析论》一书中，在对“三要素”论提出质疑的同时转换思路，他指出，文字、铜器和城市“这些物质文化可以说明人类文明社会到来的某些社会现象，不足以揭示人类文明社会产生和形成的规律。人类文明社会的产生和形成是社会形态的一种运动和推移过程，我们只有从社会形态的发展和变化上进行考察，才能解决这个问题。……文明社会的起源实际上是阶级社会的起源。人类的文明史是伴随着阶级的产生和形成而开始的”。[②] 那么，阶级是如何出现的呢？田先生提出：“氏族发展到一定程度，就要分解为母系大家族。母系大家族由于经济的原因转变为父系大家族，阶级就随之产生了。人类历史上最初的阶级结构，是以父权大家族的面貌出现的。”[③]在这里，我们暂且不论田先生“将父权家族的出现作为人类文明社会的开端”[④]是否妥当，但他的新思路是很有价值的。1993 年，彭邦本教授指出，早期文字符号、青铜器和古城这“三因素”说，没有注意区分文明起源

---

① 王震中：《试论我国中原地区国家形成的道路》，《中国史研究》1984 年第 3 期。

② 田昌五：《古代社会形态析论》，学林出版社，1986 年，第 182—183 页。

③ 田昌五：《古代社会形态析论》，第 184 页。

④ 田昌五：《古代社会形态析论》，第 187 页。

与形成这两个社会性质不同的历史阶段，他认为文明社会形成亦即文明社会开端的一般标志是社会中地域关系已居主导地位和特殊的公共权力机关的确立。[①] 1994年，我出版的《中国文明起源的比较研究》专著，彻底转换了研究思路，针对文明起源"三要素说"的局限性，提出通过对史前聚落形态演进的研究来探讨文明和国家起源的路径和过程。[②] 在1997合著的《中国古代文明与国家形成研究》一书中，我又再一次系统阐述了"三要素文明史观"的局限性。[③]

对于"三要素说"或"四要素说"的局限性进行质疑的，不仅有历史学者，也有考古学者。陈星灿《文明诸因素的起源与文明时代——兼论红山文化还没有进入文明时代》一文，[④]以及童恩正《有关文明起源的几个问题——与安志敏先生商榷》一文，[⑤]就较全面地论述了将铜器、文字、城市之类作为世界各民族进入文明时代的统一标志的局限性问题。

说到从社会形态的视角来划分文明时代，持有"三要素说"或"四要素说"的学者也是清楚的。例如，夏鼐在《中国文明的起源》一书中就说："现今史学界一般把'文明'一词用以指一个社会已由氏族制度解体而进入有了国家组织的阶级社会的阶段。"尽管如此，夏鼐先生之所以通过"都市、文字和青铜器三个要素"来探讨文明的起源，大概是因为这些"要素"在考古学上是具有可操作性的。

由于一百多年来考古学获得了长足发展以及人们习惯于从考古学角度对古代文明进行概括的缘故，这就形成了20世纪80年代国内外较为流行的观点，即把文字、铜器、城市等作为文明的标志或要素来探讨文明的起源。的确，在文明史的研究中，每当人们识别和判断古代某一区域或民族是否已进入文明社会时，确实很需要一个标志性的东西。而我们知道，那些鲜为人

① 彭邦本：《文明起源的"三因素"说质疑》，《考古与文物》1993年第1期。
② 王震中：《中国文明起源的比较研究》。
③ 李学勤主编，王震中等著：《中国古代文明与国家形成研究》，第2—6页。
④ 陈星灿：《文明诸因素的起源与文明时代——兼论红山文化还没有进入文明时代》，《考古》1987年第5期。
⑤ 童恩正：《有关文明起源的几个问题——与安志敏先生商榷》，《考古》1989年第1期。

知的早期文明和国家都先于文献的传世而出现，因而能够反映或说明这些文明与国家的唯一凭证是它们的物质遗留——即古代人们的生活和环境的物质遗留物，亦即考古学术语中所说的遗迹、遗物、遗址、遗存之类。这样，人们只有通过考古学的方法才能找到最早期的文明，而将那些通过考古发掘可以一目了然的遗存——诸如铜器、文字、城市之类规定为文明的标志，当然是再方便不过了。所以，把文字、铜器、城市等作为文明的标志来探讨文明的起源，其可操作性是不言而喻的。然而，事物往往都是二律背反，愈是具体性的东西，在抽象上愈具有它的局限性。"三要素说"或"四要素说"的文明观，明显地存在两个方面的缺陷：其一是这类"标志物"并非放之四海而皆准，很难适应世界各地文明起源的多样性和区域性；其二是它将文明看成是单项因素的凑合，形成所谓"博物馆清单"式的文明观，这既难以对文明社会的出现作出结构特征性的说明，更难以对文明社会的形成过程作出应有的解释。①

二、20世纪90年代以来关于国家形成标志的研究

上述所谓文明的要素或标志，我也称之为文明社会具体的"物化形式"②或文化形式，它只是文明社会到来的某些社会现象。由于各古代文明所处的生态地理环境和社会环境的不同，其文明到来时的现象即文明的因素及其表现形式，自然也就不尽一致，它体现了各地文明社会演进格局的多样性。

既然用具体的物化或文化形式难以对各地文明社会作出共同标志的概括，那么我们就应该转变思路，在这些具体文化形态之外的抽象层次上确立一个既能反映文明社会结构特征的共同标志，而又允许这种统一的共同标志在不同的生态地理环境和社会环境中有不尽相同的文化表现或物化形式。这就促使我们不得不将视野转向文明的伴随物——"国家"之上，亦即

① 王震中：《中国文明起源的比较研究》，第1页。
② 王震中：《中国文明起源的比较研究》，第4页。

以国家的出现作为进入文明社会的标志。[①] 这样就可以把对文明社会的形成过程和文明社会结构特征的研究与国家形成的研究联系起来。

恩格斯曾有过“国家是文明社会的概括”[②]的合理命题。国家是文明社会的概括,并不是说文明等同于国家,而只是说国家是文明的政治表现。一百多年来,将国家的出现视为原始社会的终结与文明社会和文明时代的开始,已在学术界相当广泛的范围内形成了共识。[③] 但值得指出的是对国家形成的标志和有关国家的概念定义,是很需要讨论的。

100 多年前,恩格斯在《家庭、私有制和国家的起源》中曾提出国家形成的两个标志:按地区来划分它的国民、凌驾于社会之上的公共权力的设立。按地区来划分它的国民,是为了区分原始社会的组织结构以血缘为特色而概括出的标志,这与现代当代欧美人类学家们在国家的定义中强调国家里的国民已经脱离了血缘关系而被地缘关系所取代,是一致的。[④] 凌驾于社会之上的公共权力的设立,是指伴随着国家的出现而产生了强制性权力机构,这与现代当代欧美人类学家们在国家的定义中强调国家具有强制性权力(或称为“合法的垄断的武力”“暴力”,或称为“国家机器”“政府机构”等)是一致的。[⑤] 对于恩格斯提出的这两个标志,我国学术界长期以来一直是这样使用的。但是,随着研究的深入,我们发现,按地区来划分它的国民,并不适用于古代中国的历史实际。

古代中国的国家社会一直到商周时期,其血缘关系还在政治上发挥着重要作用,这是商周社会的历史特点。当年,侯外庐先生在提出古代中国经历的“城市国家”的历史道路时即指出,中国古代国家和文明社会的形成,走的是保留氏族组织的“维新”的路径。[⑥] 之后,我国学术界多认为,夏商西周

---

① 王震中:《中国文明起源的比较研究》,第 3 页。

②《马克思恩格斯选集》,人民出版社,1995 年,第 176 页。

③ 乔纳森·哈斯:《史前国家的演进》,罗林平等译,求实出版社,1988 年。

④ 王震中:《中国古代国家的起源与王权的形成》,中国社会科学出版社,2013 年,第 8 页。

⑤ 王震中:《中国古代国家的起源与王权的形成》,第 9—11 页。

⑥ 侯外庐:《中国古典社会史论》,五十年代出版社,1943 年,“序言”第 4 页,正文第 50—52、120—125 页。

三代，国家政权虽已建立，但社会的基层单位依旧是血缘性的家族—宗族乃至氏族，国家还没有彻底与血缘组织分离；家族—宗族组织与政治权力同层同构。[①] 也就是说，在夏商西周三代国家社会的政治经济中，"族氏血缘关系"依旧发挥着重要的作用，家族和宗族依旧是政治经济实体，这种以此为中国早期国家形态一重要特征的认识，已成为我国学术界的主流观点。[②] 但是，如果按照恩格斯"按地区来划分它的国民"以及现代当代欧美学者"超越血缘关系"的标准来衡量的话，古代中国一直到商朝和西周王朝都无法把它完全划入国家社会，亦即商朝和周朝都不能算是文明社会。也正是基于此，何兹全在 1995 年发表的论文中坚持认为，西周和西周之前，其社会形态因并未脱离血缘关系而只能算是由原始社会向国家过渡的"酋邦社会"，从春秋开始才算进入"真正的国家社会"。[③]

在这里我们又遇到了需要转换思路来解决的问题。既然，在地缘关系与血缘关系的问题上，中国古代在进入了国家社会以后相当长的时间内，国家并没有彻底与血缘组织分离，依旧保留着"转型了的血缘关系的外壳"，那种以地缘关系取代血缘关系为标准来衡量国家是否形成的做法，不适用于中国，而古代中国又是世界古代国家分类中具代表性之一种，那么我们就应该放弃西方学者所说的古代国家概念中强调地缘因素的这种说法。在这一问题上，当年张光直先生在把酋邦理论介绍给中国学术界时即已感到困惑，并提出了解决问题的思路。他在介绍了肯特・弗兰纳利的国家概念[④]之后，

---

① 王震中：《中国文明起源的比较研究》，第 435—436 页。

② 李学勤：《东周与秦代文明》，文物出版社，1984 年，第 376 页；张光直：《考古学专题六讲》，文物出版社，1986 年，第 12 页；田昌五：《古代社会断代新论》，人民出版社，1982 年，第 88—102 页；田昌五、臧知非：《周秦社会结构研究》，西北大学出版社，1996 年，第 17—38 页；赵伯雄：《周代国家形态研究》，湖南教育出版社，1990 年，第 323 页；朱凤瀚：《商周家族形态研究》，天津古籍出版社，1990 年，第 2 页；赵世超：《西周为早期国家说》，《陕西师范大学学报》1992 年第 4 期；王震中：《中国文明起源的比较研究》，第 347—250、434—436 页；沈长云、张渭莲：《中国古代国家起源与形成研究》，人民出版社，2009 年，第 61、116—121 页。

③ 何兹全：《中国早期文明和国家的起源》，《中国史研究》1995 年第 2 期。

④ "The Cultural Evolution of Civilizations," *Annual Review of Ecology and Systematics* 3 (1972)：403 - 404，转引自张光直：《中国青铜时代》，生活・读书・新知三联书店，1983 年，第 53 页。

接着分析说：

> 照这种看法，国家的必要条件有两个：血缘关系在国家组织上为地缘关系所取代，合法的武力。从这上面看商代文明，前者不适用而后者适用；商代是不是已达到国家的阶段？Sanders在讨论中美文明史上酋邦向国家的转变时……这样看来，商代社会岂不是酋邦而非国家了么？可是从其他方面看（合法武力、分级统制、阶级）商代社会显然合乎国家的定义。换言之，商代的社会型态使上举社会进化分类里酋邦与国家之间的分别产生了定义上的问题。解决这个问题可有两种方式：一是把殷商社会认为是常规以外的变态。如Jonathan Friedman把基政权分配于血缘关系的古代国家归入特殊的一类，叫“亚细亚式的国家”（Asiatic State）。另一种方式是在把国家下定义时把中国古代社会的事实考虑为分类基础的一部分，亦即把血缘地缘关系的相对重要性作重新的安排。三代考古学在一般理论上的重要性，自然是在采用后一途径之下才能显示出来的。①

张先生提出了试图解决问题的这两种方式，并已有自己的倾向，但没有进一步去实践它。我在最初研究文明和国家的起源时，也深感有必要对一般所说的国家的概念和标志作出新的探讨，为此，我在1990年发表的《文明与国家》一文中提出应对恩格斯“按地区来划分它的国民”的这一标志进行修正，其后在1994年出版的《中国文明起源的比较研究》一书中又对此作了进一步的论述。在《文明与国家》一文中我指出：

> 恩格斯在《家庭、私有制和国家的起源》中所提出的国家形成的两个标志——按地区来划分它的国民及凌驾于社会之上的公共权力的设立，对于古希腊罗马来说是适用的，而对于其他更为古老许多文明民族

---

① 张光直：《中国青铜时代》，第53—54页。

> 则有一定的局限性。笔者认为，国家形成的标志应修正为：一是阶级的存在；二是凌驾于社会之上的公共权力的设立。阶级的出现是国家得以建立的社会基础，凌驾于全社会之上的公共权力的设立则是国家的社会职能，是国家机器的本质特征。
>
> 尽管农业民族与游牧民族在文明起源的具体途径上有着许多差别，然而，将国家形成的标志规定为阶级的存在与凌驾于全社会之上的公共权力的设立，无论对于农业民族还是对于游牧民族，无论对于东方还是对于西方，都是适用的。因而将此作为人类文明社会产生和形成的共同标志也是切实可行的。[①]

在《中国文明起源的比较研究》一书中，我认为，尽管在国家形成的途径或机制的解释上有内部冲突论、外部冲突论、管理论、融合论、贸易论等诸多理论观点的不同，但作为国家形成的结果，都有阶级或阶层、等级之类社会分化的存在，都有某种形式的强制性权力的设立，则是确凿无疑的。所以，即使各个古文明国家中阶层、阶级和强制性权力的形成途径和存在形式可有差异，但并不影响将二者（即阶级和强制性权力）的出现作为进入国家社会的标志。[②]

与二十多年前相比，虽说我其后对商周时期的血缘关系又有进一步的认识，例如我在研究商代的都邑时曾提出安阳殷墟这个晚商王都的族居特点是“大杂居中的小族居”，[③]其族氏结构是“商的王族和一些强宗大族虽有可能是以宗族与家族相结合的结构而组织起来的，但王都内其他不同族属的族人们，特别是那些在朝为官的外来的族氏，最初每每是以家族的形式出现的现象，以及晚商王都族居的特点主要是以家族为单元而呈现出的大杂居小族居等现象，它反映出王都内的地缘性即亲族组织的政治性要较其他

① 王震中：《文明与国家》，《中国史研究》1990 年第 3 期。
② 王震中：《中国文明起源的比较研究》，第 3、350 页。
③ 王震中：《商代都邑》，中国社会科学出版社，2010 年，第 9 页。

地方发达一些”。[①] 也就是说，晚商王都内“大杂居小族居”的族居特点属于血缘与地缘的一种结合，也是史前氏族部落血缘关系在形制上的转型演变，尽管如此，家族—宗族组织与政治权力同层同构，血缘关系以其转型了的结构在国家的政治生活中发挥着自己的作用，是当时的历史实际。为此，我们对包括恩格斯在内的欧美人类学者对国家脱离或超越血缘关系的强调的修正，依然是科学有效的。[②]

经我修正后的国家形成的这两个标志，就其可操作性来讲，关于远古社会里等级、阶级和阶层之类是否已形成，我们可以通过对考古发掘出土的贫富悬殊的墓葬材料和居住建筑物的规格等方面的材料来进行考察。在一个社会的墓地和墓葬资料中，那些随葬品十分丰富而且异常精美者，其在社会的阶层和等级中显然处于上层，可列入统治阶级或富有阶层的行列。而那些随葬品贫乏稀少，甚至一无所有者，则处于社会的下层，属于普通民众，甚至还是被奴役者。至于那些殉葬者和尸骨被丢弃在垃圾坑里的人，无论他们是由战俘转化为奴隶的人，还是因其他原因而被沦为被奴役者，他们属于社会的最底层，都是明确的。作为社会下层的普通民众和由战俘转化而来的奴隶，这二者在整体上都属于被统治阶级。从居住环境、条件和规格来看，那些居住在宫殿里的人与居住在普通的地上建筑物和居住在地穴式、半地穴式建筑物里的人，其身份地位和社会阶层的不同，也是十分明显的。所以，作为我们提出的国家形成的标志之一——等级、阶层、阶级的存在，在文明和国家起源的研究中，其可操作性和其所具有的物化形式是显而易见的。

关于凌驾于全社会之上的公共权力亦即强制性的权力，我们也可以找到它的物化形式或称之为物化载体，可以通过考古发掘出土的都邑、都城和宫殿之类的建筑物来进行考察。我们知道，一个庞大的城垣，需要大规模地组织调动大量的劳力，经过较长时间的劳动才能营建而成；而城垣之内宫殿宗庙之类的大型房屋建筑，也需要动员众多的人力物力之资源，这一切都显

① 王震中：《商代都邑》，第 359 页。
② 王震中：《中国古代国家的起源与王权的形成》，第 5—14 页。

示出在其背后有完善的社会协调和支配机制来为其保障和运营。考古发现还表明，虽然修建了都邑城墙，但并非所有的族人都居住在城内，在城邑的周边还有一些村落，即小的聚落，在远离都邑的一定范围内，也有属于该聚落群的一些聚落，而城内的宫殿也只是供统治阶层和贵族居住的。也就是说，中国上古时代的城邑及其城内的大型建筑物并不是为该地域内整个聚落群的人口居住所修建，它是为贵族中的上层及其附属人口的居住所营建，但统治阶级却有权调动和支配整个聚落群的劳动力，显然这种支配力具有某种程度的强制色彩。当然，我们并不主张一见城堡即断定国家已存在，如西亚巴勒斯坦的耶利哥，在距今10000—9000年前，尚处于前陶新石器时代，亦即新石器时代初期，即由于军事和其他特殊的原因（如保卫宗教上的圣地圣物等）而修建了城堡。但是，当一个社会已存在阶层和阶级时，城邑的出现则可视为国家构成的充分条件。也就是说，城邑宫殿只有和阶级现象结合在一起时，才能说明修建城邑宫殿所体现出的是一种强制性的权力的存在；进而还可以说，这种带有强制性的权力与当时社会划分阶级、阶层或等级相结合所构成的社会形态，是不同于史前的“分层社会”或被称为“酋邦”的社会形态的。

对于上述我提出的国家形成的这两个标志，经过20年之后，也有学者提出质疑。他认为，阶级的出现只是“国家产生的前提条件之一”，把“前提条件之一作为主体事物本身的标志，十分不宜。任何的一种前提条件，都可以存在于主体事物出现之前很久，这是一个常识。并且，就社会发展来看，有了阶级，国家并未产生的情况，比比皆是。典型的例子有大家经常提到的中国凉山彝族”。[①] 这样的讨论，显然使问题有所深入，但也不能不辨。我们说，尽管可以存在只有阶级分化而没有国家政权的社会实体，但绝不存在只有国家政权而没有阶级的社会；不论是阶级产生之后才有国家，还是国家是随同阶级的产生而一同出现的，阶级是国家社会的基础，是国家社会的重要现象，所以，这一现象既可以是所谓“前提条件之一”，也可以同时是“主体事

① 易建平：《文明与国家起源新解》，《中国社会科学报》2011年8月11日第5版。

物本身"的标志之一，何况我们并非仅仅以阶级的产生作为国家形成的标志，而是把它与强制性的凌驾于全社会之上的公共权力一并作为国家形成的标志，二者缺一不可，而且以阶级的存在作为国家形成的标志之一，有助于说明国家权力的强制性。

顺便需要指出的是，提出这一质疑的易建平教授在该文中比较认同马克斯·韦伯的有关国家的定义。韦伯认为，国家是一种"在一个给定范围领土内合法垄断了武力(暴力)使用权的"组织。① 但易建平又认为韦伯的定义中的国家所"垄断了"的强制权力一直到近代也没有完全实现。若以此为标准，岂不是直至近代，中国也没有进入国家社会吗？既然"韦伯的'国家'定义本身存在着根本性的问题"，那么我们为何还要用这一定义来作为衡量是否已形成国家的标准呢？说韦伯的这个定义只适用于所谓"早期国家阶段""成熟国家阶段""标准国家"这三者中的"标准国家"，②也是自相矛盾的。难道"早期国家""成熟国家"就不是国家了吗？

另外，沈长云教授也提出了不同意见。沈先生在《古代国家形成的两个标志不宜否定》一文中说："我们在有关国家起源与形成问题的研究中，应当坚持'按地区来划分它的国民'和'公共权力的设立'作为判断我国古代国家形成的标志。……夏商周既然是'国家'，也一定具备作为国家的必要条件，不仅要有公共权力的设立，还应有地区行政组织的建立。笔者认为，这种地区行政组织，是由各个地方彼此没有血缘关系的族邦构成的一套行政系统。这些族邦是血缘组织，但它们既然被国家编织进一个共同体，彼此之间又没有血缘联系，并各自长期占有某一固定地域，那就只能是国家的下属行政单位。"③

沈先生的上述观点有几个问题需要辨析：(一) 先秦时期的"族邦"究竟是"血缘组织"的"族"(族共同体组织)还是带有血缘特征的"邦"(邦共同体组织)？沈先生主张是前者。如果是前者，那么"族邦"与氏族或族氏有何区

---

① 转引自易建平《文明与国家起源新解》，《中国社会科学报》2011 年 8 月 11 日第 5 版。

② 易建平：《文明与国家起源新解》，《中国社会科学报》2011 年 8 月 11 日第 5 版。

③ 沈长云：《古代国家形成的两个标志不宜否定》，《中国社会科学报》2014 年 4 月 28 日 A08 版。

别？（二）反之，如果“族邦”是带有“族”（血缘）特征的邦，那么各个族邦“被国家编织进一个共同体”，这样的国家即夏商西周王朝国家，就属于经历过一定发展的较为复杂的国家，很难把它视作初始国家。（三）在商周时期，作为夏商西周王朝国家的结构，既有位于核心地位、作为“国上之国”的王邦（王国），亦有王邦之外、作为“国中之国”的诸侯邦国即所谓“族邦”，整个王朝国家是一种“复合制结构”（详后），沈先生所说的“地区行政组织”就是各个诸侯邦国（族邦）。沈先生的逻辑是：尽管“这些族邦是血缘组织”，但因各个族邦“彼此之间没有血缘关系”，所以夏商西周王朝国家脱离了血缘关系。试想作为王朝国家的各个组成部分是血缘性的，那么只是因为各个组成部分之间的血缘有所区别，这就能算作脱离了血缘关系吗？事实上，原始社会的部落是由各个氏族组成的，每一个氏族可以视为是一种血缘关系，但部落内的各个氏族之间在血缘上也是互有区别的，氏族制社会最主要的血缘区别是在氏族这一层面上，如果把沈先生的逻辑用在氏族制社会的部落层面上，原始社会的部落组织不也就成了脱离了血缘关系的组织了吗？此外，沈先生说，依据恩格斯“三次社会大分工”理论，“在野蛮中期，随着第一次社会大分工，‘就产生了第一次社会大分裂，即分裂为两个阶级：主人和奴隶、剥削者和被剥削者’”。[①] 其实，“三次社会大分工”说中的第一次社会大分工的理论，只能看作当时的科学假说，并没有充分的事实根据。三次社会大分工的第一次分工讲的是亚洲上古时期牧畜业早于农业。然而，根据 20 世纪 50 年代以来西亚和我国近几十年的考古成果，这一说法显然是需要修正的。考古学已证明，无论是西亚还是中国，农业的起源可以上溯到一万年前，农业的起源早于畜牧业，在农业中可以包含有家畜饲养，而以游牧经济为特色的游牧民族，则出现得较晚。至于游牧民族是否转变为农业民族，则视其本身的和外部的各种条件为转移，并不是人类文明产生和发展的必然规律。[②] 所以，依旧用包括恩格斯在内的欧美人类学家坚持的“古代国家形成的两个标

① 沈长云：《古代国家形成的两个标志不宜否定》，《中国社会科学报》2014 年 4 月 28 日 A08 版。
② 王震中：《中国古代国家的起源与王权的形成》，第 26 页。

志”来衡量夏商西周王朝国家是否属于国家，很难适应中国的历史实际。

在这里，我们要感谢《中国社会科学报》。该报曾经两次刊发了国内围绕着国家形成标志的精准聚焦的讨论，其中第二次还是专版，刊登了包括沈先生和笔者在内的三篇文章，其第三篇是中国社会科学杂志社史学部周学军先生撰写的《古代国家形成标志讨论争鸣录》。这样的专版争鸣讨论，既可以引起学术界的关注，亦有助于问题的深入。

也许我们对古代国家形成的标志问题还要继续讨论下去，我对恩格斯以及现代欧美人类学者关于古代国家形成标志的修正，还不能说在学术界已形成定论，还不能说这一学术课题已经得到解决，但其理论探索的意义是显而易见的。实际上，关于古代国家出现的标志问题，一直被作为国家起源中的重要理论问题，学者们对此进行了孜孜不倦的探索。20 世纪 70 年代以来，作为酋邦理论的一种发展，一部分西方人类学者和考古学者通过所谓四级聚落等级来区别酋邦与国家，提出“四级聚落等级的国家论”，就很有代表性。

所谓“四级聚落等级的国家论”，其理论逻辑认为复杂社会发展中根本的变化首先是决策等级的增多。例如，约翰逊(G. A. Johnson)提出部落和酋邦拥有一到二级行政管理机构，国家则至少拥有三级决策机构。[①] 亨利·瑞特(Henry T. Wright)、厄尔(Timothy K. Earle)等人将这种决策等级(行政管理层次)与聚落等级相对应，进一步提出，四级聚落等级代表村社之上的三级决策等级，因而表示国家；三级聚落等级代表在村社之上的二级决策等级，因而表示复杂酋邦；二级聚落等级代表其上有一级决策等级，因而表示简单酋邦。[②] 至于划分和衡量聚落等级的标准或方法，采用的是“第二大聚落(即二级)应是最大中心聚落规模的二分之一，第三大聚落(即三级)应

① G. A. Johnson, “Local Exchange and Early State Development in Southwestern Iran,” *Museum of Anthropology*, University of Michigan Anthropological Papers 51, 1973, pp.4 - 12.

② Henry T. Wright, “Recent Research on the Origin of the State,” *Annual Revieww of Anthropology* 6(1977): 379 - 397; Timothy K. Earle, “The evolution of chiefdom,” in *Chiefdoms: Power, Economy, and Ideology*, ed. T. Earle, Cambridge: Cambridge University Press, 1991, p.3.

是最大中心聚落规模的三分之一，以此类推”。刘莉教授在 2007 年出版的《中国新石器时代——迈向早期国家之路》一书即以此为标准，分析了中国史前聚落形态，并将衡量社会复杂化程度的四种变量之间的大致对应关系列为表 1。①

表 1　衡量社会复杂化程度的四种变量之间的大致对应关系

社会组织	聚落等级层次	管理等级层次	人口规模（人）*
简单酋邦	2	1	数千
复杂酋邦	3	2	数万
国　家	4	3	1 万—10 万或更多

说明：简单和复杂酋邦的人口规模根据 Earle，国家的人口规模估计基于 Feinman。

用聚落等级的划分来表示社会复杂化程度，在理论上原本是有意义的。但是，“四级聚落等级的国家论”的局限性也是非常明显的，它的局限性有如下表现：

第一，划分和衡量史前聚落等级的标准有研究者主观上的因素，因而所划分出的等级只是相对的，而不能视其为绝对。例如，以山西临汾地区的陶寺文化的聚落而言，刘莉教授对其划分出的等级是 3 个等级，②而何努教授则划分出 5 个等级。③ 再如，在刘莉《中国新石器时代——迈向早期国家之路》一书中，同样作为龙山时代的第一级聚落，陶寺中期的城址规模是 280 万平方米，而伊洛地区王湾类型的一级聚落规模是 20 万至 30 万平方米，豫北地区后岗类型的一级聚落是 30 万至 56 万平方米，豫中地区的一级聚落是 20 万至 50 万平方米，山东临沂地区的一级聚落是 75 万平方米，山东

① 刘莉：《中国新石器时代——迈向早期国家之路》，陈星灿等译，文物出版社，2007 年，第 146 页。

② 刘莉：《中国新石器时代——迈向早期国家之路》，第 158—159 页。

③ 何努：《2010 年陶寺遗址群聚落形态考古实践与理论收获》，《中国社会科学院古代文明研究中心通讯》2011 年 1 月第 21 期。

日照地区的一级聚落两城镇是 246.8 万平方米，鲁北地区一级聚落城子崖城址是 20 万平方米，等等。可见，虽然都被称为第一级聚落，但各地的悬殊是很大的。考古学者在依据聚落规模进行聚落等级的划分时，各地并没有统一的标准，也无法作出统一标准。即使同为第一级聚落，晋南 280 万平方米的陶寺城址与豫西、豫北、豫中三四十万平方米的第一等级聚落遗址，完全不是一个概念。此地被划分为第一等级的聚落，放在彼地就只能属于第二乃至第三等级的聚落。所划出的各个规模等级在本聚落群中有相对意义，但在各地之间却没有可比性。此外，对于城址的面积与遗址面积需要区别对待，这是因为从事过考古学调查的人都知道，在一个遗址中，由城垣圈起来的城内面积与整个遗址的面积不是一个概念，城址面积往往要小于一般意义上的遗址的面积。这样，对于某一聚落群来说，如果把 20 万平方米以上的遗址划为第一等级的话，那么作为城址，究竟多大规模的城址与之相当呢？是 10 万平方米以上还是 15 万平方米以上呢？其换算的依据是什么？总之，聚落规模等级的划分只是在各地聚落群内部具有相对性，而在各地的聚落群之间无法给它一个统一的量化标准，它含有研究者主观因素是显而易见的。

第二，所谓国家的产生是由四级聚落等级组成和其上有三级决策等级来表示的说法，过于绝对化，过于教条，用中国上古时期即虞、夏、商、周四代的情况来检验，似乎与古代中国的实际不符。一直到春秋时期，一些小诸侯国的聚落等级就是《周礼》所说的“体国经野”式的两级结构。例如，《左传》昭公十八年记载说：“六月，鄅人籍稻，邾人袭鄅。鄅人将闭门，邾人羊罗摄其首焉，遂入之，尽俘以归。鄅子曰：‘余无归矣。’从帑于邾，邾庄公反鄅夫人，而舍其女。”这段记载是说鲁昭公十八年六月，鄅国国君出城去巡视籍田，邾国军队袭击鄅国。鄅国人将要关上城门，邾国人羊罗把关城门人的脑袋砍下，用手提着，就因此进入鄅国，把百姓全都俘虏回去。鄅子说：“我没有地方可以回去了。”跟随他的妻子儿女到了邾国。邾庄公归还了他的夫人而留下了他的女儿。从这段记载中我们可以看到，鄅国国小民少，邾人破城便灭其国，可见其统治的范围仅限于都城周围地区，显然属于一个以都城为中心的小国寡民的城邑国家，很难作出聚落形态上的三级或四级之类的等级划分。此外，据我的研究，商王朝内的王国之地（商王朝的“内服”之地）的都鄙邑落的等级可分为三级：即王都为第一级（最高级），朝臣、贵族大臣的居邑或领地（类似于周代的采邑或公邑）为第二级，普通村邑或边鄙小邑为第三级。商王朝内的诸侯邦国（商王朝的“外服”之地）的都鄙邑落的等级亦可分为三级：即最高一级是侯伯之君所居住的中心性都邑，如甲骨文中“侯唐”（即唐侯）之“唐邑”、丙国之“丙邑”、“望乘”族邦之“望乘邑”等；第二级是该邦内其他贵族之邑或族长所居住的宗邑；第三级是该邦内的边鄙小邑或侯伯贵族领地内贫穷家族所居住的普通村邑，如“沚”伯领地的“东鄙二邑”、甲骨文中的“鄙二十邑”“三十邑”之类用数字计量的小邑等。如果套用“四级聚落等级的国家论”，那只有把王都一级与诸侯邦国内的三个等级相加起来才能凑够所谓的四个等级。但是，由于商代是“复合制国家结构”，[①]商代有些被称为侯伯的诸侯邦国在服属于商王之前是独立的邦国，在从属于商王之后，商王对侯伯之地的统治和支配也是间接性的支配，[②]所以划分商代的聚落等级结构只能把作为内服的王邦与作为外服的侯伯分别区划，而且这些聚落等级之间的上下关系也只是有某种隶属关系而不是行政区划的分级管理关系。仅就聚落的等级分类而言，已经由邦国即初始国家发展为以王国为核心的商王朝，无论是商王直接统治的王邦（王国）还是由侯伯支配的各个族邦都看不到有所谓四级的聚落等级结构，这与瑞特、厄尔等人只有四级聚落等级才表示国家的理论是完全不同的。当然，若以商代复合制国家结构的角度而论，将商的王都与侯伯领地的三级聚落等级累加起来，就会有四级的聚落等级，但这已属于国家形态和结构都已大大发展了的情形，而不是作为独立的、早期国家的、单一制的邦国的情形。所以，它与“四级聚落等级的国家论”说的不是一回事。

可见作为区分酋邦与国家的衡量标准，问题的实质并不在于某个聚落

① 王震中：《论商代复合制国家结构》，《中国史研究》2012 年第 3 期。

② 王震中：《商代都鄙邑落结构与商王的统治方式》，《中国社会科学》2007 年第 4 期。

群中聚落等级究竟是由三级还是四级而构成，而在于该政治实体是否存在较集中的强制性权力系统，社会中是否存在阶级和阶层。

总之，我认为，所谓二级、三级、四级聚落等级及其最高等级的聚落规模，反映的只是社会复杂化程度和这一政治实体所控制的领土范围，何况我们对于聚落等级的划分也只是相对的，而且即使聚落等级之间有隶属关系，也不能说这种隶属关系就是行政区划的行政管理关系。也就是说，在古代中国，在夏商周时期的上古社会，邦君与贵族领地或采邑之间的某种隶属关系并不等于秦汉以后郡县制下中央与地方的那种具有行政级别的行政管理关系。那种只有具有四级聚落等级形态才表示国家已形成的理论是有局限性的，它并不能说明国家是否产生这一问题的实质，因而也不应作为其衡量的标准。

我们将聚落考古学与社会形态学结合起来研究古代国家和文明的起源，固然要对聚落的等级作出划分，并由此来说明社会的复杂化，这只是问题的一个方面；与此同时，我们还必须对史前社会组织、等级、阶层、阶级的产生，权力性质的演变，乃至宗教意识形态领域的变化等，进行多方面的考察，方可说明早期国家与文明社会的产生途径，其演进的机制和运动的轨迹以及早期国家的形态和特点。仅就国家形成的标志而论，我依然主张阶级的出现和凌驾于全社会之上的强制性公共权力的设立是最具特征性的，而且在考古学上可以找到其依据和物化形式，因而在实际研究中也是具有可操作性的。①

三、“酋邦”理论在国家起源研究中的运用

讨论了国家形成的标志，接踵而来的是国家形成的过程与路径问题。这也是我们要把“三要素”或“四要素”式文明观的研究思路，转变为对文明社会起源过程和路径的研究时所对应的做法。在研究国家形成过程和机制的问题上，20 世纪 80—90 年代国内学者对于酋邦理论的应用是这一时期的

---

① 王震中：《中国古代国家的起源与王权的形成》，第 20—25 页。

显著特点。

酋邦(chiefdom)概念的提出及其酋邦理论的建立，都是针对摩尔根的氏族理论的不足而产生的。摩尔根在其《古代社会》一书中主张原始社会所有的氏族一律是平等的——氏族内部各个氏族成员之间是平等的，氏族与氏族之间也是平等的。他也使用“军事民主制”和“部落联盟”来说明原始社会后期(从“野蛮时代”的低级阶段到高级阶段)的社会组织情形，他还说过部落联盟“是美洲土著所达到的最高组织阶段”。① 恩格斯在《家庭、私有制和国家的起源》中接受了摩尔根的这种说法，并有进一步的论述。② 这样，在从原始社会走向国家社会这一演进过程中，摩尔根使我们看到的是“两个极端的社会组织结构，即新石器时代的‘平等主义’的部落社会和文明时代的国家”。③ 根据摩尔根的相关论述，国内学者在相当长的时期都一直是按照“氏族一律是平等的”这样的框架，来把“军事民主制”和“部落联盟”作为从原始社会向国家转变的过渡政体来对待的。在这个问题上，不但考古学者这样做，人类学者和历史学者也是这样。例如，研究古史传说的人，或者运用古史传说材料来说明上古历史的人，总是把尧舜禹时期和尧舜禹的禅让传说描绘成军事民主制下的部落联盟，并由此来说明由尧舜禹到夏代的发展，亦即由原始社会的部落联盟的军事民主制到国家社会的演进。

然而，西方学术界针对摩尔根的氏族理论的不足，在20世纪50年代开始提出“酋邦社会”的概念，并于20世纪60年代发展出一套不同于摩尔根的从原始社会到国家的演进模式。

最初提出酋邦概念的是美国人类学家卡莱尔沃·奥博格(Kalervo Oberg)。奥博格在1955年写的一篇论文中，根据墨西哥南部低地哥伦布之前的印第安部落社会结构的特点，总结出六种类型的社会形态：(一) 同缘部落(Homogeneous，或可译为“同族部落”)，是指同一血缘群组成的部落，其栖居或聚落形态表现为分散家庭组成的松散游群、单一村落的部落和多

① 摩尔根：《古代社会(新译本)》，第124页。

②《马克思恩格斯选集》，第164页。

③ 王震中：《中国文明起源的比较研究》，第5页。

村落的部落等。同族部落经济主要为狩猎采集和辅助性的栽培农业，存在大量从母居的社会形态。（二）异缘部落（segmented tribes），是指由两个以上有名分的直系血缘群构成的部落（named unilinear kinship groups），即异缘部落是由不同世系的血缘群组成。（三）政治上组织起来的酋邦（politically organized chiefdoms），这是在一个地域中由多村落组成的部落单位，由一名最高酋长统辖，在他的掌控之下是由次一级酋长所掌管的区域和村落，其政治结构的特点是酋长有法定权力来解决争端、惩罚违纪者。酋长可以为战争而动员民众和后勤供应，通过联盟来加强团结。政治权威基于部落对共同渊源的认同。酋邦没有常规军队、永久性的管理机构和税赋。财产和奴隶从战争中获得，酋长的亲属和武士构成了社会最高阶层，常被称为贵族，其下面大批的普通民众和奴隶构成了最低的社会阶层。酋长头衔繁多，妻妾成群，房屋很大，出行乘轿，身上挂满珍稀的装饰品，通常通过中间人与民众对话。哥伦比亚北部低地的许多部落形态属于这种酋邦社会。（四）联邦型国家（Federal type states），这种社会结构存在一个强有力的统治者，一批世袭的贵族和一批专职的祭司。在分布着村落的地域上增加了两种新的建筑特点：宫殿和庙宇。刀耕火种和点种的农业经济可以支持这种社会，只要统治者能够控制大量的人口。哥伦比亚的契布查（Chibcha）已经达到了这个社会层次。（五）城邦国家（city states，或译为“城市国家”），其社会结构和下面的经济形态都发生了巨大的变化，手工业专门化出现，从而形成了专业阶层，进而导致日用品交换和贸易市场的出现，都市化造成农村生活和城市社会的分化，像秘鲁沿海的昌昌（Chan Chan）就是城邦国家的例子。（六）神权帝国（the theocratic empire），通过将高地和沿海平原复杂程度不同的社会群体联合起来，并将广阔区域中的城市经济组织到一起，从而形成帝国。农业赋税养活了统治者、军队、官吏和工匠，征用劳力来建造庙宇、宫殿、道路和其他公共建筑。印加帝国就是这种社会类型的代表。① 显然，

---

① 陈淳：《文明与早期国家探源——中外理论、方法与研究之比较》，上海书店出版社，2007 年，第 78—80 页。

奥博格将酋邦确立为国家之前的一种不同平等的社会类型，这与摩尔根的氏族理论是很不相同的。

20世纪60年代，塞维斯在《原始社会组织的演进》[①]一书中，在奥博格的酋邦概念的基础上，建立了酋邦理论模式，即"游团（band）—部落（tribe）—酋邦（chiefdom）—国家（state）"这样一个演进模式。20世纪70年代以后，厄尔（T. K. Earle）等人把酋邦划分为"简单酋邦"与"复杂酋邦"两种类型，并提出只有复杂酋邦才能演变为国家。[②]

与"部落联盟"和"军事民主制"等概念相比，酋邦制概念的提出及其理论模式的建立，显然是人类学和民族学研究中的一项重要成就。它突破了摩尔根所主张的氏族制社会中的氏族都是平等的理论，提出存在于原始社会的酋邦是一种从平等的部落社会走向国家社会的一个不平等社会类型，建立了由部落到国家之间的发展链环。[③]

第一位把"酋邦"理论引进我国的是美籍华人张光直教授。在1983年出版的《中国青铜时代》中，张先生第一次向国内介绍了塞维斯的酋邦理论。在该文中，他把中国新石器时代的仰韶文化时代与部落社会相对应；把新石器时代末期的龙山文化时代与酋邦社会相对应；把夏商西周时代与国家社会相对应。[④] 其后，国内的谢维扬、[⑤]易建平、[⑥]陈淳、[⑦]沈长云[⑧]等教授在论著中也开始应用酋邦理论。

20世纪80年代末和90年代，我国学术界兴起的"酋邦"热，也许可以视

---

① Elman R. Service, *Primitive Social Organization: An Evolutionary Perspective*, New York: Random House, 1962.

② 易建平：《部落联盟与酋邦——民主·专制·国家：起源问题比较研究》，社会科学文献出版社，2004年，第138—207页。

③ 王震中：《中国文明起源的比较研究》，第6—7、167—173页。

④ 张光直：《中国青铜时代》，第49—52页。

⑤ 谢维扬：《中国国家形成过程中的酋邦》，《华东师范大学学报（哲学社会科学版）》1987年第5期；《中国早期国家》，浙江人民出版社，1995年。

⑥ 易建平：《部落联盟与酋邦——民主·专制·国家：起源问题比较研究》。

⑦ 陈淳：《酋邦的考古学观察》，《文物》1998年第7期；《文明与早期国家探源：中外理论、方法与研究之比较》。

⑧ 沈长云、张渭莲：《中国古代国家起源与形成研究》，第74—113页。

为在国家起源研究领域上对国际学术的追随。当时，一般采用的是“拿来主义”，即用中国史前考古材料或古史传说材料，直接套用酋邦理论模式，对中国文明和国家起源作出新的阐述。其中，也有学者对酋邦理论作出了自己新的发挥，如谢维扬教授1995年出版的《中国早期国家》一书。[①]

《中国早期国家》把中国古代国家的演变划分为“早期国家”与“成熟国家”两大阶段：夏朝、商朝、周朝乃早期国家阶段（春秋和战国属于中国早期国家的转型期），秦汉以后进入成熟国家阶段。他认为夏代之前的五帝时代乃酋邦阶段。谢维扬对酋邦理论的发挥，主要是他提出从原始社会走向早期国家的过程中有两种模式类型——氏族模式（亦即部落联盟模式）与酋邦模式。谢维扬说的“氏族模式”也即“部落联盟模式”，其例证就是恩格斯论述过的雅典和罗马，其国家的“权力结构上的特点是没有出现拥有社会最高政治权力的个人”。[②] 谢维扬说这是一条由氏族制经过部落联盟并最终走向城邦的民主政治的道路。[③] 酋邦模式则相反，其主要特点是“社会在进入国家社会前就已经在一定程度上产生了中央集权的权力”。[④] 酋邦模式在世界各地有广泛的分布，中国从五帝时代的酋邦走向夏朝的早期国家就属于酋邦模式，中国古代国家的专制主义就因为走的是酋邦模式。[⑤]

谢维扬的“两个模式说”遭到易建平的强烈批评。易建平教授在其《部落联盟与酋邦——民主·专制·国家：起源问题比较研究》一书中用了大量的篇幅来讨论谢维扬的两个模式，得出的结论是它们不能成立。在此，我们对易建平批评的要点加以归纳，并作一点反思。

（一）易建平认为，谢维扬所说的希腊罗马走向国家的路径是氏族模式亦即部落联盟模式，不能成立。这里既涉及希腊罗马在原始社会末期以及由原始社会走向国家的过程中，其组织形式或族共同体究竟是“部落联盟”

① 谢维扬：《中国早期国家》。
② 谢维扬：《中国早期国家》，第71页。
③ 谢维扬：《中国早期国家》，第145—170页。
④ 谢维扬：《中国早期国家》，第73页。
⑤ 谢维扬：《中国早期国家》，第236—472页。

还是“民族”的问题；也有在国家产生前一阶段的希腊罗马社会究竟是部落联盟还是酋邦的问题。对此，易建平说：“谢维扬‘与许多中国的和外国的学者一样，把军事民主制和部落联盟等同了起来，认为摩尔根把部落联盟当作了人类社会进入文明社会以前也即国家社会以前的最高的政治组织形式。’”[①]这是不正确的。谢维扬“主要把摩尔根用来描述处于野蛮时代低级阶段的易洛魁人部落联盟的权力结构特征，用来描述国家产生前一阶段的希腊人和罗马人以及所谓部分日耳曼人社会的权力结构特征”，[②]这是不正确的。

（二）易建平认为，谢维扬“对古典学缺乏基本的了解，也不知道当代文化人类学家大体上把国家产生前一阶段的希腊人和罗马人置于一种什么发展阶段”；“不知道当代文化人类学家把国家产生前一阶段的日耳曼人社会置于一种什么发展阶段”。[③]

（三）关于中国等经历的国家起源的“酋邦模式”，易建平认为，谢维扬“把集体性质的权力与所谓‘中央集权’，实际上是‘集中的权力’，或者更为精确地说，‘集中的权威性的权力’，对立了起来”，[④]这是不正确的。谢维扬“在酋邦—个人性质的权力—中央集权—专制政治之间划上等号，在通过所谓酋邦模式产生出来的国家与专制主义之间划上等号”，[⑤]这是不正确的。谢维扬“将对外战争的有无与早期专制政治和民主政治的发生，必然地联系了起来”，[⑥]这也是不正确的。

（四）由上述几个方面，易建平的结论是：“谢维扬的部落联盟模式与酋邦模式两种国家起源理论，尤其是其中的早期社会民主政治和专制政治起源的理论，都是不太容易站得住脚的。”[⑦]

---

① 易建平：《部落联盟与酋邦——民主·专制·国家：起源问题比较研究》，第322页。
② 易建平：《部落联盟与酋邦——民主·专制·国家：起源问题比较研究》，第322页。
③ 易建平：《部落联盟与酋邦——民主·专制·国家：起源问题比较研究》，第323页。
④ 易建平：《部落联盟与酋邦——民主·专制·国家：起源问题比较研究》，第322—323页。
⑤ 易建平：《部落联盟与酋邦——民主·专制·国家：起源问题比较研究》，第323页。
⑥ 易建平：《部落联盟与酋邦——民主·专制·国家：起源问题比较研究》，第323页。
⑦ 易建平：《部落联盟与酋邦——民主·专制·国家：起源问题比较研究》，第324页。

易建平的上述商榷和批评所依据的材料和逻辑是可靠的，有许多地方是有说服力的。但是，关于希腊罗马在国家产生前一阶段的社会究竟是不是酋邦的问题，易建平虽然举出一点今日西方的古典学家认为希腊城邦的民主制度最初是从不平等的酋邦社会中产生出来的，[①]但易建平在书中介绍今日西方古典学家对此的论述是很不充分的，或者至少说其论述并没有展开。易建平更主要的是用希腊罗马文明是次生形态的文明来辨析这个问题，但仅仅停留于此是不够的。

其次，关于酋邦社会或原始社会后期的权力问题，易建平强调酋邦社会呈现出的是"权威"，有正确的一面，但尚不全面。酋邦与国家最主要的区别就在于前者的权力系统是非强制性的，而后者则是强制性的。在非强制性的前提下，酋邦社会的权力特征最主要的是神权性，此外也有军事权力的层级性与集中性相结合的问题。这就是古人所说的"国之大事，在祀与戎"（《左传》成公十三年）。它萌发于原始社会后期，尤其是萌发于国家产生前一阶段的社会之中。由于是非强制性的，所以确实根本谈不上谢维扬所说的专制主义的问题，但酋邦社会的不平等也体现在大小酋长之间的不平等以及最高宗教祭祀权和军事指挥权力相对集中于最高酋长身上。谢维扬对酋邦权力问题的发挥显然过了头，但易建平若只用"权威"来解释酋邦社会的权力和权力系统，有许多地方尚感不能解决问题。

对于谢维扬《中国早期国家》一书，后来沈长云教授从另外一个角度对此也进行了批评。谢维扬在书中为了区别希腊罗马的"部落联盟"模式，把中国五帝时代的酋邦称为"部落联合体"，联合体内的各方有尧、舜、禹等所代表的各部。对此，沈长云引用张光直关于酋邦的概括——"酋邦的主要特征是其政治分级与亲属制度相结合"而指出："酋邦社会首先仍是一个泛亲族社会，它的不平等，只是这个亲属社会内部的不平等，并不是不同亲属关系的社会团体的不平等。而谢维扬称酋邦为'部落联合体'，却是意在强调这个联合体是不同亲属部落间的联合，强调社会上'不同血缘渊源的居民的

---

① 易建平：《部落联盟与酋邦——民主·专制·国家：起源问题比较研究》，第347页。

混居’和他们之间的不平等，以别于各个亲属部落相互联合的‘部落联盟’。换言之，他心目中的酋邦乃是许多具有不同亲属关系的部落结成的联合体。这种理解可以说与当代主流人类学者有关酋邦的概念全然不同，因而是一种错误的解释。”①沈长云的这一批评是正确的。谢维扬所说的作为酋邦的联合体内各部的血缘并不相同，是一些不同血缘部族的集团，例如尧为祁姓、舜为妫姓、禹为姒姓；而酋邦则属于同一个大的血缘团体，酋邦社会内最初的等级也每每是因与最高酋长的血缘关系的远近区分出来的。这样说来，谢维扬作为“联合体”的酋邦根本就不是酋邦。

实际上，尧、舜、禹联盟应该称之为“族邦联盟”或“邦国联盟”或“部族联盟”。尧、舜、禹具有双重身份——他们既是联盟的盟主，又是本邦（本国）的“邦君”（国君）。② 为什么要把过去称之为“部落联盟”的尧、舜、禹联盟改称为“族邦联盟”呢？是因为所谓“部落联盟”是原始社会的范畴，而史称“万邦”时代的尧、舜、禹时期，被称为“邦”的政治实体，有可能是部落或酋邦，但也有一批政治实体实属早期国家的邦国形态，而我们知道，矛盾的性质是由主要矛盾的主要方面规定的，在“万邦”之中，那些早期国家的邦国显然属于主要矛盾的主要方面。例如，位于山西襄汾的陶寺遗址，从时间、空间（地理位置）和图腾崇拜的文化特征等方面，都可论证其为唐尧部族所在的都邑国家的都城。③ 在这个意义上，沈长云言下之意说谢维扬作为“联合体”的酋邦根本就不是酋邦，有正确的一面，但也不是没有问题的，其问题就在于尧、舜、禹时期各种政治实体中最高层次的政治实体已经属于早期国家，而沈长云则认为中国古代最早的国家产生于夏代，这一点沈长云与谢维扬又是一致的。

从 20 世纪八九十年代开始一直到 21 世纪初，应用酋邦理论来探讨中国古代国家的起源，是我国学术界呈现出的一种新的趋势。然而，我以为酋邦

① 沈长云、张渭莲：《中国古代国家起源与形成研究》，第 88—89 页。

② 王震中：《中国古代国家的起源与王权的形成》，第 383 页。

③ 王震中：《中国古代国家的起源与王权的形成》，第 304—330 页；《陶寺与尧都》，《南方文物》2015 年第 3 期。

理论有其学术建树，也有其局限性。对于酋邦理论的局限性，我在 1994 年出版的《中国文明起源的比较研究》一书[①]和 2013 年出版的《中国古代国家的起源与王权的形成》一书，[②]都曾有所论述。概括地讲，我认为酋邦理论的局限性表现为如下几个方面：

第一，酋邦概念和定义的极不统一。例如，奥博格将酋邦定义为一个最高酋长管辖下由次一级酋长控制的、以一种政治等级从属关系组织起来的多聚落的部落社会。塞维斯把酋邦定义为“具有一种永久性协调机制的再分配社会”。斯图尔德将酋邦定义为由许多小型聚落聚合而成的一个较大的政治单位，他进而将酋邦分为军事型和神权型两种。弗兰纳利认为酋邦是社会不平等世袭的开始，自此社会中不同血统是有等级的，血统和地位也与财产的拥有相联系，不管个人的能力如何，其地位的高贵和低贱与生俱来，为此他认为酋邦从考古学上辨认的诀窍是看是否有高等级的幼童和婴儿墓葬，可以说明权力和地位的世袭。皮布尔斯讨论了塞维斯所说的酋邦兴起的再分配机制，不赞成将再分配概念看作是定义酋邦的基本特点，他同意酋邦为一种不平等的社会体制，贵族和酋长具有实施控制的权力，这种权力多少依赖神权来取得合法地位，以便对社会进行管理和控制。卡内罗说酋邦是一种超聚落的政治结构，将它定义为一个最高酋邦永久控制下的由多聚落或多社群组成的自治政治单位。厄尔把酋邦划分为“简单酋邦”和“复杂酋邦”，认为酋邦是一种区域性组织起来的社会，社会结构由一个酋长集中控制的等级构成。克利斯蒂安森认为，人类社会组织最基本的区别在于部落社会与国家社会，酋邦只是部落社会的一种变体，或者说，酋邦是社会组织的一种部落形式。[③]

欧美学者对酋邦的种种定义，其根源在于酋邦类型的多样性。酋邦类型的多样性，是由于原始社会后期向国家的转变时期不平等现象和形式本

① 王震中：《中国文明起源的比较研究》，第 7 页。

② 王震中：《中国古代国家的起源与王权的形成》，第 32—42 页。

③ 陈淳：《文明与早期国家探源——中外理论、方法与研究之比较》，第 141—144 页；王震中：《中国古代国家的起源与王权的形成》，第 36—38 页。

身就是多样的、形形色色的，也就是说，是社会的复杂性和不平等的多样性才使得学者们对于酋邦的定义和特征的归纳存在着许多差异。为此有人说酋邦“涵盖了从刚脱离原始部落的较为平等的状态一直到非常接近国家的复杂社会的各种不同类型的社会形态”。[①] 如果我们一定要将那些各种不同类型的社会类型都冠名以酋邦的话，只能牺牲丰富性和具体性而提升抽象性，可将酋邦的主要特征概括为：酋邦乃是原始社会中血缘身份与政治分级乃至社会分层相结合的一种不平等的社会类型；[②]“简单酋邦”与“复杂酋邦”表示酋邦社会中不平等的发展程度和酋邦演进中的前后两个阶段；作为酋邦的发达形态或所谓“复杂酋邦”，其组织结构应当是由最高酋长所在的中心聚落与许多处于从属或半从属地位的中小型聚落聚合而成的一个较大的政治单位；其复杂酋邦中的不平等，应当是既包括因血缘身份和职务所致的不平等，也包括其后发展出来的具有经济意义的社会分层，而不是像塞维斯的酋邦理论所说的酋邦社会不存在具有经济意义的社会分层。

第二，酋邦理论的建立虽说主要是依据人类学中具体的民族实例，但也有假说的成分。例如塞维斯把生产的地区分工与再分配机制作为酋邦兴起的模式就属于一个假说。依据这一模式，酋邦兴起于某种特殊的地理环境之中，即由于环境资源的不同，不同的村落之间出现生产的地区分工和交换的需求，从而产生相关的协调活动和再分配机制。如果酋邦只产生于这种特殊的地理环境之中，那么对于大部分属于自给自足的地区或聚落群来说，岂不就是无法由部落发展为酋邦，酋邦也就不具有普遍意义。塞维斯的“再分配机制”这一假说只可视为是对酋邦兴起原因的一种探讨。不赞成他这一说法的学者，在面对酋邦是如何产生的以及酋邦演进过程的动力等课题时，都提出过自己的新说，诸如人口增长压力说、战争说、对集体化生产活动的管理与对贵重物品的控制说，等等。应该说这些新说也含有假说的成分，

---

① 陈淳：《文明与早期国家探源——中外理论、方法与研究之比较》，第 141 页。

② 张光直在《古代世界的商文明》（《中原文物》1994 年第 4 期）一文中说：“酋邦的主要特征是其政治分级与亲属制度相结合。”在这里，我对酋邦主要特征的概括与张光直先生的这一概括是一致的。

也属于假说的范畴。理论需要联系实际，这些假说能否成立，关键在于它是否符合历史实际，这既是理论创新的魅力所在，也需要我们继续进行深入的研究。

第三，塞维斯不承认酋邦社会里存在弗里德(Morton H. Fried)在其“社会分层理论”[①]中所说的具有经济意义的社会分层，这也是塞维斯酋邦理论的一个局限。在塞维斯的酋邦概念中，酋邦社会的不平等只是由血缘身份地位造成的，是社会性的，是酋长职位的出现产生了酋邦，酋邦的社会地位与经济利益并无必然的联系，弗里德所说的具有经济意义的社会分层不属于酋邦社会。[②] 若用这样的标准来衡量某些不平等的史前社会类型，将会变得十分矛盾而难以处理。例如，菲律宾群岛的卡林伽(the Kalinga)，塞维斯一度把它列入原始国家的行列，一度又把它列入酋邦行列，而最后又完全删除了卡林伽这个人类学的例子。[③] 有人说，这是由于卡林伽不好归类的原因。卡林伽有一些国家的特征，为此塞维斯最初是把它归入原始国家的，但是与同列于此名下的马雅和印加相比，却又十分缺乏国家的结构。卡林伽有法律的概念，有政治等级制度，这都与马雅和印加相似，然而在官僚结构、军事组织和亲属结构上却又与之大不相同。为此，延戈扬(Aram A. Yengoyan)认为，把卡林伽放在部落、酋邦和原始国家三类中哪一类里都不合适。[④] 但我们推测，塞维斯一度曾把卡林伽作为他列举的酋邦的四个例子中的一个，后又将它拿掉，除了在卡林伽有法律的概念和政治等级制度之外，大概还有一个原因是在卡林伽社会中已存在具有经济意义的社会分层。在塞维斯的酋邦概念中，该社会是没有社会经济阶级的，而卡林伽却有这样的社会分层，塞维斯当然要把它从酋邦的行列中拿掉。但把它从酋邦的行列中拿掉，却又不能放入原始国家的行列之中，这只能说明塞维斯的酋邦概念、定义是有问题的。

---

① Moron H. Fried, *The Evolution of Political Society*, New York: Random House, 1967.
② 易建平：《部落联盟与酋邦——民主·专制·国家：起源问题比较研究》，第188—192页。
③ 易建平：《部落联盟与酋邦——民主·专制·国家：起源问题比较研究》，第122—125页。
④ 易建平：《部落联盟与酋邦——民主·专制·国家：起源问题比较研究》，第122页。

诚然，在原始社会中，先有血缘性的身份地位的分等，后有经济性的社会分层；可以从军事的、宗教的社会职能和职务中产生贵族和统治者，即分层起源有政治方面的途径或方式，但这不等于说在原始社会末期没有经济意义上的社会分层。在这方面上，同样属于主张酋邦理论的厄尔和约翰逊就与塞维斯完全不同。厄尔和约翰逊认为酋邦与此前简单社会最为重要的区别就在于分层，在于社会成员掌握生产资料权力的差异，这当然是占有重要经济资源权力不平等的一种制度，也就是说，在厄尔和约翰逊看来，具有经济意义的社会分层并非在酋邦社会之后，而是始于酋邦社会之中。为此，我们认为塞维斯所谓具有经济意义的社会分层只出现于酋邦之后的国家社会之中的观点，也是他的酋邦理论局限性之一。

第四，正如我一再指出的那样，塞维斯酋邦理论中“游团—部落—酋邦—国家”的模式，“是按照社会进化观点将民族学上可以观察到的各种类型的社会加以分类排列而成的，因而其逻辑色彩很强。对于史前社会的研究，若想达到逻辑与历史的统一，除了人类学或民族学之外，还必须借助于考古学，因为考古学可以依据遗迹的地层叠压关系确定其时代的早晚和先后顺序，从而观察到社会的发展和变化”。[①] 也就是说，塞维斯的酋邦理论模式在把人类学上现存的共时性的各类原始社会组织，逻辑地排列为历时性的纵向演变的关系时，对于已经消失的远古社会是否果真是这样，也还是需要证明的。对此，易建平介绍说，后来塞维斯本人已经意识到了。据研究，在1958—1978年的20年间，塞维斯一直在重新审视有关自己进化类型的若干问题，比如首先是塞维斯感觉混合游团这种类型应该去掉，部分原因在于认为，这种游团并非是一种原始的形态，而是可能为应付欧洲文化侵入而产生的一种适应的形态。由于受到弗里德等人的影响，塞维斯在1971年出版的《文化演进论：实践中的理论》一书里甚至宣称，“游团—部落—酋邦—原始国家”四阶段划分法并不符合“事物的原生状态”，“它们也许可以用来进行现代民族志的分类，却难以用来从现存诸阶段推论已经消失的时代”。这

① 王震中：《中国文明起源的比较研究》，第7页。

实际上等于放弃了他原来的四阶段发展理论，取而代之的是塞维斯认为，可能只有使用三个阶段来划分比较合适：平等社会和从中成长出来的等级制社会——在世界上，其中只出现过少数为“帝国—国家”所代替的例子——以及早期文明或者古典帝国。[①] 也许有人认为塞维斯后来的三阶段发展理论过于一般化，并未引起人们的重视。但是，它却是塞维斯本人针对他自己的酋邦理论的局限性而提出的，应该说“原始平等社会—原始社会里的等级制社会—早期文明或者原始国家”的演进框架，反映出了由原始社会向国家演变过程中三个发展阶段的本质特征，更具有普遍性。

四、“文明和国家起源的聚落三形态演进”说

面对欧美学术界“酋邦”和“社会分层”等理论的建树及其局限性，需要对其进行“扬弃”，即吸收其合理的部分而克服其局限的部分。扬弃的方式，我采用的是将聚落形态与社会形态相结合，以聚落形态为主，去整合酋邦理论和社会分层理论。从克服酋邦理论的局限性出发，我在 1994 年出版的《中国文明起源的比较研究》一书中提出了“中国文明起源和国家起源的聚落三形态演进”说。

“中国文明起源和国家起源的聚落三形态演进”说是以聚落考古为基础的。1984 年，张光直教授在北京大学曾作过有关聚落考古学的系列讲座，[②]促进了我国聚落考古学的发展。在这之前，北京大学的严文明教授和巩启明先生合作发表的《从姜寨早期村落布局探讨其居民的社会组织结构》，[③]就属于聚落考古学研究的典型之作。此后，严先生还发表了《仰韶房屋和聚落形态研究》《中国新石器时代聚落形态的考察》等一系列大作，[④]在我国聚落考古学研究的起步阶段作出了巨大贡献。若再向前追溯的话，我

① 易建平：《部落联盟与酋邦——民主·专制·国家：起源问题比较研究》，第 156—157 页。

② 张光直：《考古学专题六讲》。

③ 严文明：《从姜寨早期村落布局探讨其居民的社会组织结构》，《考古与文物》1981 年第 1 期。

④ 严文明：《仰韶房屋和聚落形态研究》，《仰韶文化研究》，文物出版社，1989 年；《中国新石器时代聚落形态的考察》，《庆祝苏秉琦考古五十五年论文集》，文物出版社，1989 年。

的老师尹达先生在20世纪60年代就曾提出“从物见人”，对典型遗址进行综合研究。他说：“通过这里所残存的许多房屋布局及其墓地的安排，大体上是可以推测出当时社会组织的情况的。个别房子的复原固然十分必要，而整个聚居地点中许多房子的组织情况却更为重要。”[①]他提倡研究典型遗址内部人与人之间的关系以及遗址与遗址之间的关系。[②] 这是在“聚落考古学”这一概念尚未被明确提出之前最早与之类似的研究。

所谓聚落考古学，研究的就是聚落内人与人之间的社会关系，以及聚落群中聚落与聚落之间的社会关系。在我们所面对的各种考古遗迹中，聚落遗址所能提供的有关社会形态的信息量是最大最复杂的。特别是那些保存较好、内涵丰富、发掘较科学较完整的聚落遗址，我们不但可以从聚落的选址、聚落内外动植物的遗留等方面看到人与自然的关系，而且可以从聚落内部的布局、结构、房屋及其储藏设施的组合、生产和生活用品等方面，看到聚落的社会组织结构、生产、分配、消费、对外交往以及权力关系等方面的情况，还可以从聚落的分布、聚落群中聚落与聚落之间的关系看到更大范围内的社会组织结构。而考古学上的地层叠压关系又使得我们能够观察到不同聚落形态的前后演变关系，这种聚落形态的演进，直接体现了社会生产、社会结构、社会形态的推移与发展，从而克服酋邦理论中不同社会类型的演变过程只能靠逻辑推演的局限。在这个意义上，我们可以看到聚落考古学与社会形态学（社会类型学）有着天然的联系。

基于上述考虑，我以农业的起源和农耕聚落的出现为起点，按照聚落形态的演进，把古代文明和国家的起源过程划分为三大阶段：由大体平等的农耕聚落形态发展为含有初步不平等的中心聚落形态（也可称之为“原始宗邑”），再发展为都邑国家（都邑邦国）形态。[③] 对此，有学者称之为“中国文明

① 尹达：《新石器时代》，生活·读书·新知三联书店，1979年，第233页。

② 尹达：《新石器时代》，第219—234页。

③ 王震中：《中国文明起源的比较研究》，陕西人民出版社，1994年初版；中国社会科学出版社，2013年增订本。

起源途径的聚落‘三形态演进’说”。[①]

在“中国文明起源途经的聚落三形态演进说”中，作为第一阶段——大体平等的农耕聚落期，它包含了农业的起源和农业出现之后农耕聚落的发展时期。正如我曾经在谈到恩格斯的“三次社会大分工”理论时所说的那样，不是畜牧业早于农业，而是农业早于游牧，最早的家畜饲养是包括在农业之中的。[②] 农业的起源以及以农耕和家畜饲养为基础的定居聚落的出现，标志着一个崭新的历史阶段的开始，这一方面表现为农耕聚落的定居生活促进了人口的增长，另一方面表现为出现了土地归谁所有的概念。自此以后，土地的集体所有制即聚落所有制得到了发展，从而以聚落为单位的经济、军事、宗教礼仪和对外关系等一系列的活动开始形成，社会一反过去的分散状态，将沿着区域与集中化的方向向前发展。因而可以说，农业的起源，是人类历史上的巨大进步；以农耕畜牧为基础的定居聚落的出现，是人类通向文明社会的共同的起点。从此，由村落到都邑，由部落到国家，人类一步步由史前走向文明。

伴随着农业起源，在距今12000—9000年间，在中国的南方和北方都出现了一批新石器时代早期的遗址，如南方的湖南道县玉蟾岩、江西万年仙人洞，北方的河北徐水南庄头、北京门头沟区东胡林遗址等。这些遗址所在的聚落都出土有陶器和谷物加工工具，过着定居生活；在南方已种植水稻，在北方种植粟类作物；已饲养猪等家畜，也伴有狩猎、采集、捕鱼等。此时的聚落规模较小，人口不多，物质尚不丰富，人们过着简单而平等的聚落生活。

距今9000—7000年间，是中国新石器时代中期。这是农业在起源之后第一个发展时期，也是农耕聚落扩展的第一个阶段。如南方的湖南澧县彭头山、河南舞阳县贾湖、浙江萧山跨湖桥、浙江余姚河姆渡等遗址，北方的河北武安磁山、河南新郑裴李岗、陕西宝鸡北首岭下层遗存、临潼白家村、山东

① 杨升南、马季凡：《1997年的先秦史研究》，《中国史研究动态》1998年第5期。
② 王震中：《中国古代国家的起源与王权的形成》，第26页。

滕县北辛、内蒙古东部敖汉旗的兴隆洼等遗址，它们的农业生产都较之前的新石器时代早期遗址有明显的发展。在聚落中有相当数量的谷物储藏；聚落的人口有的为100多人，有的在300人以上。从墓葬和房屋中的出土物以及聚落与聚落间的关系来看，这时在聚落内虽可以划分出家族和核心家庭等，但无论是聚落内还是聚落外，都处于平等的状态，属于平等的农耕聚落社会类型。

到距今7000—6000年间，是新石器时代中晚期或晚期的前段，也是考古学文化中的仰韶文化早期，或称仰韶文化半坡期。这一时期不但农业和家畜饲养业得到很大的发展，聚落也规划得很好，其中陕西临潼姜寨、西安半坡、宝鸡北首岭、甘肃秦安大地湾第二期遗存的聚落，最具有典型性：在用壕沟围起来的村落中，有几十座至上百座的房屋被分成若干组群，各群房屋的门均朝向中央广场，形成一个圆形向心布局，从而使得聚落内部呈现出高度团结和内聚。聚落的公共墓地中，各个墓葬的随葬品不多，差别不大，说明当时社会还未产生贫富分化。综合聚落的各方面情况来看，此时的一个聚落似乎就是一个氏族，在聚落内即氏族内，又可划分出大家族和核心家庭。整个聚落的人们非常团结，很有凝聚力。他们既从事农业，也兼营狩猎、采集和陶器的制作。聚落在经济上是自给自足的，内部大小血缘集体之间以及个人之间关系平等和睦。因而，这一阶段依旧属于大体平等的农耕聚落社会。

从距今12000年到6000年前，是我国农业起源后平等的农耕聚落形态时期，其社会类型大体相当于塞维斯酋邦模式中平等的“部落”社会，也相当于弗里德社会分层理论中的“平等社会”。在这里我们并非仅仅停留在“部落”或“平等”这些概念上，而是通过具体的村落遗址的材料来考察当时生产力水平、人与自然的关系和人们的生产关系，以及社会内部的组织结构等，而且进行的还是历时性的考察，因而我们所展示的平等社会的历史画卷是丰富的、具体的，其社会形态向前推移的轨迹是清晰的、可信的。

作为第二阶段——含有初步不平等的中心聚落形态阶段，是指距今

6000—5000年间的仰韶中期和后期、红山后期、大汶口中期和后期、屈家岭文化前期、崧泽文化和良渚早期等，它属于中国新石器时代晚期。这是一个由原始社会向国家转变的过渡期，相当于酋邦模式中“简单酋邦”和“复杂酋邦”两个时期，也相当于弗里德社会分层理论中“阶等社会”和“分层社会”两个时期。中心聚落形态的不平等表现为两个方面：一是在聚落内部出现贫富分化和贵族阶层；二是在聚落与聚落之间，出现了中心聚落与普通聚落相结合的格局。所谓中心聚落，往往规模较大，有的还有规格很高的特殊建筑物，它集中了高级手工业生产和贵族阶层，与周围其他普通聚落构成了聚落间初步的不平等关系。所以，不平等的中心聚落形态，是史前平等的氏族部落社会与文明时代阶级社会之间的过渡阶段，它是中国古代国家起源过程中一个重要的环节。

与酋邦和社会分层理论相比较，在中心聚落形态的聚落群的结构中，“中心聚落—普通聚落”这种两级相结合的形态或“中心聚落—次级中心聚落—普通聚落”这样三级相结合的形态，与最初提出酋邦概念的奥博格，以及后来的斯图尔德、卡内罗等人对酋邦的定义是一致的。如奥博格说，政治上组织起来的酋邦，是在一个地域中由多村落组成的部落单位，由一名最高酋长统辖，在他的掌控之下是由次一级酋长所掌管的区域和村落。斯图尔德将酋邦定义为由许多小型聚落聚合而成的一个较大的政治单位。卡内罗说酋邦的政治结构是由一个最高酋邦永久控制下的由多聚落或多社群组成的自治政治单位。

再就社会的不平等而论，随着中心聚落形态由初级阶段向发达阶段的发展，其不平等性逐步加深，并走向了社会分层。如果说河南灵宝市西坡村遗址属于中心聚落形态的初级阶段的话，安徽含山凌家滩遗址的墓葬资料和山东泰安大汶口遗址大汶口文化中晚期的墓葬资料，所表现出的社会不平等要比灵宝西坡遗址突出得多，其大墓与小墓之间显著的财富差别，呈现出贵族与平民之间的不平等。江苏新沂花厅北区墓地发掘出62座大汶口文化晚期墓葬，其中10座大型墓中有8座有人殉现象。由于这一时期家族、宗族组织以及父家长权的出现，所以这种不平等是政治经济权力的不平等。这是发达的中心聚落形态阶段的特点，相当于厄尔酋邦分类中的复杂酋邦，弗里德所说的原始社会里的分层社会也应当放在这一阶段，这种分层应该是在原有的血缘身份分等的基础上又含有经济权力不同的一种分层。

中心聚落形态时期的权力特征是民事与神职相结合并以神权为主导的权力系统。例如，山东泰安大汶口、安徽含山凌家滩等许多遗址都表现出神权政治的性格。特别是凌家滩著名的87M4，在大量的随葬品中有特别突出的玉龟和琢刻着表示“天圆地方”“四极八方”宇宙观等观念的玉版以及8件玉钺、18件石钺；著名的07M23，在大量的随葬品中也有玉龟、玉龟状扁圆形器以及2件玉钺和44件石钺，由此可见，这两座大墓墓主集宗教占卜之权与军事权力于一身，即他们既执掌着宗教占卜和祭祀，也领有军事指挥之权。这显然是《左传》成公十三年所说的中国古代“国之大事，在祀与戎”的现象在中心聚落形态阶段的表现。再单以神权为例，西辽河流域与内蒙古东部地区的红山文化最为典型。在红山文化中，辽宁喀左县东山嘴祭祀遗址有大型的祭祀石社的方坛和祭天的圆形祭坛；辽宁西部凌源、建平两县交界处的牛河梁遗址有女神庙、积石冢，女神庙和积石冢相互关联。在我看来，女神庙里供奉的是久远的祖先，积石冢中埋葬的是部落中刚刚死去的酋长，随着时间的推移，这些死去的著名酋长也会逐渐列入被崇拜的祖先行列。红山文化以其女神庙、积石冢、大型祭坛和精美的玉器而被学术界誉为文明的曙光。红山文化的先民们，在远离村落的地方专门营建独立的庙宇和祭坛，形成规模宏大的祭祀中心场，这绝非一个氏族部落所能拥有，而是一个部落群或部族崇拜共同祖先的圣地。由于这些大型原始宗教祭祀活动代表着当时全社会的公共利益，具有全民性的社会功能，所以，在原始社会末期，各地方酋长正是通过对祖先崇拜和对天地社稷祭祀的主持，才使得自己已掌握的权力进一步上升和扩大，使其等级地位更加巩固和发展，并且还使这种权力本身变得神圣起来，从而披上了一层神圣的合法外衣。对此，我们可以作出这样的理论提炼：在“权力的空间性与宗教的社会性”之间的关系上，中心聚落时期原始宗教的社会性有助于促进其权力空间限制的突破。[①]

这样,我们通过中心聚落形态这样的理论构架,将酋邦中的简单酋邦与复杂酋邦以及社会分层理论中的"阶等"与"分层"等理论概念予以整合,以考古发现为依据来研究由原始社会向国家转变的这一过渡形态,既有方法论上的意义,也是学术体系创新上的一种探索。

作为第三阶段——都邑国家(都邑邦国)阶段,主要指考古学上龙山时代早期国家形成的阶段。这一时期考古学上一个重要现象是发现了大批城邑,有的明显的属于国家的都城。当然,我们并非主张一见城邑即断定已进入国家。但是,距今5000—4000年前的龙山时代的城邑,与一部分在中心聚落时期就出现的城邑是不同的,其不同点就在于:龙山时代的城邑每每是以国家都城的姿态而出现的。诸如城内有宫殿、宗庙等高等级、高规格的建筑物,还有伴有阶级和阶层的分化以及手工业的专业化分工等,而这在距今五六千年前的城邑中都是看不到的。只有到了距今5000—4000年前的龙山时代,大批城邑才在阶级和阶层分化的背景下出现。所以,城邑从其产生到发展为邦国林立的国家之都城,有其演变发展的过程,我们判断它的性质究竟是中心聚落形态阶段的中心聚落还是早期国家时的都城,是需要附加一些其他条件进行分析的,而不能仅仅依据是否修建了城墙、是否出现了城来判断。这里所说的附加条件,我们认为一是当时阶级的产生和社会分层的情形;二是城邑的规模、城内建筑物的结构和性质,例如出现宫殿、宗庙等特殊建制。这是因为,只有与阶层和阶级的产生结合在一起的城邑,才属于阶级社会里的城邑;而只有进入阶级社会,在等级分明、支配与被支配基本确立的情况下,城邑的规模和城内以宫殿、宗庙为首的建制,才能显示出其权力系统是带有强制性质的,而凌驾于全社会之上的强制性权力和社会的阶级分化是我们设定的国家形成的两个重要标志。

我们之所以把龙山时代的国家——中国最早的国家,称之为"都邑国家",是因为依据先秦文献,中国古代有国就有城,建城乃立国的标志;而这

① 王震中:《中国古代国家的起源与王权的形成》,第244—264页。

种“都邑国家”之所以又可称为“都邑邦国”，是因为考古发现的六七十座龙山时代的城邑，与史称“万邦”的历史特点相一致，邦国是当时国家的形态特征。在邦国林立的龙山时代，山西省襄汾县的陶寺遗址、浙江杭州的良渚文化莫角山遗址、山东章丘城子崖遗址、河南登封王城岗大城遗址、河南新密古城寨遗址、湖北天门石家河遗址、陕西神木石峁遗址，都是经过发掘的典型的邦国都城遗址。这样高规格的邦国都城，也是该区域的政治中心，即各地各个族邦联盟盟主所在地。仅就中原地区而言，这样的情形与尧舜禹具有双重身份——既是本邦的国君又是联盟的盟主，是十分吻合的。

五、中国古代文明社会和国家形成的时间

讨论了上古中国走向文明社会和国家的路径之后，接踵而来的就是要交代中国古代文明社会和国家诞生的时间问题。关于中国文明社会和国家出现的时间，改革开放的四十年来学术界有多种观点，其中最主要的有两种观点：（一）中国文明时代和最早的国家形成于考古学上的龙山时代（亦即古史传说的五帝时代）或之前；（二）中国文明时代和最早的国家形成于夏代或二里头文化时期。若以有关论著发表的先后次序为序，主张前一种观点的学者有唐兰、[①]田昌五、[②]石兴邦、[③]黎家芳、[④]高广仁、邵望平、[⑤]苏秉琦、[⑥]严文

① 唐兰：《从大汶口文化的陶器文字看我国最早文化的年代》，《光明日报》1977年7月14日。

② 田昌五：《古代社会形态研究》，天津人民出版社，1980年，第182—187、194—199页；《古代社会断代新论》，第63—80页；《中华文化起源志》，《中华文化通志·第1典　历代文化沿革》，上海人民出版社，1998年，第121—174页。

③ 石兴邦：《从考古学文化探讨我国私有制和国家的起源问题——纪念摩尔根逝世一百周年》，《史前研究》1983年第1期；《中国文化与文明发展和形成史的考古学探讨》，《中国考古学与历史学之整合研究》，“中研院”历史语言研究所，1997年。

④ 黎家芳、高广仁：《典型龙山文化的来源、发展及社会性质初探》，《文物》1979年第11期。

⑤ 高广仁、邵望平：《中华文明发祥地之一——海岱历史文化区》，《史前研究》1984年第1期；《海岱文化与齐鲁文明》，江苏教育出版社，2005年，119—168页。

⑥ 苏秉琦：《中华文明的新曙光》，《东南文化》1988年第5期；《关于重建中国史前史的思考》，《考古》1991年第12期；《中国文明起源新探》，生活·读书·新知三联书店，1999年，第130—131页。

明、[1]李学勤、[2]王震中、[3]许顺湛、[4]高炜、[5]张忠培、[6]任式楠、[7]钱耀鹏、[8]王巍、[9]何努[10]等，后一种观点代表性的学者有安志敏、[11]邹衡、[12]李先登、[13]李伯谦、[14]晁福林、[15]谢维扬、[16]刘莉、[17]沈长云[18]等。已故的美籍华人张光直教授早年主张中国文明和国家形成于夏代，[19]晚年张先生的观点有所改变，主张龙山时代晚期崛起的大量的史前城址表明已进入邦国林立的早期国家。[20] 在

---

① 严文明：《中国史前文化的统一性与多样性》，《文物》1987 年第 3 期；《略论中国文明的起源》，《文物》1992 年第 1 期；《中国文明起源的探索》，《中原文物》1996 年第 1 期。

② 李学勤：《考古学与古代文明》，《北方文物》1986 年第 3—4 期；《辉煌的中华早期文明》，《通向文明之路》，商务印书馆，2010 年，第 5—12 页。

③ 王震中：《文明与国家——东夷民族的文明起源》，《中国史研究》1990 年第 3 期；《中国文明起源的比较研究》，第 8、254—377 页；《中国文明起源的比较研究（增订本）》，中国社会科学出版社，2013 年，第 7、297—435 页；《中国古代国家的起源与王权的形成》，第 293—357 页。

④ 许顺湛：《黄河文明的曙光》，中州古籍出版社，1993 年，第 49、429—440 页；《五帝时代研究》，中州古籍出版社，2005 年。

⑤ 高炜：《龙山时代的礼制》，《庆祝苏秉琦考古五十五年论文集》，文物出版社，1989 年。

⑥ 张忠培：《中国古代文明之形成论纲》，《考古与文物》1997 年第 1 期；《中国古代文明形成的考古学研究》，《故宫博物院院刊》2000 年第 2 期。

⑦ 任式楠：《中国史前城址考察》，《考古》1998 年第 1 期；《我国新石器时代聚落的形成与发展》，《考古》2000 年第 7 期。

⑧ 钱耀鹏：《中国史前城址与文明起源研究》，西北大学出版社，2001 年，第 266—296 页。

⑨ 王巍：《关于中国古代文明探源工程的构想》，《光明日报》2000 年 3 月 31 日 C4 版。

⑩ 何努：《中国文明起源考古探索的新思考》，《从考古到史学研究之路——尹达先生百年诞辰纪念文集》，云南人民出版社，2007 年。

⑪ 安志敏：《试论文明的起源》，《考古》1987 年第 5 期；《中国文明起源始于二里头文化——兼论多源说》，《寻根》1995 年第 6 期。

⑫ 邹衡：《中国文明的诞生》，《文物》1987 年第 12 期。

⑬ 李先登：《关于中国文明起源的若干问题》，《天津师大学报》1988 年第 2 期。

⑭ 李伯谦：《中国文明的起源与形成》，《华夏考古》1995 年第 4 期。

⑮ 晁福林：《夏商西周的社会变迁》，北京师范大学出版社，1996 年；《先秦社会形态研究》，北京师范大学出版社，2003 年，第 90—116 页。

⑯ 谢维扬：《中国早期国家》，第 314—380 页。

⑰ 刘莉：《中国新石器时代——迈向早期国家之路》，第 205—219 页。

⑱ 沈长云、张渭莲：《中国古代国家起源与形成研究》，第 176—253 页。

⑲ 张光直：《从夏商周三代考古论三代关系与中国古代国家的形成》，《中国青铜时代》，第 27—56 页。

⑳ 张光直：《中国古代王的兴起与城邦的形成》，《燕京学报（新）》1997 年第 3 期。

这两种观点之外，20 世纪 90 年代，何兹全先生按照是否脱离了血缘关系的标准，认为商代西周时期尚属于向国家社会过渡的酋邦，从春秋开始才进入真正意义上的国家。①

对于中国文明社会和国家形成的时间究竟采用什么样的观点，每每与研究所持有的国家形成的标准有关，也与把尧舜禹联盟究竟视为部落联盟还是视为族邦联盟有关，更与如何看待龙山时代的城邑、宫殿、阶级分化以及文明的其他物化现象等一系列新的考古发现有关，当然也与理论创新有关。

关于国家出现的时间和国家形成的标准，主张二里头文化时期和夏代论者，有的依据考古发现二里头遗址出现恢弘的宫殿和青铜器等，有的依据文献上最早的王朝是夏朝。也有人把这样的观点视为传统看法。殊不知，比这更早的看法是 20 世纪三四十年代，依据当时的考古发现和对甲骨文、金文的研究而提出的中国古代国家出现于殷末周初或殷周之际，例如郭沫若 30 年代出版的《中国古代社会研究》和侯外庐 40 年代出版的《中国古典社会史论》，就是这样主张的。到了 50 年代，郭沫若先生的观点有所改变，主张夏商周三代都属于奴隶社会的国家。侯外庐先生在《中国古典社会史论》（50 年代书名改为《中国古代社会史论》）中提出中国古代国家社会中因依旧保留有血缘关系而走的是“维新”道路，以及通过“城市国家”来探讨中国文明和国家的起源路径，均为卓识。但由于当时所能依据的资料有限，因而其所主张的殷周之际进入国家社会的观点，显然过时了。

主张夏代才开始进入文明社会和国家的论者，似乎把王朝的出现作为国家形成的标志。我认为，王朝属于国家的一种形式，但不是唯一形式。何况夏王朝已不属于单一制的君主国而属于多元一体的复合制的王朝国家，其复合制较单一制是一种发展。从这个意义上讲，王朝国家是国家诞生的充分形式而不是必要形式。判断国家是否形成，最主要的就在于是否设立有凌驾于全社会之上的强制性的权力系统、是否处于阶级社会，而不在于它

① 何兹全：《中国早期文明和国家的起源》，《中国史研究》1995 年第 2 期。

建立的是一个王朝国家还是前王朝的国家。而我们若用这样的标准来考察夏代之前的龙山时代(即“万邦时代”,笔者认为它相当于“颛顼—帝喾—尧舜禹时代”[①])的考古学材料和文献资料,是不难得出国家已形成的结论的。

在国家形成于夏代的论者里,还有一种做法是通过把夏代之前的万邦时代的“邦”说成是“酋邦”来说明自己的观点的。[②] 对此,笔者的辨析如下:

(一)“酋邦”一词是张光直教授在翻译“chiefdom”时把中国古代分别用于表示酋长之“酋”与邦国之“邦”进行组合,是一个合成词汇,它并非中国古代固有的词汇。笔者曾讨论过“酋邦”(chiefdom)一词的翻译问题。[③] 把酋长之“酋”与邦国之“邦”合成“酋邦”,字面意思就是“酋长国”。这有点像过去有的学者曾使用过的“部落王国”或“部落国家”的意味,是一个不伦不类的概念。当然,使用“部落王国”概念的学者,是将它放在“国家”的范畴来使用的,而酋邦理论中的“酋邦”则是前国家即原始社会里的社会类型。正因为“酋邦”中使用了“邦”字,使得一部分学者认为中国古代的“族邦”就是“酋邦”。[④] 我们知道,在日本 chiefdom 被译为“首长制社会”,这是比较符合原意的。有鉴于此,笔者一度认为,若将 chiefdom(酋邦)一词译为“酋长制族落”或“酋长制社会”更贴近原意。但是,鉴于把 chiefdom 译为“酋邦”已经约定俗成,而且“酋邦”一词译法非常简练,这也是这一译法的高明之处,为此,笔者不排斥把 chiefdom 译为“酋邦”来使用。然而,我们不能因为合成的“酋邦”一词中有“邦”字,就说“万邦”之“邦”或“族邦”之“邦”就是酋邦。

(二)说“族邦”即“酋邦”者,还有一个理由是先秦文献中的“邦”与“国”不同,因而“万邦”与“万国”不是一回事。我认为,“邦”字与“国”字其本义既有交叉,又在表达的侧重点上有所区别。甲骨文中没有“国”字,金文“国”字写作“或”或“戓”,其中,戈是该字的声符,也兼有执戈守城之义;口表示城

① 王震中:《三皇五帝传说与中国上古史研究》,《中国社会科学院历史所学刊》第七集,商务印书馆,2011 年,第 45 页。

② 沈长云、张渭莲:《中国古代国家起源与形成研究》,第 92、98 页。

③ 王震中:《中国古代国家的起源与王权的形成》,第 42 页。

④ 沈长云、张渭莲:《中国古代国家起源与形成研究》,第 92、98 页。

邑，而四周的短画或上下的短画则表示城外的近郊（或者是“国”之疆界）。所以，西周的“国”字最初是指有武装守卫的“都城”及其近郊，可表示以都城为核心并且包括城外郊区在内的地域，因而“国”也有“域”的意思。“邦”字从邑丰声，强调的是对居邑范围（即疆域）的封树划定，所以“邦”字也有“域”的意思。由于“邦”字与“国”字之义有交叉重叠的地方，所以《说文》说“邦，国也”，“国，邦也”。在先秦文献中，“邦”字与“国”字相互通用，可以互换，“万邦”亦即“万国”。如《尚书·尧典》说尧时“协和万邦，黎民于变时雍”，《左传》哀公七年称“禹合诸侯于涂山，执玉帛者万国。今其存者，无数十焉”，《吕氏春秋·用民》云“当禹之时，天下万国，至于汤而三千余国”。

在先秦传世文献和青铜器铭文中把“邦”当作国家用的例子甚多，例如，在《尚书》中周人称商为“大邦殷”（《顾命》）、“殷邦”（《无逸》），周人自称为“周邦”“小邦周”（《大诰》）。金文中周人也常常说到“周邦”（大克鼎、逨盘）。文献中还有把鲁国等国称为“鲁邦”等，这些“邦”指的是国家已不言自明。当然，夏代之前的这些“万邦”“万国”，是将这一时期的所有独立的政治实体都称为“邦”或“国”。它们之中应该是既有属于早期国家的政治实体，也有只是氏族、部落、酋邦等政治实体。我们当然不能因“万邦”一词的使用即认为当时所有的氏族部落都转化成了国家，然而“万邦”“万国”词汇也暗示出当时出现的国家绝非一个而为一批，所以，称之为邦国林立是没有问题的。这种情形就像甲骨文中的“邑”，它表示某种居住点，其中既有“大邑商”“商邑”这样的王都之邑，也有诸如唐国之都邑的“唐邑”、丙国之都邑的“丙邑”这种侯伯都城之“邑”，还有像“鄙二十邑”这样的边鄙小邑。在这里，我们当然不能因为“邑”中有属于村落的小邑，就否定它也表示着王和侯伯之都邑的事实。至于在颛顼、尧、舜、禹时期，究竟有哪些属于早期国家，哪些属于氏族部落，哪些属于由部落正走向国家途中的酋邦，则需要通过对具体的考古学聚落遗址的考察、分析和论证才能作出判断和确认。也就是说，我们判断颛顼、尧、舜、禹时代的某一政治实体究竟是国家还是酋邦，不能因为“酋邦”和“族邦”等词汇中含有“邦”而把“万邦”“族邦”都作为酋邦来对待，而应该依据古代国家形成的标志来判断这些政治实体是否属于国家。作为古代国家形成的标志，笔者一直主张一是阶级的存在，二是凌驾于全社会之上的强制性权力的设立，这二者缺一不可。[1]

六、关于中国早期国家形态的诸种学说

从20世纪80年代到21世纪初，我国学术界不但在文明和国家起源的研究上有一系列的突破，取得了显著的成绩；对于中国早期国家形态与结构演变的研究也是学术讨论热烈，硕果累累。

关于中国古代国家形态或类型的演变，20世纪50至80年代，在日本学术界，宫崎市定、贝冢茂树提出了"氏族制—城市国家—领土国家—帝国模式"。[2] 90年代，我国学者苏秉琦先生提出了"古国—方国—帝国"说，[3]田昌五先生提出了"族邦时代—帝制时代"说，[4]谢维扬等教授提出了"早期国家—成熟国家"说，[5]严文明先生提出了"古国—王国—帝国"说；[6]我则提出了"邦国—王国—帝国"说，[7]等等。

日本学者"氏族制—城市国家—领土国家—帝国模式"中，所谓商代和西周是城市国家、春秋战国为领土国家的说法，并没有抓住问题的实质。因为，虽说中国古代有国就有城，建城乃立国的标志，为此我把它们称为"都邑国家"或"都邑邦国"，但是，商周与春秋战国时期国家在都城之外都是有领土的，商周王朝一度还有过所谓"两京制"，如商代前期的郑州商城与偃师商城一度就是并存的，西周的镐京与东都洛邑也是并存的，两都之间广大领土范围是由王直接控制的，并非如古希腊那样一个城市即为一个国家。无论是龙山时代的都邑邦国，还是夏商西周时期的王朝国家，都是把某种程度的

---

① 王震中：《中国文明起源的比较研究》，第3页；《中国文明起源的比较研究（增订本）》，第2—3页；《中国古代国家的起源与王权的形成》，第16—18页。

② 宫崎市定：《中国上代は封建制か都市国家か》，《史林》1950年第32卷第2号。

③ 苏秉琦：《中国文明起源新探》。

④ 田昌五：《中国历史体系新论》，山东大学出版社，1995年；《中国历史体系新论续编》，山东大学出版社，2002年。

⑤ 谢维扬：《中国早期国家》，浙江人民出版社，1995年。

⑥ 严文明：《黄河流域文明的发祥与发展》，《华夏考古》1997年第1期。

⑦ 王震中：《邦国、王国与帝国》，《河南大学学报》2003年第4期。

较广范围的领域置于其支配之下，只是因其综合国力的不同而使得各自领土的范围大小不同而已。也就是说，虞、夏、商、西周、春秋各个时期，那些大大小小的国家或王朝，它们之间的区别不在于领土的有无，而在于国土结构、权力结构和统治方式的不同。

苏秉琦先生“古国—方国—帝国”中的“方国”，与古文字学界对“方国”概念的使用是矛盾的。“方国”一词，来自甲骨文中的“方”，自 1904 年孙诒让在《契文举例》中提出“方国”以来，甲骨学界一般是用它来指商代与中央王国相对而言的各地方的国家，与周代文献中的“邦国”是同一个意思。甲骨文中的“多方”就是“多邦”的意思。在甲骨文中那些称“方”的国（方国），绝大多数与商王处于时服时叛的关系，而不称“方”的国（广义的方国）始终臣服商王者占绝大多数。[①] 在尚未取代夏之前，商对于夏王朝来说是方国，但在推翻夏朝以后，商就不能再称为方国了，而已成为取得正统地位的、以王邦（王国）为主干和依托的王朝国家。周也是如此，灭商前的周是商王朝的方国，可称为“周方国”，灭商后，取代商的正统地位而成为以王邦（王国）为主干和依托的王朝国家。此外，苏先生把夏商周的中央王国和北方的夏家店文化、东南方的良渚文化都作为“方国”，这既在概念上有问题，在时代上这些政治实体所处的时间也是有先后差异的。所以，我曾指出苏先生的“方国”等概念有主观上的随意性，若不作特别说明是很难理解的。[②]

田昌五先生提出的由先秦“族邦”到秦汉“帝国”的发展模式，其族邦的概念在反映先秦国家中宗族特性方面有其独到之处。但商周时期的国家结构，并非全处于族邦或邦国这一层面，在存在着邦国的同时还存在中央王国与地方邦国、诸侯的关系问题，而从矛盾的性质是由主要矛盾的主要方面来规定的考虑，中央王国显然是矛盾的主要方面，所以从族邦到帝国的框架也不尽人意。

谢维扬等教授关于“早期国家”与“成熟国家”的划分，它在吸收欧美学

① 孙亚冰、林欢：《商代地理与方国》，中国社会科学出版社，2010 年，第 254 页。

② 王震中：《中国文明起源研究的现状与思考》，《中国史前考古学研究》，三秦出版社，2003 年。

者关于“早期国家”这一概念上有其积极作用，但所谓“早期”与“成熟”主要表达的是国家的发达程度，难以说明国家的形态特征。

严文明先生“古国—王国—帝国”的划分，与我所说的“邦国—王国—帝国”的划分基本是一致的。但我认为，“古国”属于时间范畴，“王国”和“帝国”属于形态范畴，这三者不在同一个层面上。苏秉琦先生的“古国—方国—帝国”论，也有这样的问题。“古国”体现的是时间古老，“方国”体现的是空间方位，“帝国”体现的是体制形态，三者完全不在一个层面，不属于递进关系。

吸收上述诸说中的合理成分而剔除其不足，我曾把古代中国进入文明与国家社会以后的政治实体的演进表述为“邦国—王国—帝国”三个阶段和三种形态。“邦国—王国—帝国”说，在汉语词汇上，“邦国”与“王国”出现于青铜器铭文及《尚书》《诗经》《周礼》等先秦文献之中，是中国古代所固有的。在概念逻辑上，不但特征鲜明，而且体现了递进演变的关系，比较贴近古代中国历史发展的实际。因而，我以为用“邦国—王国—帝国”这一模式来概述中国古代国家形态特征的演变，有它较科学性的一面。今天看来，作为反思，尚需指出的是，在“邦国—王国—帝国”模式中，“王国”只是夏商周三代“王朝国家”中的一部分而不是全部，位于中央的王国（王邦）是王朝国家的核心，是王直接统治的地区，即后世所谓的“王畿”之地，是王最主要的依靠；这样的王国是与王国周围的诸侯邦国共同组成王朝国家的，王国只是王朝国家中主要矛盾的主要方面而已。为此，我对中国古代国家的演进模式更精准的表达是：邦国—三代王朝国家—帝制国家。古代中国最早的国家是小国寡民式的单一制的邦国，在族共同体上也可以称为部族国家；邦国的进一步发展是以王和王国为“天下共主”的复合制国家结构的夏商西周三代王朝国家；夏商西周三代王朝国家以后，经过春秋战国的过渡阶段，走向了专制主义中央集权的以郡县制为结构的秦汉至明清的帝制之国即帝国。

七、夏商西周三代“复合制王朝国家结构”

上述划分出国家形态的三种类型及其发展阶段，是必要的；但是我们不能停留在仅仅是提出“古国”“邦国”“王国”之类的概念上，还需对每一个概念所表示的形态结构予以相应的说明。也就是说，研究早期国家的类型，必须考虑其国家结构，二者是配套的。

传统上，关于夏商西周国家结构的观点主要有两种，最早的一种观点认为，夏商西周为统一的中央集权国家。[①] 20 世纪 80 年代以来，也有学者提出另一种观点，认为夏商西周属于邦国联盟。[②] 但是，这二者都有其局限性。

主张夏商西周属于“统一的中央集权国家”论者，忽视了夏商西周时期的诸侯邦国与秦汉时期的郡县制根本不同的问题。夏商西周在王朝内处于属邦地位的诸侯邦国，与后世郡县制下的行政机构或行政级别不同，不是一类。诸侯国的国君之位是世袭的，其内部也实行“世卿世禄制”，而秦汉以后的郡守县令等行政官吏则是任免的。这些诸侯邦国可以受王的调遣和支配，但并没有转换为商周王朝的地方一级权力机构，它们服属于王朝，只是使得该国的主权变得不完整，主权不能完全独立，但它们作为邦国的其他性能都是存在的，所以，形成了王朝内的“国中之国”。因此，如果把夏商周王朝定性为与秦汉王朝差不多一样的统一的中央集权国家，显然不符合历史实际。

主张夏商西周王朝是“城邦联盟”或“方国联盟”论者，忽视了以下几点：夏商西周王权对于诸侯邦国的支配；地方邦国在政治上不具有独立主权；在经济上要向朝廷贡纳，经济资源尤其是战略资源要输送到中央王国；在军事上，地方邦国的军队要随王出征或接受王的命令出征；在国土结构理念上，“城邦联盟”或“方国联盟”说解释不了《诗经・小雅・北山》所谓“溥天之下，莫非王土；率土之滨，莫非王臣”。

面对上述两种观点的局限性，我认为若用复合制国家结构来解释这一

① 杨升南：《卜辞中所见诸侯对商王室的臣属关系》，胡厚宣主编：《甲骨文与殷商史》，上海古籍出版社，1983 年；又收入《甲骨文商史丛考》，线装书局，2007 年。谢维扬：《中国早期国家》，第 383 页。

② 林沄：《甲骨文中的商代方国联盟》，《古文字研究》第六辑，中华书局，1981 年。

切，问题即可迎刃而解，为此，我提出了“夏商西周三代王朝乃复合制国家结构说”。[①]

所谓复合制国家结构，是指在夏商西周三代王朝内包含有王国和受王所支配的诸侯邦国两大部分：在夏朝，它是由以夏后氏为核心的王国与其他从属的邦国组成；在商朝，它是《尚书·酒诰》以及青铜器铭文所说的由王邦(王国)所构成的“内服”百官系统和受商王支配的“外服”诸侯邦国系统；在西周，它通过分封制和宗法制的机制，由周王直接掌控的周邦(王国)和周王所分封的、主权不完整(不具有独立主权)的诸侯邦国组成。

以商王朝为例来说明夏商西周三代复合制王朝国家结构，是最具说服力的。因为夏代的史料较少，不能阐述得特别充分；西周因其分封制的发达，也使得它的复合制国家结构发展到了顶峰；而商代虽说已具有相当多有分量的可靠史料，但学术界一直没有把它与其复合制国家结构联系在一起。商王朝多元一体的复合制结构，可以从两方面得以说明：商王朝的“内外服制”问题；外服的诸侯邦国在王朝中央任职为官的问题。

商王朝的“内外服制”，《尚书·酒诰》说得最清楚：“在昔殷先哲王……自成汤咸至于帝乙……越在外服：侯、甸、男、卫、邦伯；越在内服：百僚、庶尹、惟亚、惟服、宗工、越百姓里居(君)。”这里的“内服”就是王国(王邦)之地，王的百官居邑分布在这里，是王直接控制之地，亦即后世所谓王畿之地。这里的外服就是受王支配调遣的诸侯邦国之地。整个商王朝就是由“内服”和“外服”这两大部分组成。《尚书·酒诰》所说内、外服这样的结构，还可以由青铜器铭文和甲骨文得到印证。如大盂鼎有“惟殷边侯甸与殷正百辟”这样的铭文，所谓“殷边侯甸”即《酒诰》所说的“侯、甸、男、卫、邦伯”等外服诸侯，所谓“殷正百辟”即《酒诰》所说的“百僚、庶尹”等内服百官。此外，在甲骨文中，我们可以看到“商”与“四土四方”对应并贞的卜辞。这里的“商”，是指包括商都在内的商王国，即商朝的王邦，也即《酒诰》所说的内服之地；这

① 王震中：《夏代“复合型”国家形态简论》，《文史哲》2010年第1期；《论商代复合制国家结构》，《中国史研究》2012年第3期；《中国古代国家的起源与王权的形成》，第436—438、471—484页。

里的“四土”则是附属于商的侯伯等诸侯邦国，也即《酒诰》所说的外服之地。所以，《尚书》（而且是成书年代较早的篇章）、青铜器铭文和甲骨文这三方面的材料一致说明商王朝的国家结构由“内服”和“外服”构成。

连接商王朝“内服”与“外服”的纽带之一，是“外服”的诸侯邦国之人在朝为官者。《酒诰》说王朝百官集中在“内服”，但“内服”中执掌各种官职的贵族大臣有相当多的是来自于“外服”的侯伯邦国之人。例如，卜辞中有“小臣醜”（《合集》36419），这位在朝廷为官者，就属于来自山东青州苏埠屯一带作为侯伯之国的“亚醜”。[①] 再如，殷墟花园庄 54 号墓是一座在朝为官的显赫贵族墓，墓内出土的青铜器族徽铭文称其为“亚长”，这个“亚长”与甲骨文武丁时期的“长伯”（《合集》6987 正）、廪辛康丁时期的“长子”（《合集》27641），以及卜辞中“长友角”“长友唐”（《合集》6057 正、6063 反等）等长族将领之“长”是一族。所以，殷墟花园庄 54 号墓墓主人也属于外服侯伯在朝为官的显赫贵族。类似的情形在安阳殷墟还有许多，如殷墟墓葬中被称为“光”族氏徽铭与甲骨文中称作“光”和“侯光”的诸侯；殷墟墓葬中被称为“丙”的族氏徽铭与山西灵石旌介的商墓被称为“丙”的族徽铭文以及甲骨文中的“丙邑”、金文中的“亚丙”等之间的关系；殷墟刘家庄南的 M63 出土的“息”铭铜器与甲骨文中的“息伯”以及河南罗山县蟒张乡天湖村的“息”族墓地之间的关系等，都显示出“外服”的诸侯邦国在朝为官的情形。[②] 这些“外服”的诸侯邦国在王朝中央任职，既是对王朝的国家事务的参与，亦是对中央王国这个天下共主的认可，并成为在复合制王朝结构中连接王与诸邦的纽带。

从商朝到西周，多元一体的复合制王朝国家结构又有进一步发展。在西周的金文和文献中，也有内服的王国及其朝官体系与外服的诸侯邦国体系相结合的资料，因而对于西周的复合制国家结构，也可以用内服和外服来

---

① 王震中：《中国古代国家的起源与王权的形成》，第 477—479 页。

② 王震中：《中国古代国家的起源与王权的形成》，第 480—485 页。

概括。[1] 作为常识的西周分封("封建")制,其实它既是政体,也构成国家结构。周王正是通过这种重新封邦建国,将商王朝的天下秩序转换为周王朝新的天下秩序:一方是周王直接掌控的周邦(王邦即王国),另一方则是由周王分封的、主权不完整(不具有独立主权)的诸侯邦国;二者在王权的统辖下构成多元一体(多元一统)的王朝国家。这种多元一体的复合制结构,使得西周王朝在整体上形成《诗经·小雅·北山》所谓的"溥天之下,莫非王土;率土之滨,莫非王臣"。这样的国土结构,也就是《左传》昭公九年周天子的大臣詹桓伯所说西部岐山和山西一带的"魏、骀、芮、岐、毕,吾西土也",东部齐鲁之地的"蒲姑、商奄,吾东土也",南方的"巴、濮、楚、邓,吾南土也",北部的"肃慎、燕、亳,吾北土也"。

比照商周王朝中王国与诸侯邦国相结合的复合制国家结构,夏王朝也是如此。在夏朝的复合制结构中,既有作为王国(王邦)的"夏后氏",也有"以国为氏"的"有扈氏、有男氏、斟寻氏、彤城氏、褒氏、费氏、杞氏、缯氏、辛氏、冥氏、斟戈氏"等同姓族邦,还有"韦""顾""昆吾"(《诗经·商颂·长发》)、"薛"(《左传》定公元年)、"商侯"(《今本竹书纪年》)异姓族邦。再如,夏朝时也已出现像商周时期那样的某些邦国的国君或贵族在王朝内担任官职的情形(即在朝为官者)。其中,今本《竹书纪年》说商族祖先"商侯冥"担任过夏朝管理或治理水的职官,《国语·周语上》说"冥勤其官而水死",这是说他因治水而殉职。《左传》定公元年说:"薛之皇祖奚仲,居薛,以为夏车正。"薛国因造车技术高超而使得其国君奚仲担任夏朝造车的官职。《墨子·耕柱》说秦的祖先蜚廉在夏朝负责采矿冶金。最近出版的《清华大学藏战国竹简(伍)》说咎繇(即皋陶)担任夏启的卿事,这是东夷在夏朝为官者。诸如此类,这些附属的诸侯邦国之人在朝为官,也构成王与诸邦的纽带。[2]

夏商西周三代王朝均为复合制国家结构,只是其发展程度不一,商代强于夏代,周代又强于商代。夏商西周三代"复合制国家结构说"重在说明王

---

① 王震中:《中国王权的诞生——兼论王权与夏商西周复合制国家结构之关系》,《中国社会科学》2016 年第 6 期。

② 王震中:《夏代"复合型"国家形态简论》,《文史哲》2010 年第 1 期。

朝内王国与诸侯邦国的关系。在王朝国家内，王国为“国上之国”，诸侯邦国为“国中之国”，二者以王为“共主”而处于不平等的结构关系之中，并在王权的统辖下构成多元一体（多元一统）的王朝国家，夏商西周的王权也是在这样的复合制国家结构中得以固化和传承的。在这里，三代的王国（王邦）是王朝国家的根基和依托。到了春秋时期，因王国综合实力显著下降、王朝王权衰落、诸侯国独立性增强，造成了复合制国家结构的名存实亡和所谓“礼崩乐坏”，也使得春秋时期成为由西周的复合制结构走向秦汉以后的“中央—郡县制”的过渡期。

夏商西周三代多元一体的“复合制国家结构说”，不但克服了“统一的中央集权国家”说的局限性和“邦国联盟”说的局限性，也有助于说明战国时期大一统思想的历史渊源。我们知道，战国时期至少战国七雄都属于完全独立的国家，战国不是统一的王朝，然而，战国时期成书的典籍中却每每呈现出大一统的思想意识。以存在决定意识的唯物史观而论，这种大一统的思想意识不可能是战国社会现实的直接反映，而是战国时期的人把夏商西周三代复合制王朝国家结构理想化的结果。战国时期大一统思想观念的渊源只能来自夏商西周三代王朝的复合制国家结构。

八、从国家起源到秦汉以来民族与国家之关系

在研究文明和国家起源的过程中，也应涉及民族的起源与国家起源及其早期发展的关系问题。然而，在 20 世纪 80 年代至 21 世纪初，学者们的研究多倾向于民族是民族、国家是国家，没有把国家的起源及其发展与民族类型的演变联系起来进行研究。针对这种状况，我在 2013 年出版的《中国古代国家的起源与王权的形成》一书中专门列有一章“从部族的国家到民族的国家”，探讨了夏代之前“万邦时代”的单一制的邦国与部族的关系以及从夏代开始的“多元一体的复合制国家结构”与华夏民族的关系。①

关于华夏民族的形成，以前主要有两种观点：（一）依据“华”“夏”“华

① 王震中：《中国古代国家的起源与王权的形成》，第 358—390 页。

夏”“诸夏”等民族称谓大量出现于春秋战国时期而主张华夏民族形成于春秋战国时期。[①]（二）依据夏禹划分九州的古史传说认为这个时期出现了地缘关系，因而形成了夏民族。[②] 后者是把恩格斯说的国家形成的标志之一——按地区划分它的国民，作为民族形成的必要条件。

在主张华夏民族形成于春秋战国时期的学者中，沈长云教授用力最勤。[③] 沈先生的论理逻辑是这样：（1）在《左传》中大量出现“华”“夏”“诸夏”“华夏”等称谓，故华夏民族形成于春秋战国之际。[④]（2）周初的封建“是华夏民族形成的先河，并且周人在华夏民族的形成过程起到主导作用”。[⑤]（3）在华夏族族称的来历方面，周人自称“有夏”（《尚书》的《康诰》《君奭》《立政》）。“夏者，大也”，《尔雅·释诂》及经、传注疏并如此训。周人自称“有夏”，“他们大概只是使用了‘夏’这个字的本义来表现自己，表现以周邦为首的反商部族联盟的浩大声势。……我怀疑‘夏’这个称号也就是在文王受命称王之时正式冠自己所领导的部族联盟头上的。……随后，华夏部族联盟王室领导下开展对商王朝及东方部族的征服，随着征服顺利进行，周王室又把‘夏’的名称冠在自己分封出去的诸侯国的头上，这些诸侯被称作‘诸夏’”。[⑥]

对于沈先生的这些观点，我们的看法与之有同有异，相同之处是：（1）我与沈先生都认为黄帝族与周族是同一族系；[⑦]（2）战国时期，诸夏（华夏民族）以及诸子百家都尊崇黄帝，这是华夏民族内部高度融合的结果。与沈先生观点相异之处也需要加以辨析：（1）“华”“夏”“华夏”“诸夏”等民族称谓，大量出现于春秋战国时期，这是华夏民族自我意识强烈的一种表现，

---

① 沈长云：《华夏民族的起源与形成过程》，《中国社会科学》1993年第1期。

② 田继周：《夏代的民族和民族关系》，《民族研究》1985年第4期。

③ 沈长云：《华夏民族的起源与形成过程》，《中国社会科学》1993年第1期；沈长云：《华夏族、周族起源与石峁遗址的发现和研究》，《历史研究》2018年第2期。

④ 沈长云：《华夏民族的起源与形成过程》，《中国社会科学》1993年第1期。

⑤ 沈长云：《华夏族、周族起源与石峁遗址的发现和研究》，《历史研究》2018年第2期。

⑥ 沈长云：《华夏族、周族起源与石峁遗址的发现和研究》，《历史研究》2018年第2期。

⑦ 王震中：《商周之变与从帝向天帝同一性转变的缘由》，《历史研究》2017年第5期。

这表明此时的华夏民族已属于一个自觉民族，而在民族发展过程中，“自觉民族”之前还经历了“自在民族”的发展阶段，夏、商时期的华夏民族则属于自在民族。[①]（2）“夏”字尽管有“大”和“雅”之意，但它更表示的是夏王朝。夏朝是在先周时期就已存在过的多元一体的国家，在文献中根本看不到给予“西戎八国”等反商部族联盟冠有“夏”的称谓。（3）周人自称为“有夏”，确实不是与夏有族源上的考虑，而是出于以夏王朝为正统的考虑。不论是“受天命”时的文王，还是推翻商朝之后的周公，自称“有夏”都是表示自己接受了正统，这个正统就是中国第一个王朝国家——夏王朝。这种正统观是天命的一种宣示，周人之所以把“我有夏”“我区夏”从文王开始说起，是因为周人坚信“文王受天有大命”，周取代商是从周文王开始实施的。（4）根据《史记·周本纪》和《逸周书·度邑》等文献，周推翻商朝后，武王对弟弟周公旦说，为了平定殷，需要依据天室，尊从宪命和天意，他想在“有夏之居”的地方营建新都雒邑。周初的何尊铭文称新都洛邑及其所在地为“中国”，并说武王要在这里“统治人民”。在周初人的意识中，这个被称为“中国”的新都洛邑的所在地，固然是出于它处于四方之中，便于治理，然而值得注意的是由于它与商周之前的夏都之地——“有夏之居”联系在一起，所以也有承袭正统的考虑。（5）沈先生也认为一个民族有自己的共同地域，可是春秋时期中原地区也有一些戎狄族群居住，被视为诸夏（华夏）之国的齐国和鲁国并不位于中原，所以春秋时期与西周王朝“普天之下，莫非王土；率土之滨，莫非王臣”的国土结构的格局大不相同，很难说华夏民族同处在中原这个共同地域之内。到了战国，至少被称为“七雄”的国家各自是独立的，更谈不上哪个区域是共同的地域。我们总不能一方面说民族的形成需要有“共同地域”，而另一方面却发现到春秋战国之际已改变了曾经所具有的“共同地域”，事实上这种共同的地域是在春秋战国之前的夏商西周王朝时期形成的。

那么，伴随着国家的起源和早期国家的发展，华夏民族的形成及其类型究竟经历了什么样的过程？我的思考是：把华夏民族的形成划分为“自在民

---

① 王震中：《从复合制国家结构看华夏民族的形成》，《中国社会科学》2013 年第 10 期。

族”与“自觉民族”两个阶段，春秋战国时期“华”“夏”“华夏”“诸夏”等民族称谓大量出现，这是民族自觉意识的强烈表现，大概从西周开始，经春秋，到战国，华夏民族已属于自觉民族，这样的民族也属于“文化民族”；而西周之前的夏商时期的华夏民族，则属于自在民族。所谓“自在民族”，就是民族意识还处于朦胧、潜在状态的民族，自己作为一个民族已经存在，但自己还没有完全意识到。夏、商时期的华夏民族就是这样的状态。

中国自夏代开始，之所以已形成华夏民族，就在于自夏朝开始的夏商西周三代王朝的国家结构是复合制国家结构。在这样的复合制结构内，它容纳了许多不同血缘的部族和诸侯邦国在其中。为此，我认为崭新的夏王朝是华夏民族的外壳，是维系华夏民族具有共同语言、共同地域、相同经济生活、共同文化的稳定的族共同体的基本条件。① 由此，我提出了民族类型与国家形态结构具有对应关系：与夏代之前、尧舜时期单一制的邦国相对应的是部族（血缘民族、小民族）；与夏商周多元一体的复合制国家结构相对应的是华夏民族；自秦汉时期开始，与统一的多民族国家相对应的是“正在形成”的中华民族，即以汉民族为核心、在汉民族之上包括各个少数民族在内的中华民族自秦汉开始已处于正在形成之中。②

当我们把民族的形成及其类型的演变与文明和国家起源及其早期发展相互关联而加以研究的时候，这不但使我们对文明和国家起源研究走向深入，也使我们发现从国家产生伊始到国家形态结构的演变，国家与民族始终具有一体两面的关系，而且这与我们对于“民族”作不同层次的分类可以协调起来。

九、余论

以上八个方面阐述了从 1978 年到 2020 年这四十余年我国学术界对中国文明和国家起源及其早期发展研究的主要趋势和我自己的思考。诚然，

---

① 王震中：《从复合制国家结构看华夏民族的形成》，《中国社会科学》2013 年第 10 期；《中国古代国家的起源与王权的形成》，第 358—390 页。

② 王震中：《国家认同与中华民族的凝聚》，《红旗文稿》2016 年第 1 期。

文明与国家起源及其早期发展的研究内容颇为丰富，涉及面甚为广泛，这八个方面是不能完全囊括的，但作为其主要趋势，我以为这八个方面的议题比较有意义，也比较重要。在这八个方面议题之外，还有一些议题也需要在这里作一概述。

第一，古代中国有无奴隶社会形态的问题。关于古代中国所经历的社会形态，在20世纪50年代至70年代末，学术界讨论的重点在于奴隶社会与封建社会如何划界的问题，也一并讨论了马克思所说的“亚细亚”生产方式问题，形成了“西周封建论”“战国封建论”“魏晋封建论”等不同的学术观点。这就是著名的“古史分期的讨论”。改革开放以来，多数学者对古史分期问题的热度明显降低，但也有进一步推进这一课题的成果问世，其中最主要的是有学者较为系统地论证了中国上古并未经历奴隶社会。[①] 也许是因兴趣点转移或者是没有新材料的缘故，跟进讨论者并不多。应该说古代中国是否经历过奴隶社会，是一个需要实证的、值得研究的学术课题而不属于政治问题。在这一课题上，奴隶制与奴隶社会是两个不同的概念，如果你的论证能证明当时社会中存在有奴隶但他们若并没有构成为农业和手工业等主要生产者的话，是不能称之为奴隶社会的。当然讨论的双方都需对对方所依据的材料作出合理的解释，使各方面的问题和材料都能融会贯通，否则其说服力就会受到质疑。还有一种情形是当时乃多种生产方式、多种所有制并存，但我们一时无法给它作出定量研究。总之，历史学是实证科学，也带有解释学的特点，一切从实际出发，实事求是，才具有说服力。

第二，史前权力系统的演进问题。关于史前权力的演进问题，是国家起源研究中的焦点，也是难点。在理论上曾有两种倾向：一种是易建平曾批评的、谢维扬《中国早期国家》一书中提到的“酋邦所具有的专制政治的特征”；[②]另一种是易建平所强调的“在酋邦之类社会中，是等级制的‘权

① 晁福林：《夏商西周的社会变迁》，北京师范大学出版社，1996年；《先秦社会形态研究》，北京师范大学出版社，2003年。沈长云、张渭莲：《中国古代国家起源与形成研究》。

② 谢维扬：《中国早期国家》，第220—221页。

威’”。[①] 我们说史前社会固然不存在强制性的权力，因为强制性的权力是国家社会的特征。可是史前社会的“权力”不是只呈现为“权威”。虽然史前社会最主要的是神权，但在军事上的军事指挥权和生产的组织管理等方面的世俗族权，也是存在的。问题的症结在于史前社会的这种权力是如何演进的，是如何发展为国家君权的。对此，我的考虑是从三个方面来推进这一问题：(1) 提出了“权力的空间性与宗教的社会性”这样一个命题，以此来阐述史前酋长的权力是如何突破聚落空间限制而扩大到其他聚落的；(2) 论述了战争对史前权力乃至王权的强化；(3) 论述了“史前最高酋长之权—早期国家的邦君之权—夏商周王朝国家的王权”三者的联系与区别等问题。[②]

在由史前社会的村落首领之权威上升到国家君主之权力的过程中，权力如何突破其空间限制，这是问题的关键。所谓权力的空间限制，是说各种各样的权力都有各自的行使范围。例如，家族与家族长之权、宗族与宗族长之权、聚落与聚落首领之权，他们的权力特征是与各自行使权力的空间范围联系在一起的。在某种意义上，权力的发展就在于对空间范围的突破。史前社会平等的聚落，各聚落之间是相互独立的，甲聚落首领所具有的权力原本是被限制在甲聚落范围内，他是无权干涉乙聚落内部事务的。但是考古发现表明，某些宗教行为和宗教活动却可以不受聚落界限的限制。由此，我提出“权力的空间性与宗教的社会性”是有关系的，宗教的社会性有助于使权力突破空间的限制。此外，战争也有助于权力对空间限制的突破。这样，我的观点可以概括为：史前社会的权力是利用其宗教祭祀权和战争环境的军事指挥权而突破了权力的空间限制，最终由部落酋长之权走向了早期国家的国君之权。

综上所述，对于改革开放四十余年来中国文明和国家起源研究的主要趋势，我以学术思想和方法的推进与突破为着眼点，阐述了八个议题，另外概括两个议题，并对它们作了不同程度的反思，其中也穿插了三十多年来

---

① 易建平：《部落联盟与酋邦——民主·专制·国家：起源问题比较研究》，第 336 页。

② 王震中：《中国古代国家的起源与王权的形成》，第 244—292 页。

我自己的研究轨迹与学术体系。尽管本文的篇幅已较大，但对这一领域作四十余年的梳理，挂一漏万和不妥之处，在所难免，欢迎学术界同仁批评指正。

原载《澳门理工学报》2019年第2期，原标题是《近四十年中国文明与国家起源研究的主要趋势与反思》。收录时文章标题略有改变，内容也有扩充。

谈谈西周早期大师在军事活动中的作用

刘 源

大师(即太师)是西周王朝师氏之长,在西周早期(延至穆王之世)的军事活动中发挥着关键性作用。西周中、晚期,大师参与王朝内政较多,在军事上的重要性似有所减弱。目前,学界已经注意到西周早期战争中大师的地位,但主要依据《史记》《诗经》等传世文献的记载来谈,即谈师尚父牧野之战、周公东征较多,[①]而对金文所载伯懋父、伯雍父(师雍父)等人的身份、事迹论述得较少。当然,学界对伯懋父、伯雍父在王朝任何职,尚未有定论,值得进一步探讨。大师统率师氏一系职官,是贵族政治体系中的重要一环,然其详情在西周早期金文材料中,所见不甚清晰,不像西周中期那么显著,也有必要辨析。故小文主要谈两方面问题,一是西周早期及穆王之世,金文中大师的判定;二是大师在战争中的地位与作用。附带谈一些大师与师系职官问题。

一、伯懋父、伯雍父为西周早期及穆王之世的大师

西周早期的大师,据传世文献记载,较明确的有师尚父、周公。师尚父为大师,从金文材料的佐证来看,问题不大,原因是西周时期,名卑而字尊,贵族称呼大师,多尊称其字,不会直呼其名,以示尊重。如西周金文中的师雍父(《铭图》11807 臤尊),又称“伯雍父”(《铭图》13331 录卣,图 1);师俗父(《铭图》6230 师永盂),又称“伯俗父”(《铭图》2497 五祀卫鼎),都是其部下的贵族以其“字”尊称他们。师尚父,显然也是以“字”来尊称大师。杨宽先

---

① 陆璐:《说周代的太师》,《史学月刊》2009 年第 6 期,第 41、42 页。

图 1

生说，吕尚名望，字尚父，任太师之职，亦称师尚父、师望，是很正确的。[①]

周公，据《史记》记载，与召公分别担任大师、大保，但西周金文中只有召公任大保的记载，而无周公任大师的明确材料。成王之世的金文材料记载周公东征之事者较多，如近出的何簋（《铭图》5136）载“唯八月公夷殷年”，其中的公即周公，但尚未见称周公为大师的金文材料。成王在位之初，周公摄政，其地位凌驾于诸王臣之上，身份正如师永盂铭文所见懿王之世的益公，位在三有司、大师、大史之上，是最高执政大臣。周公东征，也有可能是以摄政大臣身份，统领大师之职，然这一想法，还有待于更多出土文献来证明。

西周早期金文中的伯懋父，学者多从郭沫若先生说，认为即文献所载的卫康伯髦，[②]即王孙牟，这个看法还可进一步讨论。伯懋父是字，而康伯髦、王孙牟之髦、牟是名，还不能划等号。孙诒让认为《逸周书·作雒解》所载的中旄父，就是康伯髦，然伯懋父排行为伯，是长子，故也不能视作一人。由此可见，我们尚不能遽定伯懋父就是康伯髦，然从伯懋父统率殷八师征东夷（《铭图》5270 小臣謎簋，图 2）及其下属贵族多为师氏（《铭图》2462 师旂鼎）等金文记载来看，伯懋父当为师氏之长，即大师。旧多以为伯懋父为康伯髦，故定相关器的时代为康王之世，然从相关诸器铭文记载东夷大反来看

① 杨宽：《西周史》，上海人民出版社，1999 年，第 93 页。

② 杨宽先生认为伯懋父即康叔之子康伯髦，详见《西周史》第 92 页。

（小臣謎簋），其时代定在成王之世，亦较合适。[①]

穆王之世的伯雍父，又被其下属贵族尊称师雍父（臤尊），他统率成周师氏，身份也应该是大师，而非普通的师。录卣铭载："王令𢦏曰：淮夷敢伐内国，汝其以成周师氏戍于由师。伯雍父蔑录历，赐贝十朋……"李学勤先生已指出𢦏、伯雍父实为一人，一名一字，自王而言，可称其名；而其下属贵族，则尊称其字。[②] 最近仍有学者认为𢦏不是师雍父，[③]其实把相关金文材料结合起来看，就可以清楚知道录卣铭文记载的受周王之命戍守由师的𢦏，正是遹甗铭文（《铭图》3359）中"戍在由师"的师雍父，这个问题已经解决，不必再多讨论。西周大师普遍被尊称其字，而其氏与名则不显，如师尚父、伯懋父、伯俗父（师俗父）、伯邑父、伯龢父（师龢父）等皆是如此。这与最高执政大臣通常被尊称其氏名不同，如周公、召公、益公、武公等；也与王朝三有司通常被称其氏名不同，如井伯（司马）、荣伯（司土）等。究其原因，可能与大师以官为氏有关。

图 2

我们知道了伯懋父、伯雍父（师雍父）是西周成王（或康王）、穆王之世的王朝大师，就能进一步通过相关金文材料去了解当时王朝大师在军事行动中承担的职责，并加深对西周王朝师氏一系职官的认识。

---

① 杜勇先生也从郭沫若说，认为伯懋父为康伯髦，但指出伯懋父活动于成王之世，详见杜勇：《〈尚书〉周初八诰研究》，中国社会科学出版社，2017 年，第 110 页。

② 李学勤：《从新出青铜器看长江下游文化的发展》，《新出青铜器研究》，人民美术出版社，2016 年，第 224 页。

③ 惠翔宇、李毅忠：《西周金文中伯雍父、𢦏、录的身份与关系新探》，《四川文物》2016 年第 6 期，第 47—52 页。

二、大师在西周早期战争中的作用

西周早期的重大军事活动中，大师作为师氏之长官，要担任统帅。牧野之战中，师尚父即率领师氏担任统帅。学者已据《诗经·大雅·大明》《逸周书·克殷解》等传世文献材料，详细论述师尚父在牧野之战中担任统帅及勇猛作战的事迹，本文就不再赘述了。①

成王之世，伯懋父担任大师，东夷大反，伯懋父接受王命，统率殷八师前往征伐。小臣謎簋记载：

> 叡东夷大反，伯懋父以殷八师征东夷。唯十又二月，遣自裹师，述东陕，伐海堳。雩厥复归在牧师，伯懋父承王命，赐师率征五隅贝。小臣謎蔑历，眔赐贝，用作宝尊彝。

铭文所述的东夷大反应发生在成王执政之时，②伯懋父以大师的身份统率驻扎于殷地的王朝精锐部队八师前往征伐。这八师，应各有师氏担任其指挥官。伯懋父此次东征战役取得胜利，一直进军至海滨。随后班师回到牧野，③承王命，对部下进行赏赐。这次重大军事活动，伯懋父担任主帅，反映了西周早期大师在战争过程中起着关键性的作用。

此外，伯懋父还率军北征，见于吕壶（《铭图》12372）的记载：

> 唯四月，伯懋父北征。唯还，吕行捷，俘兕，用作宝尊彝。

穆王之世，大师在对外战争中仍然发挥主导作用。当时统率成周师氏的大师，是师雍父。据上引录卣铭文记载，淮夷内犯，师雍父担任主帅，带领成周八师前往抵抗，戍于“由师”这一军事据点。师雍父驻防后，还派遣使

---

① 杨宽：《西周史》，第93—95页。

② 杜勇：《〈尚书〉周初八诰研究》，第110页。

③ 杨宽：《西周史》，第92页。

者，会合诸侯，视察军事道路，竅鼎（《铭图》2340）、遇甗（《铭图》3359）铭文均有记载：

唯六月既死霸丙寅，师雍父戍在由师，遇从师雍父，肩使遇事于胡侯，侯蔑遇历，赐遇金，用作旅甗。

唯十又一月，师雍父省道至于胡，竅从，其父蔑竅历，赐金，对扬其父休，用作宝鼎。

从时间上看，六月，师雍父先派遣遇出使于胡侯，协商勘察道路之事；至十一月，师雍父始在胡地视察行军道路。

简而言之，大师是师氏之长。师氏是王师各支部队的指挥者。在周初的重大军事活动中，大师的职责，是召集指挥王师的师氏，如殷八师的师氏、成周师氏等，组织集结军队，并担任统帅，前往目的地征伐。在召集师氏的过程中，大师还负责赏罚，对于不从王命的师氏处以罚金，详见师旂鼎铭文（《铭图》2462）。大师对下属的奖赏，应来自王命，而非个人行为，详见御正卫簋（《铭图》4994）。二器铭文内容如下：

唯三月丁卯，师旂众仆不从王征于方雷，使厥友引以告于伯懋父，在艿，伯懋父乃罚得、䙴、古三百锊。今弗克厥罚，懋父令曰："义播。䟎厥不从厥右征，今毋播，其有纳于师旂。"引以告中史书，旂对厥賫于尊彝。

（旂鼎）

五月初吉甲申，懋父赏御正卫马匹自王，用作父戊宝尊彝。

（御正卫簋）

从上述金文材料看，伯懋父担任大师，会惩处部下师氏人员。师旂众仆不跟从周王征伐，被伯懋父判处罚金，结果并未执行，仍交给师旂本人处置。伯懋父奖赏部下的御正卫，则是出自王命。由此看来，王朝大师对下属贵族的奖惩，并非擅自决定，至少从名义是出于王命。

需要说明的是，西周早期，王朝的主力精锐部队，是王朝师氏统领的殷八师、成周八师，为不同称呼的同一支部队，在不同时代驻地不同，故名称有所变化。[①] 殷八师或成周八师，各有师氏负责管理训练，战时由师氏带领出征，统一听从大师的指挥调度。

三、师系职官并非纯粹武职

大师是师氏的长官。所谓师氏，即师，氏是附加的指示代词，强调其职。[②] 过去学界多认为师氏是武职，实际上是误解。战国之前，贵族政治并无明确的文武分职，某类职官较多参与军事活动，也不能说明就是纯粹的武官。[③] 李峰曾提出，师氏可能是曾有军事经历的群体，此说是较有道理的。[④] 杨善群也早已发现，西周金文中的师氏，有武职的，有文职的，也有文武兼管的，还有乐师，相当复杂。他发现金文所载师职文武兼管的现象，与《周礼・地官・师氏》所记职文相合，这是很有见地的。[⑤] 我们认为师氏职掌之所以复杂，正和其官在王朝的特殊地位有关。

从师永盂（《铭图》6230）、裘卫盉（《铭图》14800）、五祀卫鼎（《铭图》2497）等材料来看，师氏在西周王朝的行政管理和军事组织机制里具有重要的地位。王朝内服地区的土田及庶人的管理，是由天子委任大师、三有司、大史等王朝大臣来管理，并由基层的三有司、师氏、史官来具体操作。基层师氏与三有司的职责有何区分，目前尚不是很清楚，我们认为师氏的职责偏重于对庶人的管理和军事训练，而非对土田的管理。师永盂记载天子（懿

---

① 李道明：《六师、八师新探》，《四川师范大学学报》1992 年第 5 期，第 64—70 页。

② 赵林指出，师氏之氏，指拥有师这一官衔的人们。参赵林：《论"氏"的造字成词》，《甲骨文与殷商史》新 1 辑，线装书局，2008 年，第 189 页。

③ 李凯：《商周"史"的文武双重身份——兼论战国以前文武无分职》，《中国历史文物》2008 年第 2 期。

④ 李峰：《西周的政体：中国早期的官僚制度和国家》，生活・读书・新知三联书店，2010 年，第 226 页。

⑤ 杨善群：《西周铭文中的"师"与"师氏"》，《考古与文物》1990 年第 2 期。

王)赐师永田,涉及的土地范围较大,包括阴阳洛疆毗邻师俗父田,很可能牵涉到相关田土上的庶人,故由基层三有司会同基层师氏(师氏邑人奎父、毕人师同)一起执行;而裘卫盉、五祀卫鼎记载的裘卫与矩伯、邦君厉的土地交换,只分别有十三田与五田,也许涉及庶人较少,故只有基层三有司负责勘界,地方师氏没有参与,这一点我们在别的文章里再细讲,此不赘述。师氏平日对庶人进行军事培训和管理,故战时将庶人组织为军队,统率出征,在其部下有百夫长、千夫长,作为辅助。《尚书·牧誓》载武王呼命的各级长官"我友邦冢君、御事、司徒、司马、司空、亚旅、师氏、千夫长、百夫长"中,千夫长、百夫长应即隶属于师氏。

基层以上的师氏,如殷八师或成周八师的师氏,应该也承担军事训练等职责。西周贵族社会中,贵族子弟的教育包括礼、乐、射、御、书、数等多个方面,师氏在这个教育体系中有着重要作用。如柞伯簋(《铭图》5301)记载,周王(昭王)命南宫率王多士,师䱷父帅小臣习射,柞伯成绩优异,获得赤金十钣的奖赏。其中的师䱷父即大师,负责教授小臣即贵族子弟的射术。如果简单将大师、师氏理解为武职,就忽视了西周贵族宗法社会中贵族教育文武礼乐并重的时代特点。

结语

从金文材料来看,西周早期至穆王之世,担任王朝大师之职的贵族,除文献所载的师尚父外,还有伯懋父、伯雍父。大师以字称,以显示其身份尊贵。大师在重大军事活动中,会担任主帅,统率师氏,前往征伐,对部下师氏进行奖惩。在军队行进过程中,大师要会合诸侯,视察道路。

大师是师氏的长官,是西周王朝的重臣,在西周中期以后,如上引永盂、裘卫器铭文所载,大师成为执政大臣之一,与王朝三有司共同处理政务,其职责已不限于军事活动。至西周晚期,成周八师等王师已丧失战斗力,天子对外战争主要依赖世家大族和诸侯,大师在军事活动中的重要性也大大下降了。

需要说明的是,师氏虽然在西周军事体系中起到重要作用,但其职并非纯粹的武官，而是负责教导、训练贵族子弟和庶人的群体。西周王朝设置师氏，其覆盖面从中央直至基层，具体职掌也有区别，但本质上是起教导作用。故师氏之师，理解为“师傅”之义较妥。

原载《军事历史》2019年第2期，今据以收入，并修订若干错讹。

洹子孟姜壶新释

徐义华

洹子孟姜壶，又称齐侯罍或齐侯壶，有甲、乙二器，分别收录为《殷周金文集成》9730、9729。洹子孟姜壶是春秋时期关于齐国历史的重要器物，有很高的学术价值，自清代中期出现以后即受到学界高度关注，先后有阮元、陈庆镛、龚自珍、吴大澂、孙诒让、王国维、郭沫若、罗福颐、杨树达、于省吾、李学勤、白川静、[①]张振谦、代生等多名学者对其进行过研究。但是洹子孟姜壶铭文却十分难读，虽经诸多学者考索，也难以释读成篇，王国维甚至言"满纸寱语，今人无所从索解。道光以后，学术渐微，士大夫乃不惮为欺人之语"。[②] 后世学者也有同感，"齐侯壶铭文字体潦草，文句费解"，[③]"全铭仍有未能通读处"，[④]"文字尚待考释，铭文费解难通，导致在壶的年代、壶铭中'洹子'的身份等重要问题上还存在着巨大的争议"。[⑤] 建立在释读基础上的齐国相关历史研究也难免众说纷纭。因此，洹子孟姜壶依然需要进一步研究。

兹在前辈学者基础上，将洹子孟姜壶甲器铭文隶断释读如下：

齐侯女𤳳为丧，其就。

齐侯命大子乘遽来句(敏)宗伯，听命于天子。

---

① 参李晓红：《洹子孟姜壶集释》，安徽大学硕士学位论文，2008年。

② 王国维：《齐侯壶跋》，《观堂集林》，中华书局，1959年，第4册，第1203页。

③ 李学勤：《齐侯壶的年代与史事》，《中华文史论丛》2006年第2期。

④ 禤建聪：《洹子孟姜壶"人民聚邑堇宴"考》，《中国国家博物馆馆刊》2014年第11期。

⑤ 张振谦：《洹子孟姜壶初考》，《贵州师范大学学报》2017年第2期。

(天子)曰:“期则尔期,余不其事。汝受册,遄傳御,尔其跻。”受(授)御。

齐侯拜嘉命。

(于)上天子用璧、玉備(佩)一司,于大无(巫)、司折、于大司命用璧、两壶八鼎,于南宫子用璧二、備(佩)玉二司、鼓钟一銉(肆)。

齐侯既跻。

“洹子孟姜丧,其人民、聚邑堇寠,无用从(纵)尔大乐。用铸尔羞铜,用御天子之事。洹子孟姜用乞嘉命,用祈眉寿,万年无疆。用御尔事。”

齐侯女畾为丧,其就。

“齐侯女畾”,畾,齐侯女名。[①] 齐侯女畾,即后文之洹子孟姜。

“为”字,甲器作“”,乙器作“”,从孙诒让释“为”。[②] 为,意思为成。《国语・晋语四》:“黍不为黍,不能蕃庑。”韦昭注:“为,成也。”“为丧”即成丧,丧礼完成。

“就”字,甲器作“”,乙器作“”,字形不清晰,各家说法分歧很大,有旅、既、敀、献、师诸说,[③]李学勤认为当释“斷”,意为绝,指丧期当尽;[④]张振谦认为应释“县”,为州之县,指一个邑及其人。[⑤] 但主流观点认为是指某人。郭沫若释毁(簋),假为舅,“毁位即就位也。其在本铭则假为舅,……妻称夫之父曰舅”,[⑥]认为丧的是齐侯女的公公。杜勇则认为,毁(簋)字当读作“仇”,仇即偶,“‘丧其簋’即‘丧其偶’”,[⑦]认为丧的是齐侯女的配偶。

---

① 孙诒让:《古籀余论》,《金文文献集成》,线装书局,2005 年,第 13 册,第 113 页。
② 孙诒让:《古籀余论》,《金文文献集成》,第 13 册,第 113 页。
③ 李晓红:《洹子孟姜壶铭文集释》。
④ 李学勤:《齐侯壶的年代与史事》,《中华文史论丛》2006 年第 2 期。
⑤ 张振谦:《洹子孟姜壶初考》,《贵州师范大学学报》2017 年第 1 期。
⑥ 郭沫若:《齐侯壶释文》,《殷周青铜器铭文研究》,科学出版社,1961 年。
⑦ 杜勇:《金文“生称谥”新解》,《历史研究》2002 年第 3 期。

然结合全文看，此字当从孙诒让释，为“就”，“，从，疑就字”。[1] 郭沫若对“”字的释读也可以支持孙诒让的观点，“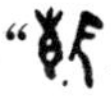乃段字也，……段字金文中有假为就字用者，如谏段(《周金文存》卷三・二十五页)‘王各(格)大室，位’。段位即就位也”。[2] 就，不知确指何事，但从上下文看，应该是指某种仪式，需要请命于天子并由齐侯参与，或许与选立宗族的新主人有关。

“齐侯女晶为丧，其就”，意思是齐侯的女儿晶完成丧礼，要确立本族的新主人。

齐侯命大子乘遽来句(敏)宗伯，听命于天子。

“遽”字，从孙诒让释，[3]郭沫若云：“乘遽者孙(诒让)云‘《周礼》行夫，掌邦国传遽之小事’，郑注云：‘传遽若今时乘传骑驿而使者也。’周制凡有事急行则乘传遽。”[4]即齐侯命太子乘驿车出行。

“大子”，或以为是指齐侯之太子，或以为是洹子之宗子。从铭文可以看出，洹子丧刚毕，洹子之宗子尚未正式取得政治地位，不能觐见周王。所以，当以齐太子为是。

“句(敏)”字，郭沫若谓“孙(诒让)释句，读为敏，余谓此即后人之叩字”。[5] 叩，叩问、叩拜之意。

“宗伯”，《周礼・春官宗伯》“惟王建国，辨方正位，体国经野，设官分职，以为民极。乃立春官宗伯，使帅其属而掌邦礼，以佐王和邦国。礼官之属”，郑玄注：“宗伯，主礼之官。……宗官又主鬼神。”《国语・郑语》“伯夷，能礼于神以佐尧者也”，韦昭注：“秩宗之官，于周为宗伯，汉为太常，掌国祭祀。《书》曰：‘典朕三礼。’谓天神、人鬼、地祇之礼。”即宗伯是主管礼仪和祭祀的长官，其职有大宗伯和小宗伯，《周礼・春官宗伯・大宗伯》“大宗伯之职，掌

① 孙诒让：《古籀余论》，《金文文献集成》，第13册，第113页。
② 郭沫若：《齐侯壶释文》，《殷周青铜器铭文研究》。
③ 孙诒让：《古籀拾遗》，《古籀余论》，中华书局，1989年。
④ 郭沫若：《两周金文辞大系(下)》，上海古籍出版社，1999年，第213页。
⑤ 郭沫若：《齐侯壶释文》，《殷周青铜器铭文研究》。

建邦之天神、人鬼、地示之礼，以佐王建保邦国"，《周礼·春官宗伯·小宗伯》"小宗伯之职，掌建国之神位"。齐侯派太子叩问的宗伯，所涉之事一定与礼仪和祭祀有关。

"天子"，指周天子，即周王。

本句的意思是齐侯命太子乘驿车叩拜咨询宗伯，并报告天子，听取天子的命令。

齐侯派太子来见宗伯并报告天子，可见：一、其事务应该与礼仪、祭祀事务相关；二、其事不是常规的礼仪或祭祀，如果是国中之常仪、常祭，则不必叩问宗伯并听取天子之命。

(天子)曰："期则尔期，余不其事。汝受册，遄傳[illegible]御。尔其跻。"受(授)御。

"期"，或释期服，认为是齐侯为女畾之夫洹子服丧。[1] 古代丧服制度极为严格，有明确的服等和期限，此铭中天子言"期则尔期"，显然不是制度性的期服之事，而是齐侯自己可以决定的事。所以，这里的"期"应该是日期，意思是说日期由齐侯自己定。

"余不其事"，即不参与其事，《淮南子·原道》："万物固以自然，圣人又何事焉？"高诱注："事，治也。"即周天子表示不参与和干涉其事。

"汝受册"，是给予齐侯正式的书面命令。"受册"在金文中多见，如善夫山鼎(《集成》2825)有："隹卅又七年正月初吉庚戌，王在周，各图室。南宫呼入右膳夫山，入门立中廷，北向。王呼史[illegible]册命山，……山拜稽首，受册，佩以出，返入瑾璋。"金文中其他"受册"多在册命场合，此处出现"受册"，表明齐侯向天子请命之后，天子给予齐侯正式的书面命令，这说明非册命性的一般事务也有授予文书的程序。

"遄傳[illegible]御"一句较难解，综合各家说法析如下：

"传"，郭沫若谓"案此乃从叀从辵也，……当即传遽之本字"，[2]指驿站及车马，《左传》成公五年："梁山崩，晋侯以传召伯宗。"杜预注："传，驿。"

① 郭沫若：《齐侯壶释文》，《殷周青铜器铭文研究》。

② 郭沫若：《齐侯壶释文》，《殷周青铜器铭文研究》。

“”,甲器作“”,乙器作“”,此二字下部似手形,上部则难以辨别,有学者释为“受”,[①]则“御”即“受(授)御”,即授予车马;“”或为“反”字异写,读为颁,意思为赏赐,《周礼・天官・宫伯》:“以时期颁其衣裘。”孙诒让《正义》:“郑举汉法为况,明此颁为常赐也。”则“御”即“颁御”,即赏赐给车马。

“跻”,应该是宗伯在接受“太子句(敏)”之后向周天子提出的意见,由天子命令齐侯实施的行为。“跻”字的具体意思,有两种可能:一种是读作“济”,意思为救助,《易・系辞上》:“知周乎万物,而道济天下。”如果只是救助,则是齐侯自己就可以决定的,不需要上报天子;另一种可能,“跻”是祭名。太子所叩问的宗伯是掌祭祀、礼仪的官员,而在后面的文中,齐侯向上天子、大巫、司折、司命、南宫子等神祇献祭,所以“跻”是祭祀名。

以上天子命齐侯之语,或由宗伯转达,并附有相关文书,给予太子驿传车马并促其回程,命令齐侯举行跻祭。

齐侯拜嘉命。

“嘉命”,即前面周天子所言“汝受册……尔其跻”之命。此句是说,齐侯拜受周天子给予的指示。

(于)上天子用璧、玉備(佩)一司,于大无(巫)、司折、于大司命用璧、两壶八鼎,于南宫子用璧二、備(佩)玉二司、鼓钟一銉(肆)。

此段所记载应该是跻祭的内容,在跻祭中受祭的有上天子、大巫、司折、大司命和南宫子五位神灵。

“上天子”,有学者认为应释为“二天子”,[②]但从铭文看“上天子”之“上”作“”形,同铭中的“二”字作“”形,二者明显不同。从五位神灵的排序以及同铭中出现周“天子”与“上天子”需要区别看,此处释为“上天子”为宜。[③]

“大巫”,是某个神灵,或以为神巫,[④]或以为是高禖,[⑤]难以确定具体性质。

---

① 吴式芬:《捃古录金文》,《金文文献集成》,第 11 册,第 397 页。

② 杨华:《楚简中的诸“司”及其经学意义》,《中国文化研究》2006 年第 1 期。

③ 张振谦:《洹子孟姜壶初考》,《贵州师范大学学报》2017 年第 1 期。

④ 郭沫若:《两周金文辞大系》,第 214 页。

⑤ 宋华强:《楚简神灵名三释》,简帛网,2006 年 12 月 17 日。

“司折”，甲器作“”，乙器作“”，郭沫若认为是司折即是“司誓”，[①]应该是监察誓言之神灵。战国楚简中也有司折，何琳仪改释为“司慎”。[②] 司慎为神名，见于《左传》襄公十一年，有“司慎、司盟，名山、名川，先公、先王”诸神，杜预注谓“二司，天神”，《仪礼・觐礼》贾疏：“司慎，司不敬者，司盟，司察盟者，是为天之司盟也。”

“大司命”，见于文献，《楚辞・九歌》中有大司命，其辞云“广开兮天门，纷吾乘兮玄云。令飘风兮先驱，使涷雨兮洒尘”，大司命显然是天神。另外，文献中还有司命，见于《周礼》《礼记》《庄子》等书，《周礼・春官・大宗伯》有“以槱燎祀司中、司命、飌师、雨师”。司中、司命，古人皆以为是天神，《史记・天官书》云“斗魁戴匡六星，……四曰司命，五曰司中”，《风俗通义・祀典》云“《周礼》司命，文昌也；司中，文昌上六星也”，《开元占经》引《黄帝占》曰：“文昌六星，从斗魁第一星为上将，……第四星为司命，主赏功进贤；第五星为司中，主司过诘咎。”以上文献虽然晚出，但对于我们认识大司命的性质依然很有帮助，可以推论大司命与司中、风师、雨伯都是天神。[③]

《左传》“司慎”“司盟”和《周礼》中的“司中”“司命”是何种关系，段玉裁《说文解字》注认为命、盟互讹，《左传》中的司慎、司盟就是《周礼・大宗伯》中的司中、司命。孙诒让认同段说，“《说文》囧部说盟礼云‘北面诏天之司慎、司命’，即以《左传》说此经之明神，而‘司盟’又作‘司命’。段玉裁谓‘司慎、司命’即《大宗伯》之‘司中、司命’是也。”[④]那么本铭中所祭祀的司折（司慎）、大司命实际就是《周礼・春官・大宗伯》中的司中与司命，都是天神之属，主要职司是督察誓、命。

南宫子，考释意见多种，陈庆镛、龚自珍以为南宫为庙名，[⑤]郭沫若认南宫可能是明堂，[⑥]马承源认为南宫子是朱乌星座之神名。我们认为，南宫子

① 郭沫若：《齐侯壶释文》，《殷周青铜器铭文研究》。

② 何琳仪：《新蔡竹简选释（上）》，简帛研究网，2003 年 12 月 7 日。

③ 参孙诒让：《周礼正义》，中华书局，1987 年，第 5 册，第 1305—1307 页。

④ 孙诒让：《周礼正义》，第 11 册，第 1853—1854 页。

⑤ 陈庆镛：《齐陈氏韶乐舞罍通释》，《金文文献集成》，第 16 册，第 573 页。

⑥ 郭沫若：《齐侯壶释文》，《殷周青铜器铭文研究》。

应该是祖先名。

此段是齐侯接到周王的命令后，用玉璧、玉佩、壶、鼎、钟鼓等向诸位神灵致祭。

跻祭是何种性质，是颇值得关注的。从《周礼・春官・大宗伯》可知，大宗伯掌吉、凶、军、宾、嘉五礼，其中吉礼部分为“以吉礼事邦国之鬼神示，以禋祀祀昊天上帝，以实柴祀日、月、星、辰，以槱祀司中、司命、飌师、雨师，以血祭祭社稷、五祀、五岳，以貍沈祭山林川泽，以疈辜祭四方百物。以肆献祼享先王，以馈食享先王，以祠春享先王，以禴夏享先王，以尝秋享先王，以烝冬享先王。”其中的昊天上帝、司中、司命都是吉礼中祭祀的神灵，洹子孟姜壶中恰恰出现了上天子、司中、司命，都明确在吉礼祭祀的范围之内，反映出跻祭应该属于吉礼的范畴。

从上引《周礼・春官宗伯・大宗伯》中的吉礼可知，吉礼祭祀的神灵主要有三部分：一是昊天上帝；二是日、月、星、辰、司中、司命、飌师、雨师、社稷、五祀、五岳、山林川泽、四方百物等自然神；三是先王，即祖先神。洹子孟姜壶中的神灵恰恰也可以分为三类：一是上天子；二是大巫、司折、司命；三是南宫子，所以南宫子应该是祖先神，至于南宫子具体是谁，则需要进一步研究。

洹子孟姜壶铭文记载的并非丧祭，龚自珍注意到了这一点，他根据铭文中有“齐侯拜嘉命”和“洹子孟姜用乞嘉命，用祈眉寿”提出，“古无因讣丧而受嘉命者，……亦无丧人时而匄眉寿者”，[①]这是正确的。杨树达不认同龚自珍观点，言“余谓齐侯有所请而天子许之，且有所授，故谓之嘉命，固不问其所请为何事也。况此器作自陈氏，方以天子许其君持丧为其家之荣宠，又焉得不谓之嘉命也？至此器之作，非在陈氏居丧之时，当在终丧以后，事属追纪，又何不可匄眉寿之有哉”，[②]是为了弥合释“期”为期服而不得不弥合丧祭与“嘉命”之间的矛盾而作的解释，十分牵强。从前面的记载“齐侯女㿟为

① 龚自珍：《两齐壶释文》，《金文文献集成》，第16册，第618页。
② 杨树达：《洹子孟姜壶跋》，《积微居金文说》，中国科学院，1952年，第52页。

丧，其就”看，应该是丧期完毕，洹子孟姜要使本族继承者即位。因为这涉及洹子之族与齐侯之间的君主与卿士之间的政治关系，所以齐侯需要派人向中央王朝报告并请示，而宗伯和周天子也根据相关制度命令齐侯和洹子孟姜举行祭祀和相关礼仪。因为这是立新的宗族之长而进行的祭祀，所以祭祀的属性是吉礼。

“洹子孟姜丧，其人民、聚邑堇寠，无用从（纵）尔大乐。用铸尔羞铜，用御天子之事。洹子孟姜用乞嘉命，用祈眉寿，万年无疆。用御尔事。”

这一部分讲明铸器的用途，有学者称之为“作器用途铭辞”，[①]作器用途铭辞主要讲述作器的目的、表达感激或祈祷。此处的作器用途铭辞，一是陈述铸作此器的过程，二是表达铸器的目的和期许。

这里数次出现第二人称代词“尔”，说明这是原话语的直接记载，应该是与特定的人或神灵的对话，可以看作祈祷语或誓词。这就需要弄清楚两个问题，一是作器和祈祷者是谁，是齐侯还是洹子孟姜；二是“尔”代指谁。

从金文普遍的结束套语看，最后一段套语的主体基本都是作器者，如颂鼎（《集成》2827）：“颂敢对扬天子丕显鲁休，用作朕皇考恭叔、皇母恭姒宝尊鼎。用追孝，祈匄康䜣、纯佑、通禄、永命。颂其万年眉寿，畯臣天子，令终，子子孙孙宝用。”因为作器者所祝福和祈祷的对象主要是上司和神灵，所以多自称名，而不是直接使用第一人称代词。在此处，洹子孟姜也是面对神灵时的自我称名。所以，作器者应该是洹子孟姜。由转称齐侯女转称洹子孟姜，说明其对自身的社会定位是夫族而不是父族。

此段中“尔”共出现三次，“无用从（纵）尔大乐”“用铸尔羞铜”“用御尔事”。郭沫若把“尔”视作孟姜本人，“‘其’与‘尔’均指洹子孟姜。此‘尔’字用法特异，乃洹子孟姜对自身作第二人称，其在西文此种用法极普通，在中国则罕见”，[②]显然不合理。既然话语的发出者是洹子孟姜，那么“尔”显然不是洹子孟姜。“尔”所指代有三种可能，即齐侯、周天子、受祭的神灵。文中

① 陈英杰：《西周金文作器用途铭辞研究》，线装书局，2009 年。

② 郭沫若：《殷周青铜器铭文研究》，第 165—166 页。

有“用铸尔羞铜，用御天子之事”，“尔”和“天子”并列，说明“尔”不是指周天子；文中又有“用铸尔羞铜”，若“尔”指齐侯，所铸器应该献于齐侯，而实际上此器“洹子孟姜用乞嘉命，用祈眉寿”，依然属于洹子孟姜所有。所以，“尔”所指代的是此次祭祀中出场的神灵。

此次祭祀主要由齐侯主持，但祭祀的目的是为洹子之族确立新的宗族之长同时为孟姜祈福，所以前段记载齐侯的行为，而最后一段记载洹子孟姜的祈祷词。

洹子孟姜的祈祷词可以分为两部分，“洹子孟姜丧，其人民、聚邑堇寠，无用从（纵）尔大乐。用铸尔羞铜，用御天子之事”为第一部分；“洹子孟姜用乞嘉命，用祈眉寿，万年无疆。用御尔事”为第二部分。

洹子孟姜丧，其人民、聚邑堇寠，无用从（纵）尔大乐。用铸尔羞铜，用御天子之事。

“聚”，前人或释为“部”，或释为“都”。[①] 今从禤建聪释，读为聚，义为村落，“壶铭‘聚邑’以自然形成的‘聚’与人为划分的‘邑’代指国土”。[②]

“堇寠”，寠，从吴振武释，[③]“‘堇寠’应当读为‘馑寠’，‘馑’指饮食不足，‘寠’指日用贫乏，二者也属义近连文。铭文意在强调民生多艰”。[④]

“尔”，指代受祭的神灵。

“羞”，学者多释为进献，《左传》昭公二十七年：“羞者献礼改服于门外。”杜预注：“羞，进食也。”但此处若与前面的“无用从‘纵’尔大乐”比勘，则舞乐与饮食相对应，所以可能是指食器。

本句的意思是洹子孟姜遇丧，她治下的人民、村邑贫乏困窘，无力为神灵提供大规模的舞乐。但是依然铸造了进献给神灵的祭祀用食器，用来执行天子命令。

此处的“其人民、聚邑堇寠”，应该是仪式中的谦词。这一段在乙器中重

---

① 郭沫若：《殷周青铜器铭文研究》，第165页。

② 禤建聪：《洹子孟姜壶“人民聚邑堇寠”考》，《中国国家博物馆馆刊》2014年第11期。

③ 吴振武：《古玺文编（校订本）》，人民美术出版社，2011年。

④ 禤建聪：《洹子孟姜壶“人民聚邑堇寠”考》，《中国国家博物馆馆刊》2014年第11期。

复了一次，有学者认为是衍文，“二器同文，乙器字数之所以多者，乃因多所误衍”，[1]一篇文章中出现几个文字的误衍是可以理解的，但整句段的重复，恐怕不是误衍所能解释的。这一段应该是有意识地重复。这里强调这句话的意思是表示卑谦，因为祭祀仪式不只是洹子家庭的内部事务，而是涉及齐侯与洹子之族政治关系的重新确定，同时所使用的器物、祭品也不只是洹子之族独自提供，所以强调其奉献的不足。

洹子孟姜用乞嘉命，用祈眉寿，万年无疆。用御尔事。

此句是洹子孟姜的祈祷语，同时向神灵保证执行其命令。

在以上释读的基础上，我们把《洹子孟姜壶》全文翻译如下：

齐侯女畾丧期结束，将立新的族长。

齐侯派太子乘驿车到京城叩拜宗伯，听候天子的命令。

天子下令说：“日期就按照你所确定的日期，我不干涉。你接受文册，尽快乘驿车返回，我会赐给你车马。你要举行跻祭。”赐授车马。

齐侯拜谢天子的美命。

（举行跻祭）向上天子献祭玉璧一、玉佩一司，向大巫、司慎、大司命献祭玉璧一、两壶八鼎，向南宫子献祭玉璧二、玉佩二司、鼓钟一肆。

齐侯完成了跻祭。

“洹子孟姜遇丧，她的人民、村邑贫乏困窘，无法提供大规模的舞乐。用铜给您铸造食器，用以执行天子的命令。洹子孟姜用来祈请美命，祈求长寿。用来执行您的命令。”

可见，洹子孟姜壶铭应该与洹子之族的继承事件有关，而不是丧礼。学者之所以把洹子孟姜壶理解为丧事，主要原因是文中有“丧”“期”等可以与丧事相关联的字；洹子孟姜用了夫谥“洹子”，说明其夫已丧；洹子孟姜又以女子的身份参与事务而非其子出面，也容易把“跻”与丧祭类的家族性事务

① 郭沫若：《殷周青铜器铭文研究》，第158页。

相联系。最终引起误解。

洹子孟姜壶铭文的内容比较特殊，是洹子孟姜夫丧之后，通过天子之命重新确立政治地位而举行祭祀的过程。这件事涉及洹子之族、齐国和周王朝，这对于认识春秋时期天子与诸侯、诸侯与其卿大夫以及国与族的关系很有意义。

从铭文看出，洹子丧后，夫人孟姜主持家族事务，并参与“天子之事”，即参与政治事务。宗族之长丧后，由其夫人主持家族事务可能是春秋时期的常例，这说明当时妇女在很多事务中拥有相对独立的地位。①

本辞表达了明确的政治关系，在洹子丧而继承者没有正式即位之前，其夫人以齐侯女的名字出现，从属于齐侯。而在祭祀仪式完成之后，以洹子孟姜之名出现，从属于洹子之族。这表明，某族需要经过正式的仪式，才能确立其在诸侯国内的政治地位。

洹子孟姜壶铭文难懂，主要原因在于它的作器原因和器主身份的特殊性。一般青铜器有明确的作器者，作器原因也多十分清晰且针对作器者，而洹子孟姜壶则是因为洹子之丧，在新的族长确立之前，孟姜处理涉及家族、齐侯与天子相关的事务，孟姜兼具洹子之妻、齐侯之女、洹子之族的主事者等多重身份，而事务也兼及洹子之族、齐国、周王室等多个层面，不容易梳理清楚。

附记：本文写作过程中受王占奎先生、苏辉先生的启发和帮助，谨志谢忱。

① 耿超：《浅议姬寏母豆与师盄钟作器者关系及族姓》，《考古与文物》2011 年第 1 期。

商周牛卜骨前后角锯切情况探讨

孙亚冰

商周时期常用兽类肩胛骨进行占卜，所属动物有牛、羊、猪、鹿、马、象等。为便于施钻、凿、灼，肩胛骨在使用前一般会做一些修整，这些修整包括切除肩胛冈、臼角、一部分骨臼和削平骨条边（又称对边）的背面。2014年8月，笔者在中国社会科学院考古研究所安阳工作站考察商代甲骨时，发现一些肩胛骨还有切除前后角的现象，而这一现象，并不像其他修整现象为学界所重视，因此有必要对其进行介绍和探讨。

朴载福《先秦卜法研究》[①]将肩胛骨（图1）颈侧缘与脊侧缘的夹角叫前角，胸侧缘与脊侧缘的夹角叫后角，也就是说，臼边下面的角叫前角（又称脊角，此角靠近肩胛骨冈，对应的最顶端是臼角），骨条下面的角叫后角（又称对角）。

最早注意到前后角有锯切现象的应该是王尔俊先生。1989年他在《山东济阳刘台出土的陶文等商代铭刻》一文中指出，济阳刘台遗址1982年出土的一件牛卜骨（图2）的右下角（即前角）被锯切，卜骨为右肩胛骨，[②]出于商代地层，“经胡厚宣、李学勤教授鉴定，该卜骨是商代较早的卜骨”。[③] 这件卜骨残长24.8厘米、最宽处19.7厘米，缺口大约长1.96厘米、宽1.47厘米，正、反面均施钻凿灼，凿的长度可能都没有超过1.2厘米，这类尺寸的长凿常见于殷墟武丁时期的卜骨，因此可定其时代为殷墟早期。

---

① 朴载福：《先秦卜法研究》，上海古籍出版社，2011年，第80—81页。

② 骨臼在上、骨扇在下，从正面看，臼角在左的是左肩胛骨，臼角在右的是右肩胛骨，下同。

③ 王尔俊：《山东济阳刘台出土的陶文等商代铭刻》，《考古》1989年第6期；德州地区文化局文物组、济阳县图书馆：《山东济阳刘台子西周墓地第二次发掘》，《文物》1985年第12期。

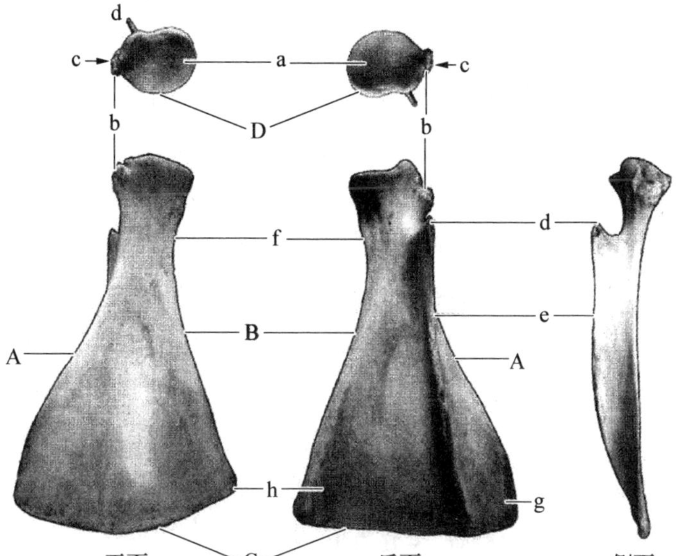

图 1　牛(左)肩胛骨各部位的名称

A. 颈侧缘　B. 胸侧缘　C. 脊侧缘　D. 关节侧缘　a. 骨臼(关节窝)　b. 臼角(肩胛骨结节)　c. 喙突　d. 肩峰　e. 骨脊(肩胛岗)　f. 肩胛骨颈　g. 前角　h. 后角

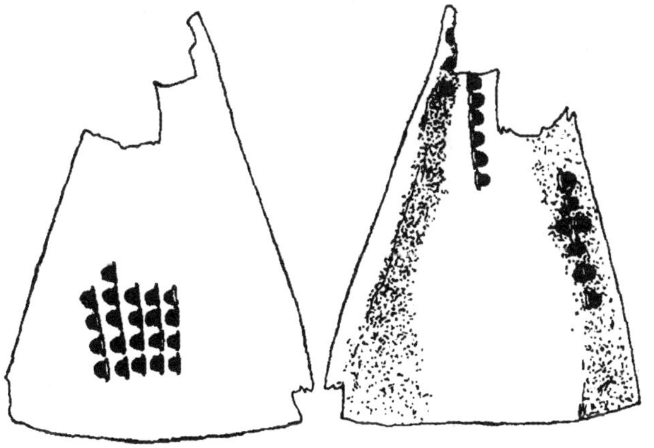

图 2　济阳刘台卜骨

1991年安阳后冈M7出土了一件牛的左肩胛骨（编号M7：2，图3），左下角（即前角）被锯切，发掘报告《1991年安阳后冈殷墓的发掘》[①]没有指明此现象，朴载福在《先秦卜法研究》[②]中已指出。中国社会科学院考古研究所安阳工作队的何毓灵先生为笔者提供了这件卜骨的照片，证明前角确实被锯。此骨残长26厘米、宽20厘米，缺口大约长2.4厘米、宽2厘米，正面施钻凿灼，反面有凿灼。正、反面的凿都是用刀挖制而成，长度在1.4厘米左右。正面有3个长方形长凿（另2个长凿略扁），这类形状的长凿常见于无名组卜骨，时代大约在廪辛、康丁、武乙时期。M7还出了一块卜甲（编号M7：9，图4），反面施钻凿灼，凿也是长方形，钻为圆形（个别近方形），钻凿形态与殷墟三、四期的安阳王裕口南地卜甲（H1：2）[③]以及殷末周初的“易卦”卜甲[④]类似，这些现象表明M7的年代应在殷墟晚期。

正　　钻凿局部　　反

图3　后冈M7卜骨

---

① 中国社会科学院考古研究所安阳工作队：《1991年安阳后冈殷墓的发掘》，《考古》1993年第10期。

② 朴载福：《先秦卜法研究》，第88—89页。

③ 中国社会科学院考古研究所安阳工作队：《河南安阳市王裕口南地殷代遗址的发掘》，《考古》2004年第5期。

④ 肖楠：《安阳殷墟发现“易卦”卜甲》，《考古》1989年第1期。

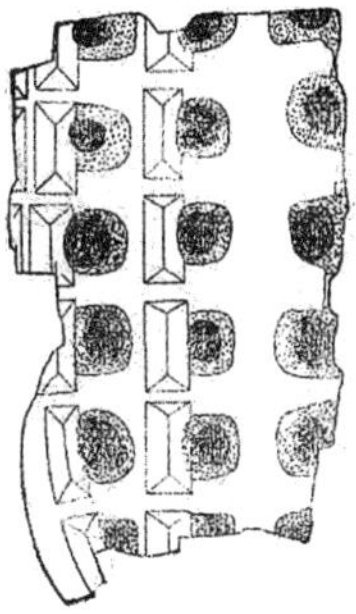

后冈M7卜甲

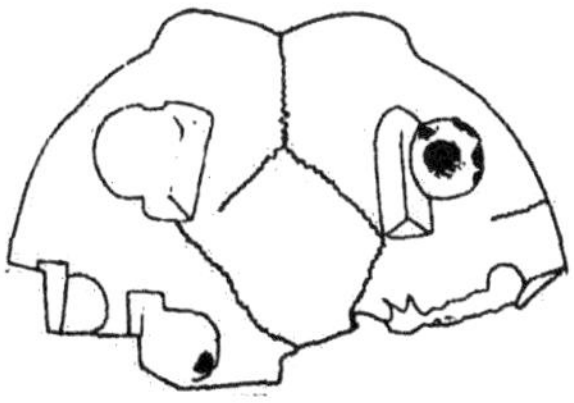

王裕口H1卜甲

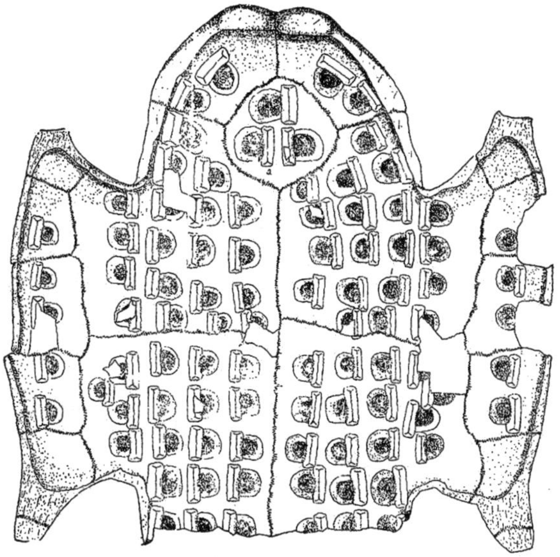

“易卦” 卜甲

图 4　后冈 M7 卜甲、王裕口 H1 卜甲及“易卦”卜甲

1997 年山东济南王府遗址发现一件西周时代的牛左肩胛骨(图 5),前后角均被切除,后角切得稍多,[1]此骨长 15 厘米、宽 3.6—9.6 厘米,正面右缺口长 2.1 厘米、宽 1.2 厘米左右,左缺口长 1.2、宽 1 厘米左右,反面施三联钻和灼。

2004 年大司空遗址也发现了五版锯切前后角的牛肩胛骨,但《安阳大司空——2004 年发掘报告》[2]未发表这些材料,蒙发掘者岳洪彬先生慨允,现公布此批材料,供学界研究。这五版甲骨都是右肩胛骨,具体情况如下:

第一号(图 6):出土于 H37(编号 T0303H37:1+3+6),后角被锯,残长 27 厘米、最宽处约 23 厘米左右,缺口长 2.2 厘米、宽约 1.7 厘米,正面骨扇有一个凿灼,反面臼边和骨条边都有钻凿灼。

---

① 山东省文物考古研究所:《山东济南王府遗址发掘报告》,《山东省高速公路考古报告集(1997)》,科学出版社,2000 年,第 182—183 页。

② 中国社会科学院考古研究所编著:《安阳大司空——2004 年发掘报告》,文物出版社,2014 年。

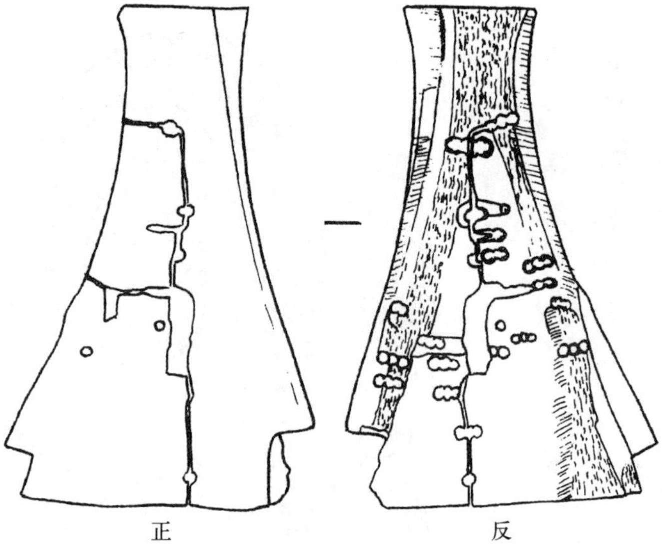

图 5　济南王府卜骨

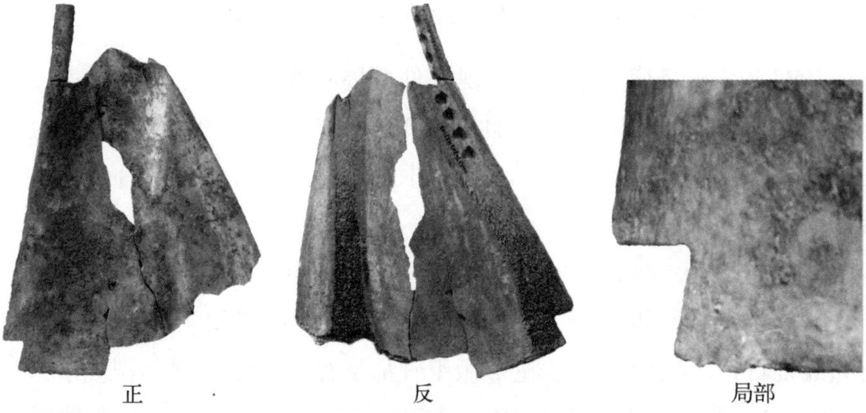

图 6　大司空一号卜骨

第二号（图 7）：出土于 H37（编号 T0303H37 ∶ 3），后角被锯，残长 11.2 厘米、最宽处 12.1 厘米，缺口长 2 厘米、宽约 1.2 厘米，正面骨扇有四排十个凿灼（最左边的灼较轻），反面有多个凿灼。

第三号（图 8）：出土于 H98（编号 T0527H98 ∶ 4），后角被锯，残长 17.5 厘米、最宽处 1.2 厘米，缺口约长 1.9 厘米、宽 1.2 厘米，反面有钻凿灼。

正　　反　　局部

图7　大司空二号卜骨

正　　反　　局部

图8　大司空三号卜骨

第四号(图 9)：出土于 T0401 第 6 层(编号 T0401⑥B：2)，后角被锯，残长 19.5 厘米、最宽处 20.5 厘米，缺口约长 2.2 厘米、宽 1.1 厘米，正面骨扇有一排三个凿灼，反面有凿灼，凿尺寸较小。

第五号(图 10)：出土于 T0601 第 4 层(编号 T0601④：1)，前角被锯，残长 28.5 厘米、最宽处 10.5 厘米，缺口约长 1 厘米、宽 1 厘米，正面骨扇残存两排三个凿灼，反面臼边有凿灼。

正　　反　　局部

图 9　大司空四号卜骨

正　　反　　局部

图 10　大司空五号卜骨

这五版甲骨，凿的长度都未超过 2 厘米，尤其是第一、二、四号，凿的长度在 1.2 厘米以下，且部分属短胖型凿，与师组大字类的凿类似。[①] 师组大字类的凿，可看《合集》19761、19813、19851、19907、19946 正反（图 11，该版左

① 殷墟甲骨凿的各种类型及其分期参周忠兵：《甲骨钻凿形态研究》，《考古学报》2013 年第 2 期。

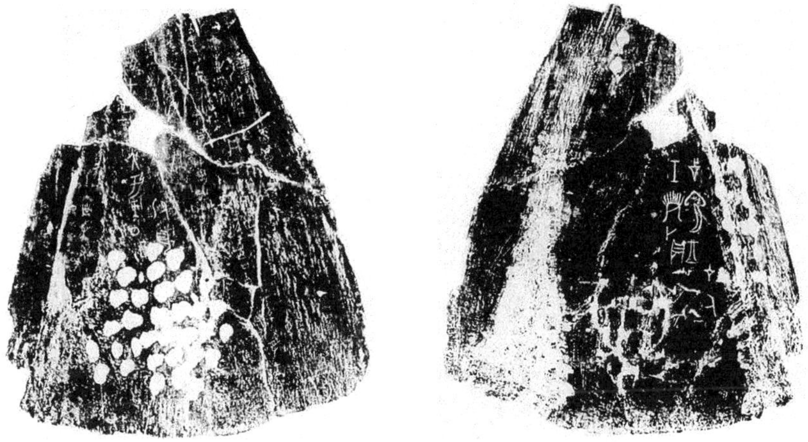

图 11 《合集》19946

下角有缺口，现不能确定是否为锯切而成）、20221、20355、20440、20463、20464、20555、20582、20957、20980、21204 等。出第一、二号卜骨的 H37 属于殷墟一期晚段，出第三号卜骨的 H98 属于殷墟一期晚段二期早段；出第四、五号卜骨的地层都不晚于殷墟二期晚段。[①] 晚期地层可出早期遗物，结合钻凿，我们判断这五版甲骨的年代当在武丁时期，第五号的时代稍晚，可能在武丁晚期，第一、二、三、四号当在武丁早期。

此外，1999 年殷墟黑河路也出土了两版锯切前后角的牛肩胛骨，材料尚未公布，其中一件为右肩胛骨，前角被锯，残长 28 厘米、最宽处 11 厘米，缺口约长 2.2 厘米、宽 1.1 厘米，正、反面都有凿灼，最长的凿也不超过 2 厘米，钻凿形态与《屯南》663 类似。《屯南》663 属于历一类，时代在武丁、祖庚时期，这版牛骨的时代也当在该时间段内。另外一件为左肩胛骨，前角被锯，残长 20 厘米、最宽处 6 厘米，缺口约长 1.5 厘米、宽 0.8 厘米，反面残存半个凿灼，时代不详。

以上都是无字甲骨，近来笔者在墨拓天津博物馆馆藏甲骨时，注意到

① H37、H98 的考古分期据《安阳大司空——2004 年发掘报告》；T0401 第 6 层和 T0601 第 4 层的分期是据《安阳大司空——2004 年发掘报告》提供的相关遗存的分期推导出来的。

《合集》26630的右下角也被锯切，缺口宽端1.1厘米，锯痕明显，长端残，大约余1.7厘米。这版甲骨可与《合集》17066、26680、26649、《合补》8197（《合集》26628＋26630）缀合[①]（图12），为右肩胛骨，属于出组一类卜辞，出组一类的时代从祖庚初到祖甲初。[②]

正　　局部

图12 《合集》26630＋

到目前为止，能确认锯切过前后角的卜骨共计以上11例（表1），都是牛肩胛骨，左、右骨均有，前后角除济南王府西周卜骨都被锯切外，其他的都只切一个角，[③]前角或后角都存在被切掉的情况。缺口除大司空第五号近正方形外，其他的都呈长方形，缺口不大，长度都未超过3厘米。前后角锯切现

① 蔡哲茂、蒋玉斌、莫伯峰缀合，参莫伯峰：《甲骨拼合第六三则》，先秦史研究室网站，2010年12月3日。

② 黄天树：《殷墟王卜辞的分类与断代》，科学出版社，2007年，第79页。

③ 当然，以上卜骨除济阳刘台和大司空第四号外，另一个角都残缺。

象从武丁早期就存在，一直延续到西周时期。目前发现这一现象的有字卜骨较少，很可能与甲骨保存状况以及学界未留意此现象有关。就出土地而言，前后角锯切的卜骨既出于殷墟，也出于殷墟以外地区。

表1 锯切前后角卜骨统计表

序号	卜 骨	时 代	肩胛骨	锯切部位	缺口长宽(厘米)
1	大司空一号	武丁早期	右肩胛骨	后角	2.2×1.7
2	大司空二号	武丁早期	右肩胛骨	后角	2×1.2
3	大司空三号	武丁早期	右肩胛骨	后角	1.9×1.2
4	大司空四号	武丁早期	右肩胛骨	后角	2.2×1.1
5	大司空五号	武丁晚期	右肩胛骨	前角	1×1
6	济阳刘台	武丁	右肩胛骨	前角	1.96×1.47
7	黑河路一号	武丁、祖庚	右肩胛骨	前角	2.2×1.1
8	《合集》26630+	祖庚、祖甲	右肩胛骨	前角	1.7×1.1
9	1991年后冈	廪辛、康丁、武乙	左肩胛骨	前角	2.4×2.2
10	济南王府	西周	左肩胛骨	前后角	2.1×1.2;1.2×1
11	黑河路二号	不详	左肩胛骨	前角	1.5×0.8

过去学者曾注意到殷墟出土的所谓锯截卜骨，即锯截卜王卜骨和卜旬卜骨。[①] 这类锯截卜骨都出于殷墟，亦均为牛肩胛骨，左、右胛骨均有锯

① 可参郭振禄：《试论康丁时代被锯截的卜旬辞》，《殷墟博物苑苑刊》创刊号，中国社会科学出版社，1989年；又收入宋镇豪、段志洪主编：《甲骨文献集成》，四川大学出版社，2001年，第15册。郭振禄：《试论祖庚、祖甲时代的被锯截卜王辞》，《庆祝苏秉琦考古五十五年论文集》，文物出版社，1989年；又收入宋镇豪、段志洪主编：《甲骨文献集成》，第16册。

截，但锯截部位和本文所说的锯切部位不同。这类锯截有一定的规律可循：左肩胛骨锯截左边臼边中下部和右边骨条下部，右肩胛骨锯截右边臼边下部和左边骨条下部，其实就是锯截骨条下部和臼边中下部，个别会锯掉更多部分，使骨版成为长方形或不规则形，如《合集》22884、23837、23865、23940、24063、24352、《合补》8393 等。锯截卜骨的卜辞内容和时代也都较为固定：锯截卜王卜辞的主要内容是"干支卜王"（出组锯截卜骨除"卜王"内容外，还有祭祀、田猎、卜旬、卜夕、卜雨、占梦等内容，"卜王"辞数量最多①），属于出组二类，时代为祖甲晚期；②锯截卜旬卜辞的内容则是"癸支贞旬亡忧""癸支卜贞旬亡忧"，属于无名组卜骨，时代主要在康丁时期。③ 锯截的时间和目的，许进雄在《安明》第 1640 号释文中说："这些被锯的卜辞都是没有什么特别值得保存的，因此它是否被制为骨简是很成问题的。这些被锯去或留下来的部分，形状各异，一定不是为某一特别理由而特制的，笔者很怀疑那是废物利用，再制成骨针、骨钻、骨笄一类用具的。"他认为这些锯截发生在占卜之后，锯截的目的是以卜骨为骨料制作工具。但《屯南》前言的看法与此相反："这类被截锯的卜骨背面的钻、凿、灼与正面的刻辞都是完整的。这说明是先锯截，再施钻、灼，然后才契刻文字。这些被锯截的卜旬卜骨，截锯的部位及形式都有一定规格，可能是为了某种目的，如便于存放而做的。"（第 51 页）《屯南》认为锯截是为了方便存放而在占卜之前特意作的修整。我们赞同锯截发生在占卜之前的说法。另外，两种锯截卜骨的目的也稍有差别，蔡依静认为："从锯截卜骨的形式来看，殷人着重于锯掉不规则的部分，使之方正、规整。卜王卜辞较少和其他卜辞同版，而且同版不同干支的卜王辞相隔日数普遍不长，不像卜旬卜辞有长时间存放再拿来卜用的需求，因此锯截的主要目的可能不在存放，而在外

---

① 张怡：《殷墟出组卜辞的整理与研究》，郑州大学硕士学位论文，2009 年，附录二"截锯卜骨"。

② 蔡依静：《出组卜王卜辞的整理与研究》，台湾政治大学硕士学位论文，2011 年，第 61 页。

③ 黄天树先生认为锯截卜旬辞属于历组，刘风华指出这类卜辞的字体、行款与钻凿更接近无名组一、二类，当属无名组，参黄天树：《历组卜辞时代补论》，《文博》1992 年第 3 期；刘风华：《殷墟小屯南地甲骨中的截锯卜旬卜骨》，《殷都学刊》2008 年第 4 期。

出上的需求。……祖甲有时会在外地巡游一段很长的时间，而且在这段时间里几乎日日都有占卜，需要数量庞大的甲骨，因此出组卜骨锯截的主要目的应该是为了便于外出时携带。”[①]（编按：锯截卜骨背面凿有被打破的例子，如《屯南》2117、《合集》24321，这或许说明了部分锯截行为也有可能发生在钻凿之后、占卜之前。另外，商代卜用甲骨使用完之后，有改制“废物”并进行再利用的现象，这一现象也发生在锯截卜骨上，如《合集》23959，其下端应是占卜之前锯截的，左边的锯截，从拓本看，自上而下第二、三、四个卜兆被打破，推断其背面钻凿亦当被打破，左边锯截的目的是通过修整，将其改制为某种实用工具。相同情况者，还有《合集》24352（北图 19799），反面照片显示左边从骨臼位置向下都被锯截，最上面的三个凿还被打破，大概也是改制利用的锯截甲骨。再者，许进雄所说的《安明》1640 看似锯截甲骨，但将它与典型的锯截卜骨《合集》23964 对比，就会发现，它与典型的锯截卜骨不同，其左下角的锯截打破了背面右下角的凿，截锯宽度较窄，它应该属于改制卜骨，而非锯截卜骨。上引甲骨参图 13。）

正　　反

《屯南》2117

正　　反

《合集》24321

---

① 蔡依静：《出组卜王卜辞的整理与研究》，第 154—155 页。

《合集》23959

《合集》24352

正　　反

《安明》1640

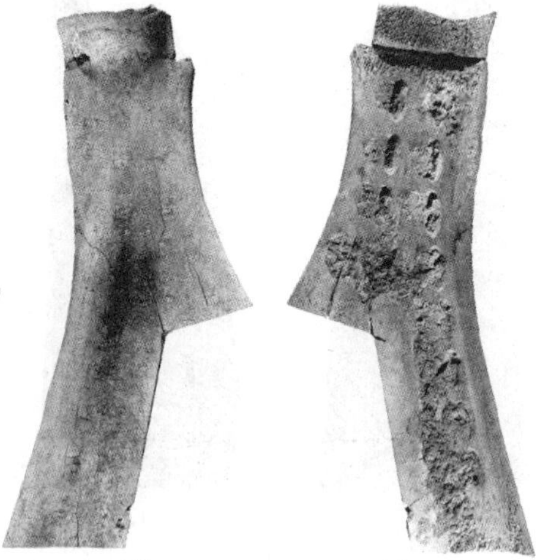

正　　反

《合集》23964

图 13　锯截卜骨背面钻凿被打破的情况等

锯切前后角的卜骨，缺口小，与钻凿灼没有打破关系，还看不出来锯切是发生在占卜之前还是占卜之后，锯切的部位在前后角，其目的很可能也与捆扎卜骨、方便收存有关。

通过对比可知，卜王、卜旬锯截卜骨与前后角锯切卜骨除目的有相同之处外，其出土地、锯切部位、锯切尺寸（前者远大于后者）、时代等都不相同。前者是特定时代的产物；后者则延续时间较长，很可能是当时各地较为通行的做法。①

附记：中国社会科学院考古所安阳队的唐际根、岳洪彬、何毓灵先生为笔者观察甲骨实物提供了诸多方便，并允许使用未发表的资料，在此一并致谢！

追记：2017年8月末9月初，殷墟大司空发掘了一坑无字甲骨，灰坑的时代是殷墟四期早段。甲骨钻凿特征基本一致，时代也应接近，大约在帝乙和帝辛早期。在160多版卜骨中，发现了30版锯切前后角的，除了一版前角、后角都被锯外，其余的都只锯前角。通观所有锯切前后角的卜骨，如果排除前角、后角都被锯的那两版，大概有这样一个规律，即武丁早期锯后角，武丁晚期及其以后锯前角。

另，《合集》23664(《甲》2906)的右下角(前角)似亦被锯切，这版是右肩胛骨，属出组一类卜辞。(编按：2019年12月，笔者在史语所文物库方查验实物，证实此版前角确实被锯切过，参图14。至此共发现两版带字的前后角锯切甲骨。)

编按：文章发表后，笔者又搜集到四版前后角锯切的例子：

第一例：山东博物馆藏的左肩胛骨(图15)，编号甲8.130，无字，正反面均有钻凿灼，凿短窄，为武丁早期特征，后角锯切。

① 目前发现的例子较少或许与卜骨的保存状况有关。

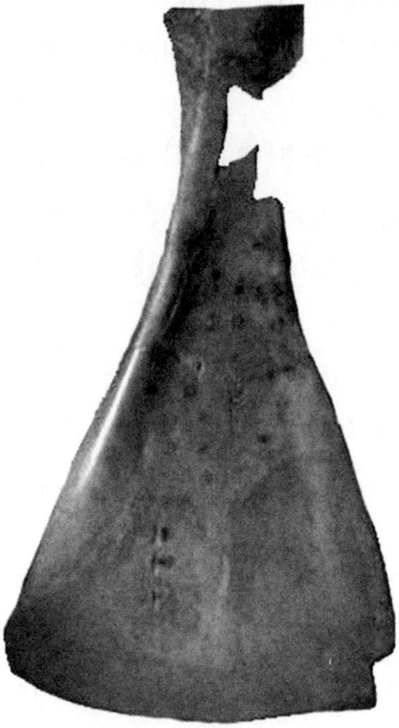

图 14 《合集》23664

正　　　　反

图 15 山东博物馆藏卜骨

第二例：大司空东南地商代水井中出土的一件卜骨（图 16），编号 J24：7+J24：9+J24：11+J24：20。J24 的时代属于殷墟三期，此骨为右肩胛骨，正反面都有凿灼，无钻，反面为“相向灼”，[①]凿长 1.4—2.5 厘米、宽 0.6—1.2 厘米，[②]这些属于武丁晚期以后的特征，前角锯切。

正　　反　　局部

图 16　大司空 J24 卜骨

第三例：《奥缶斋》著录卜骨甲（图 17），[③]为牛右肩胛骨，残长 25.8 厘米、宽 16 厘米，正、反面均有钻凿灼，反面见相向灼，时代应在武丁以后，前角锯切。

第四例：《奥缶斋》著录卜骨乙（图 18），[④]为牛右肩胛骨，长 39.5 厘米、宽 21.5 厘米，正、反面均有凿灼，无钻，反面能看到长方形凿和相向灼，时代属于武丁以后，前角锯切明显，后角是残痕。

---

① 关于“相向灼”的讨论，可参刘一曼：《殷墟考古与甲骨学研究》，云南人民出版社，2019 年，第 120 页；曹定云：《殷墟四盘磨“易卦”卜骨研究》，《考古》1989 年第 7 期。

② 中国社会科学院考古研究所安阳工作队：《安阳殷墟大司空村东南地 2015—2016 年发掘报告》，《考古学报》2019 年第 4 期。

③ 陈子游主编：《奥缶斋》，文化艺术出版社，2012 年，上册，第 8—9 页。

④ 陈子游主编：《奥缶斋》，上册，第 11 页。

图 17 《奥缶斋》著录卜骨甲

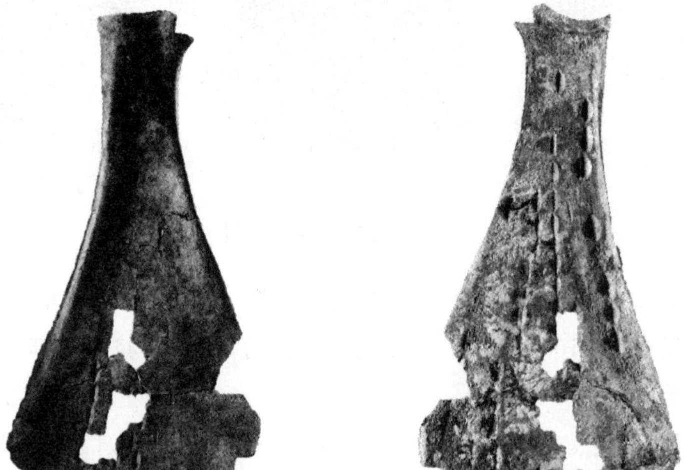

图 18 《奥缶斋》著录卜骨甲

这四版例子证明，我们之前总结的武丁早期锯后角、武丁晚期及其以后锯前角的锯切规律（不计前后角均切的例子）是正确的。

原载《南方文物》2017 年第 4 期，今据以收入。

读《复旦大学藏甲骨集》

赵　鹏

《复旦大学藏甲骨集》(下文简称“《复旦》”)2019 年 5 月由上海古籍出版社出版。该书收录了复旦大学博物馆现存的全部甲骨藏品 368 版,经过缀合后著录计 320 版。其中,80 版为首次著录。

一、全书框架

该书以照片、拓本、摹本三位一体的方式著录甲骨。吕静女士在《序》中介绍了甲骨作为自源文字反映的主要内容,对于历史研究的意义;介绍了复旦博物馆藏甲骨的大致来源,甲骨著录的大致发展以及该书的著录特色。葛亮先生在《前言》中介绍了复旦藏甲骨的数目。胡厚宣对于复旦甲骨来源的三种记载,并在详细梳理分析束世澂旧藏甲骨、金祖同旧藏甲骨、金淑娟金贵南藏 100 片、孙鼎旧藏甲骨的基础上,理清了复旦甲骨的来源。葛亮先生在《后记》中介绍了该书的主要工作——六面彩照及必要的显微照片、表达各种刻画现象的摹本、各家拓摹本、结合最新甲骨研究成果的考释,指出复旦藏甲骨上所呈现的特殊的卜兆、布局、刻画现象,综述了这批甲骨的新见罕见字形与辞例以及编纂该书的大致工作阶段与过程。

该书的著录顺序,依甲骨来源束世澂、金祖同、孙鼎、来源不明者四部分著录。其中来源于束世澂的部分以《六束》[①]序号为次序,来源于金祖同、孙鼎的部分以《掇三》[②]序号为次序,这样的著录顺序,便于与《六束》《掇三》相

① 胡厚宣:《甲骨六录 · 束天民氏所藏甲骨文字》,《甲骨学商史论丛三集》,齐鲁大学国学研究所,1945 年。

② 郭若愚编集:《殷契拾掇 · 三编》,上海古籍出版社,2005 年。

参看。

关于甲骨著录次序，可以从很多角度考虑。比如《上博》[①]按来源与馆藏号排序，《北大》[②]按内容排序。历史所编纂的著录书一般先按五期，再按内容排序。考古所编纂的著录书一般按出土序列号排序。《复旦》按旧著录来源排序也是一种思路，这样排序的好处就是可以明了甲骨的流传，一个来源的甲骨是有源于一个出土地的可能性的。

笔者个人比较偏向于先按字体分类，再按内容排序。这样的排序有诸多便利之处，首先是便于把今天不同源流的甲骨放入到全部商代甲骨的整体中去考虑，其次是想到某一版甲骨时可以翻阅到对应组类的对应内容去查找，最后是可以与《合集》等著录书的相关内容去对照。当然在甲骨著录书的编排顺序方面并不强行要求一致，编者有自己考虑问题的角度，是可以百花齐放的。该书虽然没有按字体分类排序，但在每版甲骨的文字说明部分都指明了字体类别。

二、图版部分的著录情况

该书上册著录了每版甲骨六个面的照片和必要的显微照片。下册著录了摹本，按出版时间的先后排列之前所有著录过的墨拓本以及本次新拓。

（一）照片

照片部分著录了每版甲骨正反上下左右六个面的照片。照片做到了字迹清晰、光线柔和、不使用大明大暗的布光，这些体现出该书编纂者、拍摄者对著录书甲骨拍摄有着明确的认知。缀合的甲骨衔接紧密，拍摄也浑然一体，处理得非常好。每版甲骨六个面的照片，该书 322 版甲骨，1 版雕花骨，总计 1934 张照片，经过排版不存在倒置、水平翻转等任何错误，这是作者精心校对的结果，对于甲骨著录书来讲，是极难做到的。《复旦》254 由细碎的无号小片拼缀而成，拍摄得也极为精细。

① 濮茅左：《上海博物馆藏甲骨文字》，上海辞书出版社，2009 年。
② 李钟淑、葛英会：《北京大学珍藏甲骨文字》，上海古籍出版社，2008 年。

在照片的排版方面，正反两面照片分列。正面照片上下左右四个方位分别环绕相应的四个侧面的照片。四个侧面的照片，上面的照片是正面向下拍摄，下面的照片是正面向上拍摄，左面照片正面向右拍摄，右面照片正面向左拍摄。这应该是作者经过审慎考虑的结果，即以正面为中心，翻转出上下左右角度来进行拍摄。

该书侧面与反面照片的拍摄，布光稍平，表现出的钻凿痕迹的清晰度还可以再明确一些。如反面钻凿，《复旦》193 的底部形态还好，《复旦》157、189 的底部可以更清晰一些；侧面钻凿，《复旦》195、199 的左侧及《复旦》278、291、314 的右侧可以通过调整布光使其钻凿轮廓更清晰，《复旦》181 右侧钻凿痕迹比较明显，左侧稍平，可以通过调整布光来改善。

另外，照片部分存在的一些其他小问题，可总结如下：上侧比正面照片宽度小，比如《复旦》70、319 的上侧，这可能是拍摄角度引起的问题。正常情况，上侧与下侧的宽度应该大致同于正面或反面照片的宽度，左侧与右侧的长度应该大致同于正面或反面照片的长度。《复旦》220 是该书最大的一版甲骨，正、反、上侧和右侧的照片拍得都很好。左侧因为有正面无法拍摄到的文字，布光可以再亮一些，其上文字还可以再清晰一些。下侧的照片，按照该书的思路，应该是正面朝上，从底边切入的角度拍摄。从图版来看，这版下侧的拍摄角度，不同于其他，摆放上以旋转 180 度为宜。另外，《复旦》198 可以考虑按首甲形态摆放。

必要的显微照片为甲骨文字字形、刻写痕迹提供了清晰的可视资料，是该书的特色之一。

（二）拓本

拓本部分主要包括两个方面的内容：一是对全部甲骨进行了墨拓，二是把以往刊布过的所有拓本与新拓一起著录，便于使用者参看，一目了然。

新拓有两种情况。来源于束世澂的《六束》部分，新拓质量明显好于以往著录。这部分的所有拓本在呈现甲骨边缘、文字笔画的清晰度以及墨色的均匀度方面都要比之前的拓本好很多。新拓非常注重表达甲骨形态，如《复旦》101 拓本左侧千里路部位的齿边与盾沟、《复旦》131 穿过中下部的盾沟与左侧的兆边等都比以往拓本清晰准确很多。

来源于金祖同、孙鼎的《掇三》部分，因为骨面的变化，导致有些骨面拓本残缺，如《复旦》123右部、135上部、175下部、210右部、216左下部；有些骨面拓本断裂，如《复旦》125右上部、128断为三片。有些拓本的边缘、字迹与墨色较之《掇三》尚有不及，如《复旦》143、171、177、187、211、213、218、220等；有些则基本相同：如《复旦》140、141、219等；有些新拓更完整，如《复旦》133反；有些新拓更清晰，如《复旦》148、156、164等。总的来说，新拓普遍比《合集》拓本要好，如《复旦》244等。

拓本部分还补出了以往著录书遗漏的有字反面，如《复旦》18、99、144、146、166、179、190、200、222等。这些补充使得这批甲骨的著录更加完整。

拓本部分注重从甲骨形态的角度摆放拓本角度，如《复旦》82调整为按龟腹甲形态摆放，《复旦》239按胛骨形态摆放等。该书改变了以往按照文字方向摆放拓本的传统金石学著录方式，这一点体现了甲骨形态学的新发展，更加符合甲骨学本身的特征，是值得称道的。

（三）摹本

该书摹本的特色在于文字的笔画摹写方面注重出刀与入刀方向的表达（如《复旦》2、12反的"汝"字），特别精细地表达出每一个笔画刻入的刀数及方向（如《复旦》129的"韦"字、23的"配"、45的"其"字）。对于刮削的表达（如《复旦》16），不遗漏边缘部分的残存笔画，注重边缘层次，如齿缝、盾沟、卜兆、界划线的表达。这种摹写方式便于展开甲骨字迹以及字迹与刻手的关系、字迹与字体类别的关系等方面的研究，甚至可以进一步发展为甲骨字迹学。

该书对于钻凿的摹写还可以更加细致，如反面有完整钻凿的《复旦》30、140等可以表达出刀挖的底部以及灼烧的形态。

关于拓本与摹本的结合部分，从以往著录形式来看，在拓本下标示出以往著录情况，更方便研习者使用。该书把摹本和所有以往拓本及出处放在一起，更加直观方便，是该书的又一特色，为使用者带来极大的便利，这也是值得提倡的一种著录方式。另外，该书《六束》拓本摹本的排版，一般拓本在前，摹本在后，《复旦》41 摹本在前，拓本在后，可以调整为一致。

三、文字说明部分

该书每版甲骨的文字说明部分包括：材质部位、分组分类、图版说明、新订释文、释文说明五个部分。

（一）材质部位

在材质方面说明了每版甲骨是龟腹甲、龟背甲还是牛胛骨。以往的著录书一般只说明是龟还是骨，该书对占卜材质的说明要具体很多。《复旦》248 与 262，从彩照侧面照片的厚度以及侧面与反面有密集的针孔状眼洞的情况来看，其骨质上很可能是龟甲。虽然两版比较残碎，但从钻凿来看，《复旦》248 应该是左侧龟甲。《复旦》262 左侧为原边，从厚度看可能是左后甲跨凹下近原边部位。

在部位方面，该书非常具体地说明了甲骨的部位，如《复旦》20 为左首甲 + 左前甲，25 为右后甲外缘，39 为右前甲近腋凹，45 为左前甲 + 中甲，57 为右前甲近中甲，100 为右前甲近甲桥，135 为中甲 + 左首甲 + 左前甲 + 右前甲，143 为左脊甲 + 左肋甲，166 为右脊甲，286 为牛右胛骨臼边等，这些具体部位的说明是之前的甲骨著录书基本没有的。这些说明信息非常便于甲骨的研习，是编纂甲骨著录书应该提倡的。

该书对于龟腹甲部位的说明非常具体，对于龟背甲和牛胛骨的部位说明还可以更具体一些，如《复旦》113、212 可确定是右侧第一肋甲，185 为左侧第一肋甲，240、245 为骨扇部，241、269 为颈扇交界部位，253 为近对边骨条部位，268 从反面上部的长圆形蜂窝状孔洞来看可能是骨首部位，285 从反面灼烧痕迹来看可能是近对边部位，290 从反面灼烧痕迹及下侧骨面的凹凸程度来看很可能是对边近颈扇交界部位，299、303 从下侧弧度来看可能为颈扇交界部位。当然这种更细一层的部位说明可以根据部位不同层级的标准选择说明到何种程度。

该书拓本、摹本部分补入缀合后的图版，便于甲骨部位的辨识。如《复旦》33 过于残碎，不易确定所在部位。但从缀合版拓本盾沟与齿缝的关系来看，齿缝应该是后甲与尾甲之间的第三道齿缝，即下剑缝。

《复旦》109 考虑到龟甲的方向不能十分确定，在部位上用“左侧?”标疑处理，体现了谨慎的态度。这版从兆序数与其下卜兆的位置来看，摆放很可能是正确的，若此作左侧很可能是对的。

有两版胛骨部位可以商榷。《复旦》255 从烧灼痕及侧面照片厚度来看，很可能是臼角在左的臼边。《复旦》271 从上侧、下侧照片的厚度、平缓过渡以及无钻凿痕来看应该是臼边。

(二) 分组分类

该书分组分类工作做得很精细。字体分类细化到师小字、师宾、宾一、典宾、宾三、宾出、出一、出二、事何、何组事何、何一、何二、黄类、师历、历一、历二、历无名、无名、午组等。标示出异组同版“师小字、师宾间同版(《复旦》173)”。有介于两种之间的字体，谨慎地标以“师小字/师宾(《复旦》96)”“师大字/师历(《复旦》245)”“师宾/宾一(《复旦》34、61、80、246)”“宾一/典宾(《复旦》31、193)”，有不确定的标示为“典宾?(《复旦》67)”“待考(《复旦》97、100)”等，这些体现了作者对甲骨字体分类的熟稔程度以及科学严谨的态度。

对于该书的字体分类有几处可以补充：《复旦》102、104 从“不”及“五”字看，可以确定是典宾；《复旦》178 从“乎”字看，时代应该比典宾早；《复旦》120 可以确定是无名左支卜；《复旦》239 从文例看偏向于历一；《复旦》125、152 偏向于宾一；《复旦》130、201 偏向于典宾；《复旦》256 从卜法看，偏向于典宾。另外，《复旦》299—303 比较集中地体现了无名组典型的左支卜，使用戈头“吉”；《复旦》304—307 是典型的右支卜，使用钺头“吉”字。

(三) 图版说明

该书图版说明部分对各家著录情况、拓本的变化情况、部位判断依据、缀合、边缘等情况作了说明，修正了以往对于甲骨材质以及甲骨源流信息的诸多误断。

(四) 新订释文

该书释文全面吸收了最新的文字考释、缀合、字体分类、甲骨形态等甲骨学方方面面的研究成果，对以往各家的错误隶释作出修正。在释文说明部分对释文的新订之处、特殊字形的出现辞例、同文例的情况作了具体的说明。如《复旦》21对“从倒巳从皿”的㿝字字形的修正；《复旦》65引蒋玉斌的意见，认为是《合集》17928中的“”字；《复旦》101中的“”分析为从臣从木，这些意见都是正确的。对一些字形（如《复旦》52中的“”、《复旦》57中的“”）与一些辞例（如《复旦》237中的“又𩰫”“亡𩰫”）的关注，都是很有意义的。另外其指出《复旦》137中的“祝”为龟甲的签署者，《复旦》130中的卜辞混杂到难解难分，这些现象都值得关注。

新订释文中对于兆序数、兆辞与卜辞的所属关系的处理是很恰当的。张秉权曾明确地指出兆序数在兆枝的上方，兆辞在兆枝的下方。[①] 但是这个常识经常为甲骨研习者忽视。在许多释文中，兆辞与兆序辞都按照就近原则来处理，要么把它们归属到本不属于的卜辞中，要么堆积到释文的最后面。“新订释文”对于兆辞与兆序的归属问题，如《复旦》139、140、193的处理；将《复旦》103、104、105、106、151、202兆辞与兆序数分释两条，这些都是正确的，体现了作者对于甲骨作为占卜遗物的理解。

这部分有几个字还可以进一步考虑：《复旦》26从彩色照片来看，右上近小竖的一笔，与“求”字各笔刻写力道及显示出来的笔画形态不同，似乎不像属于“求”字的笔画，不排除无意间落刀的可能性。《复旦》78反从残存笔画看，不似“求”字。《复旦》161中的字，很可能是“登”字。《复旦》136反释文当非“屯”字。一般胛骨成对、龟背甲对剖有用“屯”计量的，龟腹甲一般不用“屯”计量。

（五）可以补充的部分

无字骨部分给出了彩色照片，可以在文字说明部分加入材质、部位的文字说明。著录书一般会说明涂朱现象，《复旦》69、73、176、181可以补充相关说明。在释文部分也可以补充钻凿与卜辞对应关系的说明。另外，可以指

① 张秉权：《殷虚卜龟之卜兆及其有关问题》，《“中研院”院刊》第一辑，“中研院”，1954年；《甲骨文与甲骨学》，南天书局，1988年，第61页。

出一些有意思的现象，如《复旦》170与188为同一刻手刻写。

四、《复旦》带来的思考

《复旦》一书的出版，至少带给我们以下四个问题的思考：

(一) 侧面照片的意义

随着甲骨学的发展，侧面照片的著录已是必不可少。拍摄侧面照片的意义或者必要性有如下几点：

第一，对于辨识钻凿形态的意义。通过左右两个侧面照片所呈现的钻凿轮廓，即平底或弧底，可以帮助判断钻凿是早期的轮开槽，还是晚期的直接挖治。关于这一点，周忠兵先生在博士论文中有很好的论述，所论是目前学界关于单个钻凿形态以及建立单个钻凿形态发展序列的最前沿成果。[①] 读者可以参看，兹不赘述。

第二，可以提供甲骨边缘信息。甲骨侧面照片可以提供甲骨天然的缘边（《复旦》271右侧）、经过人工修治打磨过的修边或截距卜骨的截边（《复旦》277下侧）以及因占卜灼烧开裂的兆边（《复旦》211右侧）、外力挤压形成的断边（《复旦》220下侧）、龟甲天然生理骨骼结构解离出的齿边（《复旦》212左侧）等形态。

第三，通过侧面照片显现的骨质情况辨识材质。龟甲的侧面及反面照片多呈现细密的针孔状的眼孔（如《复旦》25、197等）。胛骨的侧面及反面，除疏松质呈现的椭圆形小孔洞外（如《复旦》282）一般比较光滑（如《复旦》175等）。另外胛骨会有中间以疏松质间隔开的分两层的现象（如《复旦》254），这些都可以通过观察侧面照片来判断。

第四，通过侧面厚度及骨面凹凸起伏的状态辨识部位。《复旦》255、271、317、318从上下左右四张侧面照片的厚度、薄厚变化的平滑度及角度可判断其为臼边。《复旦》269、299从上侧、下侧照片的起伏状态可判断为颈扇

① 周忠兵：《甲骨钻凿形态研究》，《考古学报》2013年第2期；《卡内基博物馆所藏甲骨研究》，上海人民出版社，2015年，第587—624页。

交界处。《复旦》298从上侧、下侧的厚度与平缓度及反面钻凿可判断为对边。

(二) 左、右、上、下四个侧面照片拍摄角度的问题

侧面照片的拍摄是甲骨著录书需要考虑的新问题。拍摄几个侧面、用什么样的角度拍摄照片是很值得讨论的问题。

一般来讲,不考虑边缘情况,甲骨左、右两个侧面照片的重点在于表现钻凿的底部,从而判断钻凿的制作方式。所以左、右两个侧面照片采用正面朝下、镜头与侧面平行,垂直切入钻凿的角度是最便于观察钻凿形态的。从该书来看,左右两个侧面的照片存在底边预留的问题,如《复旦》40、219的右侧拍摄角度比较合适;《复旦》15、23、171、211、302的右侧,《复旦》215、216的左侧下底边则留得过大,容易隐藏完整钻凿的上部形态;《复旦》14、174、175、177、179、299底边又留得过小,易产生钻凿透过正面的错觉。侧面钻凿的拍摄角度,实际上就是我们从侧面观察甲骨实物上钻凿的角度。一版甲骨在手,从侧面观察它的最佳视野,就是拍摄侧面钻凿最好的角度。

该书对于今后甲骨拍摄的一个很重要的贡献就是上下两个侧面采用了立拍方式。立拍上下两个侧面是观察甲骨厚度、起伏变化的最佳角度,便于帮助判断甲骨,尤其是牛肩胛骨的具体部位。这是该书著录甲骨的一个创造,也为今后的甲骨拍摄提供了更好的范式。

总之,著录甲骨刊布侧面照片会为甲骨研究提供必要的信息,是重要的参考点,是今后的甲骨研究必不可少的部分。期待从《复旦》以后,甲骨实物整理都能够著录最佳拍摄角度的侧面照片。

(三) 兆序数与兆辞的释文处理

该书对于卜辞与兆序数、兆辞关系的处理是准确的。对于卜辞在甲骨反面,兆序数、兆辞在正面的情况,采用正反分释的方式,该书统一。这是甲骨著录书释文对于卜辞与兆序数、兆辞通常采取的一种方式,是可取的。

兆序与兆辞是占卜的一部分,应该归属于所在卜辞。今后著录书释文部分对于兆序数、兆辞的处理可以从两个方面进行改善:

一是卜辞在甲骨反面,对应的兆序及兆辞在甲骨正面,释文时可以考虑将两者接续处理,归在一条之内,如《复旦》30可以隶释为:

{往于岳}。三

一 三

《复旦》203 可以隶释为：

{目其延，勿往}。□ 二告

{于……往……}一

《复旦》258 可以隶释为：

{[勿乎]子……妣□}。二

一是正面兆序数按占卜分条处理。如《复旦》89 可以分释为两条：

己……贞…… 一

一

《复旦》102 可以隶释为一条：

五 不鼃 七

《复旦》135 可以分释为四条：

[一] 小告

……受年。一

一

一

《复旦》191 可以分释为两条：

□子卜：勿[奏]舞自□至丙…… 二

一 二

卜辞与兆序数、兆辞关系的处理方式实际上是研习者对于占卜认知的体现，随着甲骨学向着精细化方向发展，一些细节的处理也将不断地趋于合理化、写实化。

（四）胛骨左右的讨论

胛骨左右的讨论，从前是个问题，现在也依旧是个问题。讨论的原因在于一种观点以观察者为参照，一种观点以牛的生理骨骼架构为原点。其实，我们今天研习甲骨，应该站在占卜集团的角度去考虑胛骨左右的问题。占卜集团对于胛骨左右的认知就应该是我们今天研习甲骨的认知。

贞人集团对于胛骨的左右是有自己的认知的。比如除无名组中的一些胛骨外，其他组类的胛骨卜兆的出枝基本都朝向骨臼方向；无名组胛骨，左支与右支的“卜”字出枝基本朝向骨臼方向。所以，占卜集团对于胛骨的左右是有着明确的认知的。黄组胛骨“王卜贞（即由商王亲自占卜）”卜旬辞基本选用骨臼在右的胛骨来进行占卜，即骨臼或臼角在右的甲骨为尊或上位者使用。鉴于此，我们认为在占卜集团内部还是用骨臼或臼角所在的方向来确定胛骨的左右，即骨臼或臼角在左即为左胛骨，在右即为右胛骨。当然，如果为了避免争端，最好的办法就是不用“左胛骨”“右胛骨”的概念，而选择使用“骨臼在左”“骨臼在右”来描述胛骨的左右问题。[①]

2019 年 8 月 8 日一稿

2019 年 12 月 22 日二稿

① 林宏明：《醉古集：甲骨的缀合与研究》，万卷楼图书股份有限公司，2011 年。

五等爵与西周外服体系

邵 蓓

五等爵制是文献记载的西周重要制度之一。据载，西周的诸侯分为公、侯、伯、子、男五等，按照等级分有一定的土地和民人，行用一定的礼仪，并承担一定的贡赋。

西周存在五等爵制本无异辞，然而近世以来，随着金文研究的深入，学者发现西周金文所反映的情况与文献记载难以相合，五等爵之说受到了质疑。傅斯年、郭沫若、杨树达等先生认为古爵名无定称，五等爵说是后人拼凑的。[①] 近年来，赵伯雄、韩巍、魏芃、李峰、朱凤瀚、刘源等学者对西周诸侯的身份和称谓、所谓五等爵称的行用范围等作了进一步的探讨，他们的总体倾向是否认西周存在五等爵制，认为西周金文中的公、侯、伯、子、男属于不同的称谓系统，也不构成等级序列，五等爵制或为战国学者建构的一种理想模型。[②] 肯定西周行用五等爵制之说也一直存在。瞿同祖、束世澂、陈槃、赵

---

① 傅斯年：《论所谓五等爵》，《国立中央研究院历史语言研究所集刊》第 2 本第 1 分，1930 年；后收入《民族与古代中国史》，上海古籍出版社，2012 年，第 107—135 页。郭沫若：《周代彝铭中无五服五等之制》，《中国古代社会研究》，人民出版社，1954 年，第 234—238 页；《金文所无考》，《金文丛考》，人民出版社，1954 年，第 50—53 页。杨树达：《古爵名无定称说》，《积微居小学述林》，中华书局，1983 年，第 249—257 页。

② 赵伯雄：《周代国家形态研究》，湖南教育出版社，1990 年，第 120—134 页。韩巍：《新出金文与西周诸侯称谓的再认识——以首阳斋器为中心的考察》，"二十年来新见古代中国青铜器国际学术研讨会：首阳斋藏器及其他"论文，芝加哥，2010 年 11 月。魏芃：《西周春秋时期"五等爵称"研究》，南开大学博士学位论文，2012 年。李峰：《论"五等爵"称的起源》，《古文字与古代史》第 3 辑，"中研院"历史语言研究所，2012 年，第 159—184 页。朱凤瀚：《关于西周封国君主称谓的几点认识》，《两周封国论衡——陕西韩城出土芮国文物暨周代封国考古学研究国际学术研讨会论文集》，上海古籍出版社，2014 年，第 272—285 页。刘源：《"五等爵"制与殷周贵族政治体系》，《历史研究》2014 年第 1 期。

光贤、金景芳、王世民、陈恩林、葛志毅、刘芮方等学者先后指出，在爵无定称的表象下，金文和文献中的诸侯称谓比较固定，西周确实存在五等爵制。[①]

目前学界对于西周是否存在五等爵制未能取得共识的原因，刘源认为在于学者对当时诸侯体系的认识及五个称号是否均为诸侯名号问题上存在争议。笔者认为，从文献记载来看，五等爵制属于外爵制，是行用于西周外服的等级制度，它与西周外服的构成、外服君长的组成和礼仪等级有很大的关系。我们转换视角，着眼于西周的外服，廓清西周外服体系的构成，或许有助于分析所谓“五等爵”在西周的真实情况，进而对此问题的研究有所突破。

一、文献记载的五等爵制和西周外服

文献中关于五等爵制的记载，最早见于《孟子·万章下》：

> 天子一位，公一位，侯一位，伯一位，子、男同一位，凡五等也。君一位、卿一位、大夫一位、上士一位、中士一位、下士一位，凡六等。天子之制，地方千里，公侯皆方百里，伯七十里，子、男五十里，凡四等。[②]

其系统性的表述，见于礼书，如《周礼·春官·典命》云：

> 上公九命为伯，其国家、官室、车旗、衣服、礼仪皆以九为节。侯伯

---

① 瞿同祖：《中国封建社会》，上海人民出版社，2005年，第46—53页（该书初版由商务印书馆1937年印行）。束世澂：《爵名释例——西周封建制探索之一》，《学术月刊》1961年第4期。陈槃：《春秋大事表列国爵姓及存灭表撰异（三订本）》，上海古籍出版社，2009年，“后叙”，第10—19页（该书初版由“中研院”历史语言研究所1969年印行）。赵光贤：《周代社会辨析》，人民出版社，1980年，第126页。金景芳：《古史论集》，齐鲁书社，1981年，第105—106页。王世民：《西周金文中的诸侯爵称》，《历史研究》1983年第3期；《西周春秋金文所见诸侯爵称的再检讨》，《古文字与古代史》第3辑，第149—157页。陈恩林：《先秦两汉文献中所见周代诸侯五等爵》，《历史研究》1994年第6期。葛志毅：《周代分封制度研究》，黑龙江人民出版社，2004年，第164—180页。刘芮方：《周代爵制研究》，东北师范大学出版社，2016年。

② 《孟子注疏》卷一〇，阮元校刻：《十三经注疏》，中华书局，1991年，第2741页。

七命，其国家、宫室、车旗、衣服、礼仪皆以七为节。子男五命，其国家、宫室、车旗、衣服、礼仪皆以五为节。王之三公八命，其卿六命，其大夫四命。及其出封，皆加一等。其国家、宫室、车旗、衣服、礼仪亦如之。……公之孤四命，以皮帛眡小国之君，其卿三命，其大夫再命，其士一命，其宫室、车旗、衣服、礼仪各眡其命之数。侯伯之卿、大夫、士亦如之。子男之卿再命，其大夫一命，其士不命，其宫室、车旗、衣服、礼仪各眡其命之数。①

《礼记·王制》云：

王者之制禄爵：公、侯、伯、子、男，凡五等。诸侯之上大夫卿、下大夫、上士、中士、下士，凡五等。天子之田方千里，公侯田方百里，伯七十里，子男五十里。不能五十里者，不合于天子，附于诸侯，曰附庸。天子之三公之田视公侯，天子之卿视伯，天子之大夫视子男，天子之元士视附庸。②

从文献记载来看，周代的爵制分为内、外两种，王畿及诸侯国内部行用的是君、卿、大夫、士的等级制度，可以称为内爵制，而五等爵制是外爵制，是行用于外服诸侯的一种等级制度。③

最能体现西周内外服制的文献记载见于《国语·周语上》：

夫先王之制：邦内甸服，邦外侯服，侯、卫宾服，蛮夷要服，戎狄荒服。甸服者祭，侯服者祀，宾服者享，要服者贡，荒服者王。日祭、月祀、

---

① 《周礼注疏》卷二一，阮元校刻：《十三经注疏》，第780—781页。

② 《礼记正义》卷一一，阮元校刻：《十三经注疏》，第1321—1322页。

③ 古人认为周代的爵制分为内、外爵制，《新书·阶级》称“故古者圣王制为列等，内有公卿大夫士，外有公侯伯子男”，《白虎通·爵》谓“公卿大夫者何谓也？内爵称也”。见贾谊撰，阎振益、钟夏校注：《新书校注》，中华书局，2000年，第80页；陈立撰，吴则虞点校：《白虎通疏证》，中华书局，1994年，第16页。

时享、岁贡、终王。[①]

因所记制度过于规整，其真实性受到怀疑。其实，顾颉刚已经指出这段记载“大体上犹合当时局势，非纯出臆想”。[②] 剔除其中理想化的构拟，“邦内”即为内服王畿地区，“邦外”即为外服，所谓侯、宾、要、荒诸服，则是外服中不同的服事层次。顾先生称：“‘侯服’，诸侯也，王所封殖以自卫者。‘宾服’，前代王族之有国者，以客礼待之，蕲其能帖服于新政权，转而为今王之屏藩也。更别‘夷蛮’‘戎狄’为‘要’与‘荒’。夷蛮者，虽非前代王族，而久居中原，其文化程度已高，特与新王室之关系较疏，故不使跻于华夏之列。然犹服我约束，故谓之‘要服’；要者，约也。戎狄者，未受中原文化陶冶之外族，性情强悍，时时入寇，虽欲跻之华夏而不可得，故谓之‘荒服’；荒，犹远也。”[③]此论可从西周金文中得到证实。

驹父盨盖(《集成》[④]4464)铭文云：

南仲邦父命驹父即南诸侯，率高父见南淮夷，厥取厥服，谨夷俗，遂不敢不敬畏王命，逆见我，厥献厥服，我乃至于淮小大邦，亡敢不敚俱逆王命……

兮甲盘(《集成》10174)铭文：

唯五年三月，既死霸庚寅，王初格伐玁狁于啚盧，兮甲从王……王令甲政司成周四方积，至于南淮夷，淮夷旧我帛畮人，毋敢不出其帛、其积、其进人，其积，毋敢不即次，即市，敢不用命，则即刑扑伐……

---

① 徐元诰撰，王树民、沈长云点校：《国语集解(修订本)》，中华书局，2016年，第6—7页。

② 顾颉刚：《史林杂识·畿服》，中华书局，1963年，第2页。

③ 顾颉刚：《史林杂识·畿服》，第2页。

④ 中国社会科学院考古研究所编：《殷周金文集成》，中华书局，1984—1994年；《殷周金文集成(修订增补本)》，中华书局，2007年。本文简称“《集成》”。释文尽量以通行字写出。

从这两件作于宣王时期的铜器铭文中可知，对西周王朝或叛或服的淮夷，周人亦纳入其服事体系。李学勤指出淮夷向周室入贡布帛，输送粮草和人众。他进一步指出："淮夷和猃狁是有差别的。猃狁是北方主要从事游牧的少数民族，对周朝的威胁是军事性质的，周朝为了保护自己统治的界域，不得不屡加抗击。淮夷则是定居的、生产比较发展的人民，他们常服属于周，向王朝入贡。"[①]淮夷和猃狁可对应《国语》中的要服和荒服。

周人是将内、外服置于"天下"的地理概念中的，即所谓"普天之下，莫非王土；率土之滨，莫非王臣"。内服是周王直接控制的王畿地区，周王朝设置"卿事""诸尹"等内服职官；外服是王畿之外的间接控制区和影响区，只要是听命于周室的，即使终身一王的戎狄，都属于外服。周王朝主要通过封立外服君长实现对外服的控制。

二、西周外服体系构成

西周的外服大致包含封建的外服君长和设立的王朝职官。外服君长则有诸侯和邦君两种身份。

（一）诸侯

诸侯是接受王命"侯于某"的一类外服君长，包括侯、田、男三种具体称谓。

1. 侯。西周的侯主要由姬姓的王亲和姻亲贵族担任，其封地所处地理位置大多具有重要的战略意义。[②] 此外，殷代的侯也有一小部分延续到西周，并得到周天子的承认。[③] 西周金文中的"侯"的相关研究成果颇丰，此处不赘。

2. 田。金文中的"田"即文献中"侯甸男"的"甸"。商代青铜器铭文中有

---

① 李学勤：《兮甲盘与驹父盨》，刘庆柱、段志洪、冯时主编：《金文文献集成》，线装书局，2005年，第40册，第384页。

② 参看邵蓓：《西周的诸侯与邦君》，杜勇主编：《叩问三代文明：中国出土文献与上古史国际学术研讨会论文集》，中国社会科学出版社，2014年，第162—176页。

③ 刘源：《"五等爵"制与殷周贵族政治体系》，《历史研究》2014年第1期。

“告田”等“田”作器，“告田”及其他田作器延续到西周早期。至于西周早期的“田”，是周王的续封，还是商朝时期所获族号的延续，尚不得而知。要之，虽然矢令方尊、矢令方彝(《集成》6016、9901)和小盂鼎(《集成》2839)铭文有“侯田男”的记载，但是在目前的西周金文中还找不到周王封“田”的切实例证。

3. 男。西周金文中有许男(《集成》2549 许男鼎)、寽男(《铭图》[①]1897 寽男鼎、《铭图》1898 寽男鬻鼎)、鲁男(《集成》3848 遣小子𩛥簋)。

清华简《封许之命》的发现为研究“男”提供了新材料。《封许之命》是西周成王时期分封许国的册命文献。[②] 这篇文献中保留了较多西周金文的文字特征，可见其渊源有自，是关于西周初期历史的比较可靠的文献。[③] 其简5有“命汝侯于许”，整理者已经敏锐地指出西周麦方尊(《集成》6015)铭文“王命辟邢侯出砙，侯于邢”与之句例相似。[④] 除麦方尊外，“侯于某”的句例还见于伯晨鼎(《集成》2816)、宜侯夨簋(《集成》4320)、四十二年逨鼎(《新收》[⑤]745)、䚄公簋(《铭图》4954)、克罍和克盉(《铭图》13831、14789)铭文以及《诗经·鲁颂·閟宫》“王曰叔父，建尔元子，俾侯于鲁”。[⑥] 在这些文献中，凡是被周王册命“侯于某”的诸侯，都称为“某侯”。特别是䚄公簋铭文中唐伯在受命“侯于晋”之前称唐伯，受命之后改称晋侯，这表明“侯于某”是一种封“侯”的专用语。

周康王时期的小盂鼎铭文“诸侯眔侯田男”、周昭王时期的矢令方尊矢令方彝铭文“眔诸侯侯田男”以及《尚书·康王之诰》中的“庶邦侯、甸、男、卫……乃命建侯树屏，在我后之人”，[⑦]这些记载说明西周的诸侯包括侯、田、

① 吴镇烽编著：《商周青铜器铭文暨图像集成》，上海古籍出版社，2014年。本文简称“《铭图》”。

② 清华大学出土文献研究与保护中心编，李学勤主编：《清华大学藏战国竹简(伍)》，中西书局，2015年，下册，第117—123页，本文引用尽量使用通行字。

③ 参见程浩：《〈封许之命〉与册命“书”》，《中国典籍与文化》2016年第1期；刘成群：《清华简〈封许之命〉“侯于许”初探》，《中原文化研究》2016年第5期。

④ 清华大学出土文献研究与保护中心编，李学勤主编：《清华大学藏战国竹简(伍)》，下册，第118页、第120页注19。

⑤ 钟柏生等编：《新收殷周青铜器铭文暨器影汇编》，艺文印书馆，2006年。本文简称“《新收》”。

⑥ 《毛诗注疏》卷二〇，阮元校刻：《十三经注疏》，第615页。

⑦ 《尚书正义》卷一九，阮元校刻：《十三经注疏》，第244页。

男三种具体称谓。在西周金文和《春秋》中，许国国君皆称“许男”，男是诸侯的一种。许男受封的册命辞为“命汝侯于许”，表明分封男的命辞也是“侯于某”。从《封许之命》所载的册命辞“汝惟臧耆尔猷，虔恤王家，简乂四方不𢦏，以勤余一人”，“汝亦惟淑章尔虑，祇敬尔猷，以永厚周邦，勿废朕命，经嗣世享”，可以看出许男受封所任职事，与文献所载鲁、卫等诸侯相同，均为治理一方民众，藩屏周王朝。① 学界曾认为男是侯的附庸，从上面的分析可知，西周时期的侯和男都是接受王命“侯于某”的诸侯，男并非侯的附庸。

目前金文所见的西周的男，都是异姓诸侯，《春秋》和《左传》中记载的男也都是异姓诸侯。②

西周诸侯的称谓应源自殷商，不过甲骨卜辞中只有“多侯”“多田”之称，“诸侯”一词则是周人的创造。与“多侯”这种单一称谓不同，“诸侯”是一个集合名词，它包含了侯、田、男三种具体称谓。裘锡圭指出商代的诸侯称谓是由职官名称演变而来的，商代早期这些诸侯所承担的“职”“服”与其名称可能仍然有比较紧密的联系，到商代末期，不同称谓的诸侯的职事已经很难区分开来，这些称号只具有区分等级的作用了。③ 西周的诸侯更是如此。朱凤瀚认为西周的“侯”的基本身份是王国边域的军事长官，只是因受封而同时兼有封君身份。④ 笔者认为，虽然西周的“诸侯”仍然是一个职事概念，但是从西周的“诸侯”是一个集合名词以及封侯、封男使用相同的册命辞来看，西周诸侯的首要身份是受民受疆土的外服君长。侯、田、男的具体称谓与他们所承担的职、服之间的对应关系已经不存在了，他们同属诸侯系统，三个称谓可能具有等级意义。从现存金文来看，西周诸侯中侯的数目

---

① 关于西周分封诸侯所任职事，参见张利军：《商周服制与早期国家管理模式》，上海古籍出版社，2016 年，第 245—256、258—259 页。

② 参见刘源：《“五等爵”制与殷周贵族政治体系》，《历史研究》2014 年第 1 期。

③ 裘锡圭：《甲骨卜辞中所见的“田”“牧”“卫”等职官的研究——兼论“侯”“甸”“男”“卫”等几种诸侯的起源》，《裘锡圭学术文集 · 古代历史、思想、民俗卷》，复旦大学出版社，2015 年，第 153—168 页。

④ 朱凤瀚：《殷墟卜辞中“侯”的身份补证——兼论“侯”、“伯”之异同》，《古文字与古代史》第 4 辑，“中研院”历史语言研究所，2015 年，第 4 页。

占绝对多数，田和男的数量很少，这应该是体现了西周分封三类诸侯的实际情况。

（二）邦君

在西周，凡是有土之君皆可称邦君。[①] 西周金文中，“邦君”一词见于静簋（《集成》4273）、班簋（《集成》4341）、义盉盖（《集成》9453）、五祀卫鼎（《集成》2832）、豆闭簋（《集成》4276）、梁其钟（《集成》187－8）、文盨（《铭图》05664）诸器铭文。邦君包含畿内邦君和外服邦君，如五祀卫鼎中的“邦君厉”即为畿内邦君，而文盨铭文“王命士曶父殷南邦君、诸侯”中的“邦君”应该是和诸侯并列的外服君长。

外服邦君的具体称谓主要有：

1. 公。西周金文中用作他称的“公”多是王朝的执政卿。金文中外服君长称“公”一般属于自称或卒后尊称，以及境内臣属对其君长的敬称，这与《春秋》的相关记载一致。《公羊传》隐公五年云：“天子三公称公，王者之后称公。”[②]《逸周书·王会》记有“唐公”“虞公”“殷公”“夏公”，但此记载与《春秋》和金文抵牾。《春秋》和彝铭中未见“唐公”，《左传》宣公十二年所载“唐惠侯”，是服属于楚国的小国，并非唐尧之后。[③] 虞舜之后陈，其国君在《春秋》和金文中都称为“陈侯”。夏之后杞，在《春秋》中有杞侯、杞伯、杞子之称，而在金文中有杞伯每刃壶（《集成》9688）和杞子每刃鼎（《集成》2428），是传世文献和金文中的杞君都不称公。[④] 在《春秋》中，除境内敬称和死后尊称外，称公并参与诸侯盟会的国君，仅有殷人之后的宋国国君。[⑤] 金文中并无外服邦君他称为公的确证，不过从《春秋》的记载来看，我们推测西周的宋君亦称宋公。另外，韩巍认为少数地位特殊或立有大功的诸侯也可被册命为

---

① 朱凤瀚：《商周家族形态研究（增订本）》，天津古籍出版社，2004 年，第 379 页。

② 《春秋公羊传注疏》卷三，阮元校刻：《十三经注疏》，第 2207 页。

③ 参见陈槃：《春秋大事表列国爵姓及存灭表撰异（三订本）》，第 769—773 页。

④ 《史记·陈杞世家》中杞君称公，此文献相对晚出，且与《春秋》的记载不合。

⑤ 《春秋》中有“州公”“郭公”“虞公”，学者对此说法很多，有学者认为他们在西周初封时都位于畿内，参看陈槃：《春秋大事表列国爵姓及存灭表撰异（三订本）》，第 373—378、421—426、487—496 页。

“公”，以示尊崇。[①]《史记·卫康叔世家》“犬戎杀周幽王，武公将兵往佐周平戎，甚有功，周平王命武公为公”[②]的记载可资证明。不过此类情况仅针对具体个人，没有继承性。目前来看，外服君长中始终称公的只有宋君，应该是周人对商朝王室后裔的尊称。

2. 子。《礼记·曲礼下》载“其在东夷、北狄、西戎、南蛮，虽大曰子”，[③]是周人称周文化范围之外的蛮夷戎狄之君为子，与《春秋》的记载相合。西周的情况应该也是如此。周厉王㝬钟（《集成》260）铭文载：“王肇遹省文武勤疆土，南国𠬝子敢陷处我土。王敦伐其至扑伐厥都。𠬝子迺遣间来逆昭王，南夷、东夷俱见廿又六邦。”“𠬝子”，即服子，李学勤认为泛指服属于周朝的蛮夷方国，㝬钟的服子包括南夷、东夷一共26个邦国。[④] 荆子鼎（《铭图》2385）铭文“王赏多邦伯，荆子丽”，这里的荆子显然是诸多邦伯之一。

3. 伯。商代的“伯”身份比较确定，多为王朝边境地区或服或叛的异族方国首领，属于商王朝的外服“邦伯”。西周的外服亦有“伯”，如金文中的彔伯、乖伯，[⑤]考古发现的倗伯、霸伯以及文献中的曹伯。外服存在称“伯”的邦君本来是非常清晰的，但是随着对西周金文中“伯”的意涵研究的深入，学者对王畿之外称伯贵族的身份产生了怀疑。

---

① 韩巍：《新出金文与西周诸侯称谓的再认识——以首阳斋藏器为中心的考察》，“二十年来新见古代中国青铜器国际学术研讨会：首阳斋藏器及其他”论文，芝加哥，2010年11月。

② 《史记》卷三七，中华书局，2014年，第1926页。

③ 《礼记正义》卷五，阮元校刻：《十三经注疏》，第1265页。

④ 李学勤：《谈西周厉王时器伯𢦚父簋》，《安作璋先生史学研究六十周年纪念文集》，齐鲁书社，2007年，第86—89页。

⑤ 彔之所在，郭沫若认为彔即六，在今安徽六安（《两周金文辞大系图录考释（二）》，《郭沫若全集·考古编》第8卷，科学出版社，2002年，第142页）。但是后来由于陕西扶风庄白伯㦚墓及伯㦚诸器的发现，学者将彔伯㦚簋盖与传世彔器、伯㦚诸器混在了一起，彔伯㦚也就成为了王臣。此论学者已证其非（汪中文：《“伯㦚”与“彔”、“彔伯㦚”诸器间系联问题之检讨》，刘庆柱、段志洪、冯时主编：《金文文献集成》，线装书局，2005年，第28册，第376—377页）。乖的地望，张政烺认为在甘肃灵台，他指出“周时称王者皆异姓之国，处边远之地，其与周之关系若即若离，时亲时叛，而非周室封建之诸侯”（《夨王簋盖跋——评王国维〈古诸侯称王说〉》，刘庆柱、段志洪、冯时主编：《金文文献集成》，第28册，第364—365页）。彔伯㦚和乖伯归刍称父谥为“皇考釐王”和“皇考武乖幾王”，则他们都应该属于归服的外服异族邦伯。

李零认为内服与外服是西周官制的两大系统。西周的“诸侯”主要是指周灭商后在东方重新设置的一些国家，它们在铭文中自称为“侯”，而陕西关中地区出土器铭上常见的“公”“伯”，以及东迁的虢、郑，则多属内服王臣。他认为这种区分关系到内服与外服的基本区别。而西周的“伯”，一类是所谓“畿内封君”，实际是内服王臣，另一类是“情况不明”的小国。[①] 李峰认为西周的政区是一种二分结构：以渭河流域为中心的王畿地区（包括洛阳周围）是周王室直接控制区，实行宗法血缘的社会秩序，是“西部宗族实体”，其贵族首领按照宗族长的称谓称伯；在新征服的东部地区建立的封国，属于地理政治实体，其国君称侯。[②]

这两种将“侯”与“伯”严格区分开来并倾向于视“伯”为内服王臣的看法影响了不少学者。如发现于山西绛县横水的倗伯[③]和翼城大河口的霸伯[④]的身份，就有周王畿内的封国之君、[⑤]晋国卿大夫或附庸、[⑥]王室贵族[⑦]等几种看法。韩巍已经指出倗、霸划不入西周王畿的范围，倗伯和霸伯都接受过诸如益公、井叔这样的王朝卿士的赏赐，尤其是大河口 M1017 出土的尚盂铭文中，周王派大臣聘问霸伯尚，给予赏赐和蔑历，由此看来倗和霸都不像是“不达于天子”的附庸或者晋国的卿大夫。他认为从称谓上看，“倗伯”“霸伯”近

① 李零：《西周金文中的职官系统》，吴荣曾主编：《尽心集：张正烺先生八十庆寿论文集》，中国社会科学出版社，1996 年，第 202—214 页。

② 李峰著：《西周的政体：中国早期的官僚制度和国家》，吴敏娜等译，生活・读书・新知三联书店，2010 年，第 47—54 页。他后来对此看法略有修正，认为倗伯和霸伯很可能并没有从周王室获得侯国的资格，故其国君按照宗族制度的习惯称为“伯”，他们在西周国家中的地位还有待进一步研究，但还是坚持了二分制结构的看法（《论“五等爵”称的起源》）。

③ 山西省考古研究所等：《山西绛县横水西周墓发掘简报》，《文物》2006 年第 8 期。

④ 山西省考古研究所大河口墓地联合考古队：《山西翼城县大河口西周墓地》，《考古》2011 年第 7 期；山西省考古研究所等：《山西翼城大河口西周墓地 1017 号墓发掘》，《考古学报》2018 年第 1 期。

⑤ 吉琨璋、宋建忠、田建文：《山西横水西周墓地研究三题》，《文物》2006 年第 8 期。

⑥ 田伟：《试论绛县横水、翼城大河口墓地的性质》，《中国国家博物馆馆刊》2012 年第 5 期；张天恩：《晋南已发现的西周国族初析》，《考古与文物》2010 年第 1 期。

⑦ 刘源：《“五等爵”制与殷周贵族政治体系》，《历史研究》2014 年第 1 期。

似于外服的“邦伯”，但是他还是将倗、霸定位为周室封予晋国的怀姓九宗。[①] 同属封在畿外的姬姓王亲贵族，曹君称“伯”而非侯，其身份也受到质疑。[②] 笔者以为，清华简对于西周分封制度的叙述，有助于我们厘清这个问题。

清华简《系年》第四章云：

> 周成王、周公既迁殷民于洛邑，乃追念夏商之亡由，方（旁）设出宗子，以作周厚屏，乃先建卫叔封于康丘，以侯殷之余民。[③]

“方（旁）设出宗子”，整理者注释：“方，通‘旁’，《广雅·释诂二》：‘广也。’设，《战国策·秦策一》注：‘置也。’出宗子，当指支子而言，即《左传》昭公九年、二十六年‘建母弟以藩屏周’的‘母弟’。”[④]“以作周厚屏”，整理者注释引清华简《祭公》“惟我后嗣，旁建宗子，丕惟周之厚屏”说明之。[⑤] 李零解释这段简文为“周人吸取夏商亡国的教训，选派宗子，派他们外出就封，作为周室的坚实屏障”。[⑥] 笔者认为“方（旁）设出宗子”，并非仅有选派支子就封之意，还具有广泛建立分宗之意。朱凤瀚在分析“唐伯”的得名时指出，“至其子燮父开始，唐叔所建立的这一事实上已独立的家族即已开始在亲属组织上与王室脱开，并开始奉行自己相对独立的实质性的宗法系统，故燮父以此一家族长身份称‘伯’，而相应地在封国国君称谓上即采用国名加‘伯’的称谓，亦即‘唐伯’”。[⑦] 所

---

① 韩巍：《横水、大河口西周墓地若干问题的探讨》，《两周封国论衡：陕西韩城出土芮国文物暨周代封国考古学研究国际学术研讨会论文集》，上海古籍出版社，2014年，第388—406页。

② 刘源：《“五等爵”制与殷周贵族政治体系》，《历史研究》2014年第1期。

③ 清华大学出土文献研究与保护中心编，李学勤主编：《清华大学藏战国竹简（贰）》，中西书局，2011年，下册，第144页。

④ 清华大学出土文献研究与保护中心编，李学勤主编：《清华大学藏战国竹简（贰）》，下册，第144页注释3。

⑤ 清华大学出土文献研究与保护中心编，李学勤主编：《清华大学藏战国竹简（贰）》，下册，第145页注释4。

⑥ 李零：《读简笔记：清华楚简〈系年〉第一至四章》，李守奎主编：《清华简〈系年〉与古史新探》，中西书局，2016年，第50页。

⑦ 朱凤瀚：《关于西周封国君主称谓的几点认识》，《两周封国论衡——陕西韩城出土芮国文物暨周代封国考古学研究国际学术研讨会论文集》。

以，出自周王室的贵族受封，第一代仍因袭其在周室宗法中的称谓，如唐叔、曹叔，第二代则以其所封地为名重新立宗，并获得了宗族长之伯称，即唐伯、曹伯。如又受封“侯于某”，则称某侯，如唐伯受封“侯于晋”而改称晋侯；没有受封“侯于某”，则维持“伯”的称谓，如世代称伯的曹伯。西周分封制度是与宗法制度相结合的，分邦建国也是分支立宗，即《系年》所谓“方（旁）设出宗子”，《祭公》所说的“旁建宗子”，而西周的“伯”正是宗子、家族长的称谓，所以西周的畿外邦君往往有“伯”之称。

《左传》定公四年载“武王之母弟八人，周公为大宰，康叔为司寇，聃季为司空，五叔无官”，[①]《史记·管蔡世家》载“余五叔皆就国，无为天子吏者”，《索隐》称“管叔、蔡叔、成叔、曹叔、霍叔”，[②]是曹叔振铎并未受有王官职务而直接就封，建立了畿外的曹邦。作为邦君，其称谓仍延续周室宗法的称谓，称为曹叔，从其子开始分支立宗，建立曹公室的大宗，从此世称“曹伯”。处于畿外，既非王臣，又非邦君厉那样的畿内邦君，亦非获得“侯于某”册命的诸侯，曹只能是西周建立的外服邦“伯”。从曹的封建来看，与商代外服邦“伯”仅仅是商人沿用了“伯”这一非商人族群对一族之长的自称不同，[③]西周主动在外服封立了同姓的邦“伯”，而考古发现的倗伯、霸伯可能是西周封立的外服异族邦“伯”。[④] 倗伯和霸伯受到益公、井叔的蔑历和赏赐，正是王官伯具有统领外服权力的直接证据。[⑤] 益公、井叔和夨令方尊、夨令方彝铭文中的明公一样，身为执政卿士、王官伯，具有统领外服的权力，所以才会对外服邦伯进行蔑历和赏赐。

---

① 《春秋左传正义》卷五四，阮元校刻：《十三经注疏》，第 2135 页。

② 《史记》卷三五，第 1894 页。

③ 参见朱凤瀚：《殷墟卜辞中“侯”的身份补证——兼论“侯”、“伯”之异同》，《古文字与古代史》第 4 辑，第 22 页。

④ 学者指出倗、霸两处墓地的上限时间均为西周早期，若为当地土著，应该有更早期的墓葬，故倗、霸原先并非定居在当地，很可能是与晋国同时迁入的。详见韩巍：《横水、大河口西周墓地若干问题的探讨》，《两周封国论衡：陕西韩城出土芮国文物暨周代封国考古学研究国际学术研讨会论文集》，第 388—406 页；张天恩：《西周社会结构的考古学观察》，《考古与文物》2013 年第 5 期。

⑤ 参见邵蓓：《西周伯制考索》，《中国史研究》2008 年第 2 期。

通过上述分析可知，周室封建的实质是“方（旁）设出宗子，以作周厚屏”，外服的侯与伯都是周室封建认定的地方君长和新建公室的大宗。“侯”的分封多位于战略要地，其称谓强调了其军事护卫职能。东部地区殷遗和东夷势力强大，为了加强控制，周王室在东部地区多设“侯”，西部地区周人的统治基础稳固，故不需要再设“侯”，该地区的分封多称“伯”。“侯”与“伯”的称谓来源虽不同，但这并不意味着西周外服的“侯”与“伯”在各自的统治区域内存在着不同的统治秩序，具有不同的身份。

一个明显的证据来自于秦国。《史记·秦本纪》记载秦襄公因为率兵救周，并护送平王东迁，因此“平王封襄公为诸侯，赐之岐以西之地。……与誓，封爵之。襄公于是始国，与诸侯通使聘享之礼”。[①] 秦襄公获得了诸侯（东周所谓的诸侯与西周有别，详后）的身份，秦得以立国，可以与诸侯通使聘享。然而春秋时期的秦君称为“秦伯”，说明秦立国时其国君并未受封为“侯”，但其已然是周王室承认的外服君长，这表明伯也是西周外服君长的称谓之一。[②]

在西周的外服异族邦君中，称“伯”者与称“子”者的区别或许在于：称“伯”者已经融入周文化圈，他们与周人通婚，接受王朝卿士的统领，如倗伯、霸伯；称“子”者尚未融入周文化圈，被周人视为蛮夷戎狄，如㝬钟铭文中的“南国𠬝子”。

（三）王朝职官

传世文献中与侯、甸、男、邦伯并立于西周外服的还有采、卫。对于他们的身份，学术界也有不同的看法，这里我们略作辨析。

1. 采。西周金文的“采”是采邑之义，并非身份称谓。周王封赐给王官贵族的采邑并不一定位于王畿之内，也可能位于畿外。如中方鼎（《集成》

---

① 《史记》卷五，第229—230页。

② 《秦本纪》记载秦之先秦仲为西垂大夫，清华简《系年》第三章称，“周室既卑，平王东迁，止于成周，秦仲焉东居周地，以守周之坟墓，秦以始大”（清华大学出土文献研究与保护中心编，李学勤主编：《清华大学藏战国竹简（贰）》，下册，第141页），简文中的“秦仲”即秦襄公，则秦襄公继承的是其祖秦仲的称号，而秦被列为诸侯后，可能从秦文公开始正式改称“秦伯”，成为一国之首领及大宗，与我们前文分析的曹伯的立宗和得名相同。

2785)铭文记周王封赐中"褔土"为采邑，静方鼎(《铭图》2461)铭文记周王封赐静"𦊆"地为采邑。中方鼎是发现于湖北孝感的安州六器之一，静方鼎铭文记周王命静掌管在曾鄂师。李学勤指出："中所得采地应即在南土，故其器出自孝感(在随州以南)。静司在曾鄂师，其采地𦊆也当距之不远。"[①]则这两处采邑都位于外服地区。从相关铭文来看，中和静受周王的命令巡省南国，为王设立行宫，属于王朝内服职官。中即是静方鼎中的"师中"，其职为师，而静受王命，"司在曾鄂师"，其职应该也是师。李春利认为王畿之外的采邑具有军事意义，[②]中和静的职官与执掌可佐证此说。拥有这种畿外采地的师官，虽然设置在外服控制区，但从其职务而言，属于中央王官，其身份性质与诸侯和邦君都有很大的不同。由此亦可见，虽然一般认为内服职官设于王畿地区，外服职官设于畿外，但未可一概论之，西周外服区域也可能设置内服王官。

2. 卫。在西周金文中，用作身份称谓的"卫"见于屯鼎(《集成》2509、2510)、鬲比鼎(《集成》2818)和鬲比簋盖(《集成》4278)铭文。屯鼎铭文中的"亢卫"，应该是设在亢地的卫官，其地难以考知。鬲比鼎、鬲比簋盖铭文记载，鬲比与"攸卫牧"发生土地纠纷，将此事诉至周王，周王责成虢旅处理。这里的"攸卫"应该是设在西周王畿之内的卫官。

《国语·郑语》云："妘姓邬、郐、路、偪阳，曹姓邹、莒，皆为采卫，或在王室，或在夷狄，莫之数也。"[③]对于此段记载，传统理解是以畿服说为基础的。[④] 如果我们跳出传统认识，结合上文关于西周金文所记采、卫的分析，此段记载所透露的信息似乎是，西周王朝赏赐王朝大夫采邑可在畿内也可在

① 李学勤：《静方鼎与周昭王历日》，《夏商周年代学札记》，辽宁大学出版社，1999年，第22—30页。

② 李春利：《两周时期采邑制度的演变》，中国社会科学出版社，2016年，第24—27页。

③ 徐元诰撰，王树民、沈长云点校：《国语集解(修订本)》，第468页。

④ 韦昭注："采，采服，去王城二千五百里。卫，卫服，去王城三千里。"顾颉刚称："其地位殆介于宾服与要服之间，示其为游离之族，虽与王朝有相当关系，而又克保其固有势力者。按采、卫之'采'与卿大夫之采邑同名而异实，卿大夫之采邑在王畿，而采、卫则可在王畿，亦可在边远地区。"(《史林杂识·畿服》，第10页)

畿外，而在王畿内外都设有卫官。金文中的攸卫牧即属于"在王室"的卫官，偪阳地在山东峄城南五十里，[①]即属于"在夷狄"的卫官。

裘锡圭认为，派驻在商都以外的卫，在商代晚期由职官演变成了诸侯。[②] 王冠英则认为卜辞中的卫执行的是内服的职责，属于内服，金文中的卫也不属于外服。[③]《尚书·康王之诰》云"庶邦侯、甸、男、卫……乃命建侯树屏，在我后之人。今予一二伯父，尚胥暨顾，绥尔先公之臣，服于先王。虽尔身在外"，则似乎西周的外服诸侯确实有"卫"，不过此说尚未得到金文的验证。夨令方尊、夨令方彝铭文明确提到"诸侯侯田男"，不包括卫，所以卫应该不属于诸侯。《郑语》所列的采、卫难觅踪迹，唯偪阳见于《春秋》及《左传》襄公十年，当时已经是一个小国，其君称"子"。据此，则设于畿外的卫本身并不是外服君长，但因其独立性较强，再加上西周王朝世官制的影响，可能会发展为君长。不过从偪阳国君称"子"来看，似乎畿外的卫即使发展成为外服君长，其君也不称卫。由此卫并非西周外服君长的称谓，只是其具体职官属性还需要进一步探析。

综合以上分析，西周外服地区分布有：（一）王朝特封"侯于某"的诸侯，包括侯、田、男三种身份；（二）未受封为诸侯的邦君，其中有被尊称为"公"的商王后裔宋君，被称为"子"的蛮夷异族首领，以及周王朝封立和认可的同姓或异姓邦"伯"；（三）王朝职官（师官和卫官）。《尚书·康诰》云："四方民大和会，侯、甸、男、邦、采、卫，百工播民和见，士于周。"[④]这里，"四方"指的是外服控制区，"侯、甸、男"是诸侯，"邦"是外服邦君，"采、卫"是指采邑在外服的王朝职官。他们的称谓各有所属，身份各不相同，但同处于西周的外服控制区，在四方民大和会时，同时去宗周觐见，故而在《康诰》中被列在了一起。我们将西周的外服视为一个政治地理的综合体系，就能更为清楚地理解这

① 杨伯峻：《春秋左传注（修订本）》，中华书局，1990年，第973页。
② 裘锡圭：《甲骨卜辞中所见的"田""牧""卫"等职官的研究——兼论"侯""甸""男""卫"等几种诸侯的起源》，《裘锡圭学术文集·古代历史、思想、民俗卷》。
③ 王冠英：《殷周的外服及其演变》，《历史研究》1984年第5期。
④《尚书正义》卷一三，阮元校刻：《十三经注疏》，第202页。

一记载。

最后，需对“诸侯”一词的内涵进行辨析。尽管从分封制的角度看，诸侯本质上也是邦君，但在西周金文中，“诸侯”与“邦君”并列而不混用。东周以降，这两个称谓概念逐渐混同。上博简中屡见“邦君”与“诸侯”，两者含义并无差别。上博简《大子建州》：“凡天子建之以州，邦君建之以都，大夫建之以里，士建之以室。”[①]这里的邦君即东周文献所谓的诸侯。清华简《系年》中记载两周之际时，“邦君”尚与“诸侯”并称，但在春秋以后的史事记载中只有“诸侯”而无“邦君”。《春秋》中只有“诸侯”一词，其意涵盖公、侯、伯、子、男诸国国君。[②] 至于产生这种混同的原因，目前尚不确知。

由此可见，战国文献中所谓公、侯、伯、子、男“五等爵称”，在西周时期并不属于同一个称谓系统，但他们同处于西周的外服，而东周以降特别是战国文献中屡屡提及的“诸侯”，实则包含了西周时期诸侯和邦君两种外服君长。以此认识为基础，我们可以尝试寻觅“五等爵”制在西周时期的史影。

三、五等爵的史影——西周外服君长礼仪等级蠡测

在文献记载中，西周贵族等级可以分为外服君长和内服王臣两个序列，所谓“五等爵制”是行用于西周外服君长的等级制度，而非通行于整个贵族阶层。因此，我们在考察“五等爵制”时应以西周外服君长为考察范围。

学者的研究已经说明目前的金文还难以证明西周施行五等爵制的真实性。下面我们试比较同处晋南且时代较为接近的晋侯墓（北赵晋侯墓地 M9）、[③]倗伯墓（横水 M2）[④]和霸伯墓（大河口 M1017）[⑤]的随葬情况。

---

① 马承源主编：《上海博物馆藏战国楚竹书（六）》，上海古籍出版社，2007 年，第 311 页。

② 关于战国竹书中的“邦君”“诸侯”，参看张海：《“邦”、“国”之别——兼谈两周铜器铭文所示西周王朝之国家结构》，《青铜器与金文》第 1 辑，上海古籍出版社，2017 年，第 560—584 页。

③ 北京大学考古学系、山西省考古研究所：《天马—曲村遗址北赵晋侯墓地第二次发掘》，《文物》1994 年第 1 期；宋玲平：《晋系墓葬制度研究》，科学出版社，2007 年。

④ 山西省考古研究所等：《山西绛县横水西周墓发掘简报》，《文物》2006 年第 8 期。

⑤ 山西省考古研究所等：《山西翼城大河口西周墓地 1017 号墓发掘》，《考古学报》2018 年第 1 期。

表1　西周中期墓葬对照表

墓　葬	墓　道	随葬青铜礼乐器	墓主	时　代
北赵 M9	单墓道	鼎8(方鼎1圆鼎7)、簋、斝、觯、尊、盉、编钟4	晋侯	穆王前后
横水 M2	单墓道	鼎3、簋、甗、卣、爵、觚、尊、觯、盉、盘、编钟5	倗伯	穆王后期或稍晚
大河口 M1017	无	鼎13(方鼎5圆鼎8)、簋7、甗、鬲、豆4、爵7、觚2、尊3、卣3、觯、斝、罍、壶、盆2、盂、盉、盘、甬钟3	霸伯	西周中期偏早

一般来说，有无墓道是确定诸侯墓葬的标准之一，西周中期的晋侯墓和倗伯墓都有墓道，而霸伯墓没有。但从随葬青铜礼器特别是随葬鼎数来看，霸伯墓随葬13件鼎，不仅远远高于倗伯墓(3件)，甚至高过了晋侯墓(8件)。西周早中期的考古材料显示，外服"侯"与"伯"的墓葬并无明显的等级差异。西周晚期礼制日渐规范，特别是显示贵族身份等级的标准化的列鼎制度的确立，①各诸侯国墓地内部体现出规整的礼仪层次，但目前的考古资料不足以对不同诸侯墓葬之间的随葬礼仪进行横向比较分析。②

总之，目前的金文和考古材料都不支持西周时期，至少是西周早中期存在诸侯五等爵制。但是这并不表明西周外服君长之间不存在礼仪上的等级差别。杜正胜说："封建时代，天下庶邦常有朝觐、会同、聘问等礼节，众人聚于一堂，不可能没有尊卑先后，而排列次序的凭借，爵可能是最重要的因素"，"大抵聘朝会盟不外讲究诸侯的爵等，要求列国履行其'职业'，藉此固

① 参见邵蓓：《西周春秋的用鼎制度研究》，《中国社会科学院历史研究所学刊》第8集，商务印书馆，2013年，第29—64页。

② 罗泰指出，现在的考古发现足以证明标准化的、等级化的青铜器组合在西周晚期礼制改革之后确实出现在实际生活中，但是这些差异"主要体现在氏族内部，而非氏族之间"。参见罗泰著，吴长青等译：《宗子维城》，上海古籍出版社，2017年，第105页。

定天下列国的秩序，才可以下示于民，上昭于神。”[①]葛志毅说：“天子对诸侯的统治职能，主要是通过经常会集诸侯举行朝聘盟会活动而实现的。”“爵制所表现出的等级制精神，是贯彻于朝聘盟会制度中的根本原则。”[②]这些说法都能给我们启示。朝见周王，参与王室的大和会，是西周外服君长对于周室最重要的“服”之一。王室的大朝会应该有某种表示先后位次的礼仪序列存在，才能保障活动有序举行。另外，在外服君长彼此之间的交往聘问中也应该存在某些等级礼仪，以保证交往的顺畅。

《左传》昭公四年载“成有岐阳之蒐，康有酆宫之朝，穆有涂山之会”，[③]其中成王“岐阳之蒐”已经为荆子鼎和保卣铭文所证实。[④] 遗憾的是金文资料不足以让我们作进一步的阐释。《逸周书》的《明堂》和《王会》篇记载了周公成王时期的诸侯朝会，然文献晚出，不足为据。春秋时期，周天子衰微，霸主政治建立，政治面貌有了很大变化。然而霸主政治并非凭空而来。《左传》僖公二十六年载：“桓公是以纠合诸侯，而谋其不协，弥缝其阙，而匡救其灾，昭旧职也。”[⑤]定公元年载：“晋文公为践土之盟，曰：‘凡我同盟，各复旧职。’”[⑥]尊王，是春秋霸主建立霸政的旗号之一，齐桓晋文召集诸侯盟会，以“复旧职”为号，表示了对周室和宗周故事的尊重。春秋时事为我们探索西周外服诸侯邦君的礼仪等级提供了线索。

《春秋》桓公十年载：“冬十有二月丙午，齐侯、卫侯、郑伯来战于郎。”《左传》桓公十年：“初，北戎病齐，诸侯救之，郑公子忽有功焉。齐人饩诸侯，使鲁次之。鲁以周班后郑。郑人怒，请师于齐。齐人以卫师助之，故不称侵伐。先书齐、卫，王爵也。”孔颖达疏：“王爵，齐、卫为侯，尊于郑伯，故以王爵尊卑为序也。不依主兵之例而以王爵序者，鲁班诸侯之戍以王爵为次，郑忽

① 杜正胜：《古代社会与国家》，允晨文化实业股份有限公司，2005 年，第 468、470 页。

② 葛志毅：《周代分封制度研究》，第 187、195 页。

③《春秋左传正义》卷四二，阮元校刻：《十三经注疏》，第 2035 页。

④ 参见李学勤：《斗子鼎与成王岐阳之盟》，《中国国家博物馆馆刊》2012 年第 1 期；黄锦前：《荆子鼎与成王岐阳之盟》，《中国国家博物馆馆刊》2013 年第 9 期。

⑤《春秋左传正义》卷一六，阮元校刻：《十三经注疏》，第 1821 页。

⑥《春秋左传正义》卷五四，阮元校刻：《十三经注疏》，第 2131 页。

负功怀怒致有此师，故特改常例还以王爵次之，见鲁犹秉周礼故也。”[1]孔颖达此说建立在汉以后之人坚信周代实行五等爵的基础上。其实，“周班”也可以理解为受封的先后次序，郑在宣王时受封，迟于齐、卫诸国，鲁根据受封的先后次序致齐所馈之饩，即为“以周班后郑”。所以，严格地说，此记载并不能证明西周存在诸侯的爵制，却可证明西周时期诸侯之间确实存在某种等级序列，即“周班”。

又《国语·鲁语上》：“晋文公解曹地以分诸侯。僖公使臧文仲往，宿于重馆。重馆人告曰：‘晋始伯而欲固诸侯，故解有罪之地以分诸侯。诸侯莫不望分而欲亲晋，皆将争先；晋不以固班，亦必亲先者，吾子不可以不速行。鲁之班长而又先，诸侯其谁望之？’”[2]重馆人所说的“固班”，应是西周时期的诸侯位次；“长”，韦昭注“犹尊”，是在西周的诸侯位次中鲁居尊位。

下面我们来看如下几条《春秋》中关于诸侯盟会的记载：

隐公八年（前715）：秋七月庚午，宋公、齐侯、卫侯盟于瓦屋。

庄公十五年（前679）：春，齐侯、宋公、陈侯、卫侯、郑伯会于鄄。

僖公九年（前651）：夏，公会宰周公、齐侯、宋子、卫侯、郑伯、许男、曹伯于葵丘。

襄公三年（前570）：六月，公会单子、晋侯、宋公、卫侯、郑伯、莒子、邾子、齐世子光。己未，同盟于鸡泽。

定公四年（前506）：三月，公会刘子、晋侯、宋公、蔡侯、卫侯、陈子、郑伯、许男、曹伯、莒子、邾子、顿子、胡子、滕子、薛伯、杞伯、小邾子、齐国夏于召陵，侵楚。[3]

《春秋》记载的诸侯盟会位次，在“齐始霸也”的鄄之会前，齐、宋两国共

---

① 《春秋左传正义》卷七，阮元校刻：《十三经注疏》，第1755页。

② 徐元诰撰，王树民、沈长云点校：《国语集解（修订本）》，第153—154页。

③ 《春秋左传正义》卷四、九、一三、二九、五四，阮元校刻：《十三经注疏》，第1733、1771、1800、1929、2133页。

同参加的诸侯盟会中，宋公的排名在齐侯之前。霸主政治建立后，宋公在诸侯盟会中的位次落在了齐侯、晋侯等大国国君之后，但始终排在陈侯、卫侯之前。宋公的位次在霸主政治建立前居于首位，霸主政治建立后让位给霸主，但仍排在同等国家的前列，似乎表明西周时期的宋公在周室大和会中有一个特别的位次。

公在西周金文中是一个尊称。《左传》僖公二十四年载："宋，先代之后也，于周为客。天子有事膰焉，有丧拜焉。"[①]公元前 517 年黄父之会上，赵简子命令诸侯的大夫"输王粟、具戍人"，宋国的乐大心回答说："我不输粟。我于周为客，若之何使客？"[②]宋为前代之后，周人尊称其君为"公"，在"公"的名号下，宋享受一定的礼仪优待，如宋君吊唁周王时，嗣王以客礼相待，拜宋君之吊，而于他国则没有这种礼仪。作为"客"，宋也无需向周室纳贡。又《左传》襄公十年载"诸侯宋、鲁，于是观礼"，杜预注："宋，王者后，鲁以周公故，皆用天子礼乐，故可观。"[③]是宋可继续行用商之王礼，《诗经》中有《商颂》即为其证。

《春秋》记载的诸侯盟会排位中，郑伯始终排在侯之后、许男之前，似乎说明伯的地位在男之上。实际上，郑桓公友受封于畿内，身为王官，春秋初的郑武公、庄公还担任过王朝卿士之职，身份与原本就属于外服的邦"伯"不同，因此，郑在春秋诸侯盟会中的位次似乎不能用以推测西周外服邦"伯"的位次。《春秋》中凡是曹、许两国共同参加的盟会，曹伯始终排在许男的后面，这可能表明西周外服称"伯"的邦君，本身就是小国之君，其地位在"侯、甸、男"之下，此种"伯"，《春秋》还可见"滑伯"。倗、霸两国的墓地和天马—曲村晋国墓地规模相差悬殊，[④]也可见其为小"伯"。

《春秋》中楚国国君称"子"。《国语·晋语八》载："昔成王盟诸侯于岐

---

① 《春秋左传正义》卷一五，阮元校刻：《十三经注疏》，第 1818 页。

② 《春秋左传正义》卷五一，阮元校刻：《十三经注疏》，第 2107—2109 页。

③ 《春秋左传正义》卷三一，阮元校刻：《十三经注疏》，第 1947 页。

④ 张天恩：《晋南已发现的西周国族初析》，《考古与文物》2010 年第 1 期；《西周社会结构的考古学观察》，《考古与文物》2013 年第 5 期。

阳，楚为荆蛮，置茅蕝，设望表，与鲜牟守燎，故不与盟。”[①]这段记载表明成王之时，楚和鲜牟都属于蛮夷，参加大和会也只能守燎而不能与盟。可以想见，在礼仪排序上，称“子”的蛮夷君长也要低一等。而《春秋》所记的诸侯盟会中，称“子”的诸侯君长邾子、小邾子等始终排在后面，这或许反映了子在西周外服所居的位次。

综上所析，可以肯定西周外服君长在朝聘会盟等场合，行用某种区分等级的礼仪序列。商王后裔宋君尊称为“公”，西周视之为客，以客礼待之，在礼制上相对尊贵；诸侯“侯田男”优于邦“伯”，而称“子”的蛮夷之君位次最低。

《尚书·康诰》云：“四方民大和会，侯、甸、男、邦、采、卫，百工播民和见，士于周。”虽然同处于外服控制区，但是采、卫并不属于外服君长，在参加大和会时可能并不与外服的诸侯和邦君一起排定位次。

结语

西周的外服是一个政治地理综合体系，其构成主要包含外服君长和王朝职官。外服君长包括诸侯和邦君，其中，诸侯又有“侯”“田”“男”三种具体身份；邦君则包括称为“公”的商王后裔宋君，被称为“子”的蛮夷戎狄之君，以及称为“伯”的周之同姓和异姓邦“伯”。西周的外服还存在王朝职官，包括采邑在畿外的内服王臣（师官）及身份尚难确定的卫官。称谓来源不同的公、侯、伯、子、男同时并立于西周外服，朝见周王、参与王室大和会，是他们对于周室最重要的“服”之一。在朝覲和会上，外服君长之间存在某种礼仪层级，大体为被称为“公”的宋君相对尊贵，诸侯“侯、田、男”优于邦“伯”，而称“子”的蛮夷君长位次最低。

为什么在目前的西周金文中找不到外服君长的这种层级呢？愚以为这是由金文的局限性造成的。金文具有零落琐碎、记载简约的特点，金文中的公、伯、子称，内、外服皆有所属，在具体分析时，如果不进行服事体系上的区

① 徐元诰撰，王树民、沈长云点校：《国语集解（修订本）》，第430页。

分，很容易造成混乱。[①] 更为重要的原因是，西周时期政治重心在内服王畿地区，金文记录的大多是内服王臣活动，鲜有外服君长与王室交往及彼此之间聘问的记录，更缺乏大朝会这种外服君长齐聚宗周，能体现其等级位次的记载。春秋时期，政治重心转移到外服地区，诸侯之间交往聘问和盟会活动逐渐凸显，诸侯之间的等级位次就在史书记载中显现出来了。这种“由隐而显”的历史变化，在史料记载上往往以“从无到有”的方式呈现出来，比较容易给人造成诸侯间的等级位次产生于春秋时期的观感，实际上这种等级位次应该上溯西周。源于西周朝会的等级位次在春秋诸侯会盟中得以突显，并由史家记录下来，经由战国儒家学者整合，最终成为文献记载的五等爵制。

原载《历史研究》2019 年第 2 期(题为“《〈封许之命〉与西周外服体系》”)，收入时有改动。

---

① 例如魏芃利用柞伯鼎、应侯视工钟、荣仲方鼎铭文证明西周的伯与侯并非如文献中记载的那样存在明确的等级差异(《西周春秋时期“五等爵称”研究》，第 156—165 页)。这三件铭文中的柞伯、荣伯、芮伯都是王官，属于内服王臣，将他们与外服的侯放在一起考察是不太合适的。文献亦是如此，如在《春秋》襄公三年和定公四年的诸侯会盟上，周王室代表单子、刘子排在霸主晋侯之前，这是表明对王室的尊重，却不能用以说明“子”排在“侯”之前。

晋文公请隧别解

王泽文

一、"请隧"诸说

《左传》和《国语》都记载了晋文公率晋师杀王子带，平周王室之乱，而向襄王"请隧"之事。关于晋文公请隧的含义，历来有不同的解释。在讨论之前，先将相关记载抄录于下：

《左传》僖公二十五年：

> 晋侯朝王。王享醴，命之宥。请隧，弗许，曰："王章也。未有代德，而有二王，亦叔父之所恶也。"与之阳樊、温、原、攒茅之田。[1]

《国语·周语中》：

> 晋文公既定襄王于郏，王劳之以地。辞，请隧焉。王不许，曰："昔我先王之有天下也，规方千里以为甸服，以供上帝山川百神之祀，以备百姓兆民之用，以待不庭不虞之患。其余以均分公侯伯子男，使各有宁宇，以顺及天地，无逢其灾害，先王岂有赖焉。内官不过九御，外官不过九品，足以供给神祇而已。岂敢厌纵其耳目心腹以乱百度？亦唯是死生之服物采章，以临长百姓而轻重布之，王何异之有？今天降祸灾于周

① 杨伯峻：《春秋左传注(修订本)》，中华书局，1990年，第432—433页。下引《春秋经》和《左传》皆据此版本。

室，余一人仅亦守府，又不佞以勤叔父，而班先王之大物以赏私德，其叔父实应且憎，以非余一人，余一人岂敢有爱？先民有言曰：'改玉改行。'叔父若能光裕大德，更姓改物，以创制天下，自显庸也，而缩取备物以镇抚百姓，余一人其流辟旅于裔土，何辞之有与？若由是姬姓也，尚将列为公侯，以复先王之职，大物其未可改也。叔父其懋昭明德，物将自至，余何敢以私劳变前之大章，以忝天下，其若先王与百姓何？何政令之为也？若不然，叔父有地而隧焉，余安能知之？"文公遂不敢请，受地而还。[①]

《国语·晋语四》：

……王飨醴，命公胙侑。公请隧，弗许。曰："王章也，不可以二王，无若政何。"赐公南阳阳樊、温、原、州、陉、絺、组、攒茅之田。[②]

《周本纪》叙述此事："（周襄王）十七年，襄王告急于晋，晋文公纳王而诛叔带。襄王乃赐晋文公珪鬯弓矢，为伯，以河内地与晋。"[③]未提请隧。《晋世家》："（文公）二年春，秦军河上，将入王。赵衰曰：'求霸莫如入王尊周。周晋同姓，晋不先入王，后秦入之，毋以令于天下。方今尊王，晋之资也。'三月甲辰，晋乃发兵至阳樊，围温，入襄王于周。四月，杀王弟带。周襄王赐河内阳樊之地。"[④]同样未及请隧。

关于请隧，传统上有如下三种观点。

（一）葬礼说

杜预注《左传》："阙地通路曰隧，王之葬礼也。诸侯皆县柩而下。"孔颖

① 韦昭注，上海师范学院古籍整理组校点：《国语》，上海古籍出版社，1978 年，第 54 页。下引《国语》及注皆据此版本。

② 韦昭注，上海师范学院古籍整理组校点：《国语》，第 374—375 页。

③《史记》，中华书局，1982 年点校本，第 154 页。下引《史记》皆据此版本。

④《史记》，第 1663 页。

达疏就杜预注进一步解释："天子之葬，棺重礼大，尤须谨慎。去圹远，而阙地通路，从远地而渐邪下之。诸侯以下，棺轻礼小，临圹上而直县下之。故隧为王之葬礼，诸侯皆县柩而下，故不得用隧。晋侯请隧者，欲请以王礼葬也。"[①]此种观点暂称其为葬礼说。《仪礼·既夕礼》："主人袒，众主人西面北上。妇人东面。皆不哭。"郑玄注："侠羡道为位。"贾公彦疏："……云'侠羡道为位'者，羡道谓入圹道，上无负土为羡道。天子曰隧，涂上有负土为隧。僖二十五年晋文公请隧弗许是也。"[②]贾公彦以羡道上覆土为隧，也属于葬礼说。清人汪远孙《国语发正》已指出贾谊《新书·审微》较早提出这一观点。[③]

据《后汉书·赵咨传》，赵咨给其子赵胤所留遗书主张薄葬，提到"晋侯请隧，秦伯殉葬"，唐代李贤等注《后汉书》谓"隧谓掘地为埏道，王之葬礼也。诸侯则悬柩，故请之也"。[④]

梁萧绎《金楼子》之《终制篇》第四："夫有生必有死，达人恒分。棺椁之造，起自轩辕，周室有墙翣之饰，旐铭之仪，晋文公请隧，桓司马石椁，甚非谓也。"[⑤]主葬礼说。元代马端临也主张葬礼说。[⑥] 顾炎武以为，"王章也"，言天子之典章，似同意杜注。[⑦] 清代学者中，赵翼也支持葬礼说，驳韦昭的说法，谓："……大物、备物、大章、王章，皆谓礼之大者，非郊遂地可知。况是时王正劳之以地，岂又辞所赐之地，而别请所不赐之地乎？"[⑧]洪亮吉、沈钦韩、梁履绳主葬礼说。[⑨] 民国

---

① 阮元校刻：《十三经注疏》，中华书局，1980年影印本，第1820页。

② 《十三经注疏》整理委员会整理：《仪礼注疏（十三经注疏）》，北京大学出版社，2000年，第878页。

③ 参看汪远孙：《国语发正》，卷二，《清经解续编》，凤凰出版社，2005年新编版，第11册，第3081页。彭益林《晋文公"请隧"辨正》（《晋阳学刊》1983年第5期，第100页）、常金仓《晋侯请隧新解》（《山西师大学报（社会科学版）》1988年第4期，第66页）都已经指出这一点。

④ 范晔撰，李贤等注：《后汉书》，中华书局，1965年点校本，第1314—1317页。

⑤ 萧绎：《金楼子》，《景印文渊阁四库全书》，台湾商务印书馆，1986年，第848册，第816页。

⑥ 马端临：《文献通考》卷一二三，商务印书馆，1936年，第1册，第1113页。

⑦ 顾炎武：《左传杜解补正》，《清经解》，凤凰出版社，2005年新编版，第1册，第5页。

⑧ 赵翼撰，曹光甫校点：《陔余丛考》卷二，上海古籍出版社，2011年，第45页。

⑨ 洪亮吉：《春秋左传诂》，中华书局，1987年，第322—323页；沈钦韩：《春秋左氏传补注》卷四，《清经解续编》，第11册，第2956页；梁履绳：《左通补释》卷七，《清经解续编》，第10册，第1431页。

时期的一些研究者多从杜注。[①] 后来的学者中，童书业、陆宗达和王宁、顾铁符、李新霖、黄连平、倪怀庆、赵生群等先生也支持葬礼说。[②]

（二）六隧说

《国语・周语》韦昭注谓："贾侍中（引按，即东汉贾逵）云：'隧，王之葬礼，开地通路曰隧。'昭谓：隧，六隧也。《周礼》：天子远郊之地有六乡，则六军之士也；外有六隧，掌供王之贡赋。唯天子有隧，诸侯则无也……采章，采色之文章也，死之服，谓六隧之民引王柩辂也。……大物，谓隧也。"[③]此说暂称其为六隧说。

宋代苏辙《古史》以为"韦义为长"。[④] 清人孔广森赞同韦昭说，并说宋、鲁皆有王礼，故唯二国有隧。[⑤]

（三）旗物说

也有对葬礼说和六隧说两种解释莫衷一是的，如清人惠栋。[⑥] 细绎前引韦昭之说，如清人陈瑑所言，似也有弥合前人说法之意。[⑦]

前些年常金仓先生提出新的看法，他认为，据传世文献和两周金文，未闻有以葬礼赐人者，杜氏以隧为葬礼之说实不足从；而据《尚书・费誓》"鲁人三

---

① 如秦同培注译：《左传精华》，林庆彰主编：《民国时期经学丛书》第一辑，文听阁图书有限公司，2008 年，第 39 册，第 56—58 页；王伯祥：《春秋左传读本》，林庆彰主编：《民国时期经学丛书》第一辑，第 40 册，第 135—140 页；王天恨译释，韩慕庐重订：《春秋左传句解》，林庆彰主编：《民国时期经学丛书》第二辑，第 43 册，第 106—107 页；徐元诰撰，王树民、沈长云点校：《国语集解（修订本）》，中华书局，2002 年，第 51 页。

② 童书业撰，童教英导读：《春秋史》，上海古籍出版社，2003 年，第 186 页；陆宗达、王宁：《训诂与训诂学》，山西教育出版社，1996 年，第 95 页；顾铁符：《随县曾侯乙墓无隧解》，《夕阳刍稿》，紫禁城出版社，1988 年，第 143—147 页；李新霖：《从左传论春秋时代之政治伦理》，文津出版社，1991 年，第 34—35 页；又见李惠仪著，文韬、许明德译：《〈左传〉的书写与解读》，江苏人民出版社，2016 年，第 225 页注 2；黄连平：《〈国语〉和〈左传〉的异同比较》，《中国青年政治学院学报》2006 年第 4 期，第 132—137 页；倪怀庆：《"隧"字补注》，《语文建设》2006 年第 5 期，第 8 页；赵生群：《春秋左传新注》，陕西人民出版社，2008 年，第 232—233 页。

③ 韦昭注，上海师范学院古籍整理组校点：《国语》，第 55 页注四，第 56 页注一六、注二〇。

④ 苏辙《古史》卷十六，《先秦史研究文献三种》，国家图书馆出版社，2013 年，第一册，第 461 页。

⑤ 孔广森《经学卮言》卷六，《清经解》，第 5 册，第 6023 页。

⑥ 参惠栋：《春秋左传补注》，《清经解》，第 3 册，第 2754 页。

⑦ 参见彭益林：《晋文公"请隧"辨正》，《晋阳学刊》1983 年第 5 期，第 101 页。

郊三遂”，是诸侯有遂的证据，晋国也有乡遂制度，韦昭的说法也不足信。常金仓先生提出隧即《周礼·春官·司常》所谓“全羽为旞”之旞，是一种特定形式的全羽的旗帜，属于“王章”，于礼诸侯所不当有。① 这里暂称其为旗物说。

二、诸说辨析

关于葬礼说和六隧说，前人已多有讨论。彭益林、许子滨等先生已经作了很好的梳理，可以参看。②

这三种观点，还可以根据考古新发现，结合相关文献，作进一步的研究和讨论。

(一) 关于葬礼说

相关讨论多是结合对商周高等级墓葬制度的研究展开。

段清波先生指出，目前尚未发现隧道形式的墓道。周公庙的四条墓道大墓，说明最高等级的墓葬其墓道和诸侯墓葬的墓道在形式上没有太大的区别；晋侯墓地多为南北向双墓道，说明诸侯不使用墓道“皆悬柩而下”不是常态；洛阳东周王陵的勘查表明战国时期周王的墓道也是南北向双墓道，因而“请隧”也不可能是由双墓道升格为四墓道。由此，他倾向于韦昭的观点。③

刘绪先生通过分析两周时期晋国高等级贵族墓葬制度指出，如果把“文公请隧”的“隧”解释为墓道，那也不会是单墓道或双墓道，而应该是王一级的四墓道；因为早在文公以前，设单墓道或双墓道就已经是晋君一贯的葬制，无须到春秋中期才请求周王批准；其他诸侯国也大体如此。④

张应桥先生认为，考古发现的商周时期墓道均是上无负土的斜坡形墓道，也没有发现所谓“上有负土”的只有天子才能使用的隧道，因而不赞成葬礼说，支持六隧说。⑤

---

① 常金仓：《晋侯请隧新解》，《山西师大学报（社会科学版）》1988 年第 4 期，第 21、67—68 页。

② 彭益林：《晋文公“请隧”辨正》，《晋阳学刊》1983 年第 5 期，第 97—104 页；许子滨：《〈左传〉“请隧”解》，《〈春秋〉〈左传〉礼制研究》，上海古籍出版社，2012 年，第 424—438 页。

③ 段清波：《晋侯请隧中的“隧”不当作墓道讲》，《中国文物报》2006 年 2 月 24 日第 7 版。

④ 刘绪：《晋文化》，文物出版社，2007 年，第 174—175 页。

⑤ 张应桥：《商周墓道制度辩论》，《中原文物》2009 年第 2 期，第 45—50 页。

种建荣等先生观点不同，他们综合晚商和西周时期的墓葬材料研究认为，四条墓道虽然形制有别，但确为王墓的规制，周公庙四墓道大墓的规制，与周公及后继者的特殊身份地位有关。他们还举出被推测可能是周平王陵的洛阳体育场路东周墓 M10122，该陵墓的墓室规模虽然小，但也带四条墓道。他们没有讨论“请遂”。①

李学勤先生曾指出，20 世纪二三十年代发现的洛阳金村东周大墓，时代属于战国，其中有的甚至可能属于周王，这些墓葬都是单墓道的“甲”字形墓。②

陕西韩城梁带村发现的两周之际的大型墓葬，M27 为双墓道，其他如 M28、M26、M19、M502 等，为单墓道。③ 随州叶家山西周早期曾侯墓和其他高等级贵族墓中，M28 是不规则的甲字形墓，M111 是一座带墓道的长方形竖穴墓；其他的都是不带墓道的土坑竖穴墓；在一些大墓的墓坑周边发现有圆形、方形或椭圆形的斜向柱洞遗迹，被认为可能是诸侯级别用以下棺的工具。④

综上所述，目前尚无证据表明，周代的王陵及高等级墓葬存在“有隧”。

此外，据《左传》记载：“晋侯朝王。王飨醴，命之宥。”显见应为嘉礼，而晋文公所请若涉及自己的死生之事和葬礼，涉凶，不合情理。

（二）关于六隧说

张懋镕先生据史密簋铭文中的“遂人”，肯定《周礼》的乡遂制度，并结合《国语・齐语》等文献，认为齐国在西周时已经实行乡遂制度，据《尚书・费誓》认为鲁国初建时已推行乡遂制度。⑤ 李学勤先生进一步指出遂还见于西

---

① 种建荣、张天宇、雷兴山：《晚商与西周时期墓道形制初识》，《江汉考古》2018 年第 1 期，第 54—62 页。

② 参看李学勤：《东周与秦代文明（增订本）》，文物出版社，1991 年，第 24—31 页。

③ 张长寿：《论梁带村芮国墓地》，陕西省考古研究院、上海博物馆编：《两周封国论衡：陕西韩城出土芮国文物暨周代封国考古学研究国际学术研讨会论文集》，上海古籍出版社，2013 年，第 7—10 页。

④ 黄凤春、黄建勋：《论叶家山西周曾国墓地》，湖北省博物馆等编：《随州叶家山：西周早期曾国墓地》，文物出版社，2013 年，第 262—263 页；李伯谦：《西周早期考古的重大发现》，《随州叶家山：西周早期曾国墓地》，第 285 页。

⑤ 张懋镕：《史密簋与西周乡遂制度——附论“周礼在齐”》，《古文字与青铜器论集》，科学出版社，2002 年，第 34—41 页。

周的逋盂(《集成》10321)。[①] 由此可知,六隧说与传世文献及金文中涉及的齐、鲁乡遂制度的记载相违背。[②]

(三) 关于旗物说

清华简《晋文公入于晋》涉及晋文公结束流亡回国即位后的治国理政,其中对旗物制度的完善,可与传世文献《周礼》相关内容对照。[③] 简文中有属于王的建制的绘有日月的“大常”,[④]则旗物说也不能成立。

三、“请隧”别解

笔者认为,晋文公的“请隧”,应该是一种祀天(上帝)典礼。试述理由如下。

(一) 据《墨子·兼爱中》释“请隧”

《墨子·兼爱中》记载:

> 昔者武王将事太山(或作“泰山”)隧。传曰:“泰山,有道曾孙周王有事。大事既获,仁人尚作,以祗商、夏、蛮夷醜貉。虽有周亲,不若仁人。万方有罪,维予一人。”此言武王之事也。[⑤]

此段文字,有不同断句。[⑥] 笔者遵从“隧”属上读的理解。章太炎《尚书故言》

① 李学勤:《史密簋铭所记西周重要史实考》,《青铜器与古代史》,联经出版事业股份有限公司,2005年,第317—326页。

② 也有不同观点,如晁福林先生认为,无论是齐国的“参其国而伍其鄙”、宋国的“隧正”,或者是鲁国的“三郊三遂”、郑国的乡校,都不是春秋时期有乡遂制度的证据,参晁福林:《周代社会与“乡遂制度说”》,《夏商西周史丛考》,商务印书馆,2018年,第847—909页。

③ 清华大学出土文献研究与保护中心编,李学勤主编:《清华大学藏战国竹简(柒)》,中西书局,2017年,上册第4页,下册第101—103页。

④ 清华大学出土文献研究与保护中心编,李学勤主编:《清华大学藏战国竹简(柒)》,下册第101—103页注释11、14,第104—105页附录;马楠:《〈晋文公入于晋〉述略》,《文物》2017年第3期,第90—92页。

⑤ 王焕镳:《墨子集诂》,上海古籍出版社,2005年,第339—341页。

⑥ 王焕镳:《墨子集诂》,第339—341页。

解释得很清楚："其说'武王将事泰山隧'，书之经也。次引传曰'泰山，有道曾孙周王有事……维予一人'斯所谓书传也。"①

孙诒让引《广雅·释诂》"将，行也"和《周礼·小宗伯》"将事于四望"注解"将事"。② 高亨先生也指出，"事，谓祭事也"。③ 按，《周礼·春官·大宗伯》："以吉礼事邦国之鬼神示"，郑玄注："事，谓祀之、祭之、享之。"④

关于"隧"的不同解释，结合上下文，笔者赞成"隧"应是祭名的观点。

刘昶认为，"隧"乃"鐩"的假借，即禷祭；并引《说文》"𨽸类于上帝"、《尧典》"肆类"，《五帝本纪》《封禅书》皆作"遂类"作证。他赞同桂馥"类"当作"禷"的观点；又引静簋（《集成》04273）、鐩王盉（《集成》09411）等金文材料加以分析，"肆""类"叠韵，复言之为"肆类"，单言之则曰"禷"、曰"鐩"；《礼记·大传》谓之柴，《墨子·兼爱》谓之鐩，其告天一也。⑤ 高亨读"隧"为"肆"，也认为肆是祭名，陈牲以祭也。⑥

顾颉刚先生对于"类"祭也有分析，认为"类"为祭祀通名，祭祀上帝称"类"。⑦ 饶宗颐先生曾经讨论《殷虚书契前编》1.48.3（《合》11016）的"豩"字以及《乙编》3355（《合》03271）的"𣫳"字，谓"豩字形与古文𨽸略同，乃肆字也。肆、遂古通，《尧典》'肆类于上帝'，《五帝本纪》作'遂类'，故此字可读为'遂'"。⑧ 李学勤先生对"𨽸""遂""肆"也有讨论。⑨

《墨子》此段话，阎若璩指出："玩其文义，乃是武王既定天下后，望祀山川，或初巡守岱宗祷神之辞。"⑩

① 参见章太炎讲，诸祖耿整理：《太炎先生尚书说》，中华书局，2013年，第2页。

② 孙诒让：《墨子间诂》，上海书店，1986年影印本，第70页。

③ 王焕镳：《墨子集诂》，第339页。

④ 孙诒让撰，王文锦、陈玉霞点校：《周礼正义》，中华书局，1987年，第5册，第1297页。

⑤ 王焕镳：《墨子集诂》，第339页。

⑥ 王焕镳：《墨子集诂》，第339—340页。

⑦ 顾颉刚：《顾颉刚读书笔记》卷一〇，《顾颉刚全集》，中华书局，2010年，第25册，第273—274页；《顾颉刚读书笔记》卷一一，《顾颉刚全集》，第26册，第100页。

⑧ 饶宗颐：《殷代贞卜人物通考》，香港大学出版社，1959年，第556—557、648页。

⑨ 李学勤：《楚简〈弟子问〉与"𨽸"字》，《文物中的古文明》，商务印书馆，2008年，第485—488页。

⑩ 参孙诒让：《墨子间诂》，第70页。

《墨子》佚文“翟以地为仁，太（泰）山之上，则封禅焉”，又《吕氏春秋·当染》“鲁惠公使宰让请郊庙之礼于天子。桓王使史角往，惠公止之。其后在于鲁，墨子学焉”，贾贵荣先生据有关材料，分析墨子研究过郊天大礼。①

《春秋经》隐公八年载：“郑伯使宛来归祊。”《左传》谓：“郑伯请释泰山之祀而祀周公，以泰山之祊易许田。三月，郑伯使宛来归祊，不祀泰山也。”②顾颉刚先生据此谓“郑伯请释泰山之祀，足证周代祭泰山确为国家一大典，后世巡狩封禅之说由来有自”。③ 又《左传》定公四年谓：“分康叔以大路……取于有阎之土以共王职，取于相土之东都以会王之东蒐。”杜注：“为汤沐邑，王东巡狩，以助祭泰山。”④《史记·封禅书》谓：“周成王封泰山，禅社首。”“《诗》云纣在位，文王受命，政不及泰山。武王克殷二年，天下未宁而崩。爰周德之恰维成王，成王之封禅则近之矣。”⑤都反映了西周王朝祭泰山之礼。吴闿生提到《礼记·大传》所记：“牧之野，武王之大事也。既事而退，柴于上帝，祈于社，设奠于牧室。”⑥

《左传》僖公二十五年记狐偃（引者按，即子犯）劝晋文公纳襄王时说：“求诸侯，莫如勤王。诸侯信之，且大义也。继文之业，而信宣于诸侯，今为可矣。”⑦《晋世家》记此事，赵衰明言“尊王，晋之资也”，“入王尊周”目的是“求霸”“以令于天下”，⑧也即晋文公请隧的时代背景和主观动机。《吕氏春秋·不广》讲咎犯力主晋文公勤王时所言“事若能成，继文之业，定武之功，

---

① 贾贵荣：《泰山封禅说与墨子》，《墨子研究论丛（五）》，2001 年。此据任继愈、李广星主编《墨子大全》第三编，北京图书馆出版社，2004 年，第 89 册，第 94—99 页。又，据《墨子间诂》所辑“墨子佚文”有“吾见百国春秋”“太山之上则封禅焉”等，详孙诒让撰，孙启治点校：《墨子间诂》，中华书局，2001 年，第 656 页。

② 杨伯峻编著：《春秋左传注（修订本）》，第 56—58 页。

③ 顾颉刚：《顾颉刚读书笔记》卷四，《顾颉刚全集》，第 19 册，第 5 页。

④ 杨伯峻：《春秋左传注（修订本）》，第 1538 页。

⑤《史记》，第 1361、1364 页。

⑥ 参张政烺著，朱凤瀚等整理：《张政烺批注〈两周金文辞大系考释〉》，中华书局，2011 年，上册第 26—27 页，下册第 3—4 页。

⑦ 杨伯峻编著：《春秋左传注（修订本）》，第 431 页。

⑧《史记》，第 1663 页。

辟土安疆，于此乎在矣”，[①]可谓得其实。

晋文公向襄王请隧，是针对他自己巩固后者地位、安定周室的功勋而言的，某种意义上与周武王克商平定天下有相似性，所以应结合《墨子·兼爱中》所记“武王将事太山隧”这样的祀礼来理解，或许较为合理，晋文公想就此祀告于天（上帝）。

从《左传》和《国语》看，周襄王拒绝晋文公请隧，并未提及葬礼或乡隧建制等，重点都是在祭祀、祀典。《国语·周语中》襄王所谓“死生之服物采章”，可以结合《左传》定公十五年子贡语“夫礼，死生存亡之体也”[②]来理解，是强调礼制的重要性。

《国语·周语上》“祭公谏穆王征犬戎”篇谓：“夫先王之制，邦内甸服，邦外侯服，侯、卫宾服，蛮、夷要服，戎、狄荒服。甸服者祭，侯服者祀，宾服者享，要服者贡，荒服者王。日祭、月祀、时享、岁贡、终王，先王之训也。”[③]《礼记·祭义》：“是故昔者天子为藉千亩，冕而朱纮，躬秉耒。诸侯为藉百亩，冕而青纮，躬秉耒，以事天地、山川、社稷、先古，以为醴、酪、齊盛，于是乎取之，敬之至也。”[④]这两段文字可以和前引《国语·周语中》周襄王驳晋文公请隧时所说的一段话对看。

《周语中》“（周）定王论不用全烝之故”篇所论的“王室之礼”，[⑤]也即《国语·晋语四》、《左传》僖公二十五年讲的“王章”。所谓“大物”“更姓改物，以创制天下”，可以理解为天命。《左传》哀公元年谓“祀夏配天，不失旧物”。[⑥]

（二）晋文公请隧与齐桓公欲封禅

《诗经·小雅·雨无正》“周宗既灭”“诸侯莫肯朝夕”，[⑦]清华简《系年》第

---

① 许维遹：《吕氏春秋集释》，中华书局，2009年，第384—385页。

② 杨伯峻：《春秋左传注（修订本）》，第1600—1601页。

③ 韦昭注，上海师范学院古籍整理组校点：《国语》，第4页。

④ 孙希旦撰，沈啸寰、王星贤点校：《礼记集解》，中华书局，1989年，第1222页。

⑤ 韦昭注，上海师范学院古籍整理组校点：《国语》，第62—67页。

⑥ 杨伯峻：《春秋左传注（修订本）》，第1606页。

⑦ 阮元校刻：《十三经注疏》，第447页。

三章提及“周室既卑，平王东迁”，[①]即是西周末年周王室衰败的写照。新出曾侯與编钟铭文也有类似表述。[②] 王韬引钱大昕所言，认为平王东迁后仅有其国，不能再说他“有天下”。[③] 王室只是保有名义上的天子尊号以及与之相对应的“王室之礼”(《左传》宣公十六年)。[④]《左传》僖公二十五年卜偃所说“周礼未改。今之王，古之帝也”，即道出了周室在内忧外患之中风雨飘摇的窘境。[⑤] 体现在青铜器铭文方面，春秋以降，除了在铭文起首还简单保留有“唯王某某年(月)”的纪时语之外，类似西周时期流行的对时王的称颂，包括“扬王(天子)休”之类的套语，已经完全消失。周室衰微，代之而起的是郑、齐、晋等国在春秋时期的迅速崛起和称霸。

清华简《郑文公问太伯》谓：“世及吾先君庄公……吾逐王于葛。”整理者已经说明，即《左传》桓公五年所载周桓王与郑庄公交恶之后的繻葛之役。[⑥] 是役周王朝一方败，郑国一方祝聃“射王中肩”。李学勤先生指出，简文中述及的“武公在位时，已有‘鲁、卫、蓼、蔡来见’，也就是清华简《系年》第二章所说郑武公‘正东方之诸侯’，为东方各国所尊崇。至于庄公的武功，更是充分肯定，甚至连‘逐王于葛’都提出来赞扬。……这依古代伦理来说应该算是大逆不道的事，太伯却引以为荣，作为榜样”。[⑦] 郑文公与晋文公为同时代人，由此也可见其时周王地位的衰落。

---

① 清华大学出土文献研究与保护中心编，李学勤主编：《清华大学藏战国竹简(贰)》，中西书局，2011 年，上册第 4 页，下册第 141 页。

② 参看王泽文：《文峰塔 M1 出土曾侯與钟铭的初步研究》，《江汉考古》2015 年第 6 期，第 108—109 页。

③ 参罗军凤：《王韬〈春秋左氏传集释〉与晚清经学革新》，《文学遗产》2016 年第 1 期，第 178—180 页。相关论述可参看刘师培：《刘师培辛亥前文选》，钱锺书主编：《中国近代学术名著丛书》，生活·读书·新知三联书店，1998 年，第 294—295 页；童书业撰，童教英导读：《春秋史》，第 13 页；李学勤：《东周与秦代文明(增订本)》，文物出版社，1991 年，第 5 页。

④ 杨伯峻：《春秋左传注(修订本)》，第 770 页。

⑤ 杨伯峻：《春秋左传注(修订本)》，第 431 页。

⑥ 清华大学出土文献研究与保护中心编，李学勤主编：《清华大学藏战国竹简(陆)》，中西书局，2016 年，甲本释文见下册第 119 页，注释见下册第 123 页；乙本释文见下册第 125 页。

⑦ 李学勤：《有关春秋史事的清华简五种综述》，《清华简及古代文明》，江西教育出版社，2017 年，第 288—290 页。

前文已引述的《春秋》经传隐公八年所载的“郑伯使宛来归祊”“郑伯请释泰山之祀而祀周公，以泰山之祊易许田”，杜预注：“郑桓公，周宣王之母弟，封郑，有助祭泰山汤沐之邑在祊。郑以天子不能复巡狩，故欲以祊易许田，各从本国所近之宜。”[①]说明由于周天子早已没有能力再兴祀告泰山之举，曾经封给郑国的用以助祭泰山的汤沐邑自然也已弃置。

据《齐太公世家》，葵丘之盟以后，齐桓公曾有封禅之意：

> 于是齐桓公称曰：“寡人南伐至召陵，望熊山。北伐山戎、离枝、孤竹；西伐大夏，涉流沙；束马悬车登太行，至卑耳山而还。诸侯莫违寡人。寡人兵车之会三，乘车之会六，九合诸侯，一匡天下。昔三代受命，有何以异于此乎？吾欲封泰山，禅梁父。”管仲固谏，不听。乃说桓公以远方珍怪物至乃得封，桓公乃止。[②]

《史记·封禅书》记载此事更为详细：

> 齐桓公既霸，会诸侯于葵丘，而欲封禅。管仲曰：“古者封泰山禅梁父者七十二家，而夷吾所记者十有二焉。昔无怀氏封泰山，禅云云；虙羲封泰山，禅云云；神农封泰山，禅云云；炎帝封泰山，禅云云；黄帝封泰山，禅亭亭；颛顼封泰山，禅云云；帝俈封泰山，禅云云；尧封泰山，禅云云；舜封泰山，禅云云；禹封泰山，禅会稽；汤封泰山，禅云云；周成王封泰山，禅社首。皆受命然后得封禅。”(下略)[③]

---

① 阮元校刻：《十三经注疏》，第1733页。

② 《史记》，第1491页。

③ 参《史记》，第1361页，又见《汉书·郊祀志》。前人已经指出，《封禅书》有关内容或采自《管子·封禅》(已亡佚)，参《史记》，第1361页，司马贞索隐按语；黎翔凤撰，梁运华整理：《管子校注》，中华书局，2004年，第951—954页。又，顾颉刚先生分析认为，《韩诗外传》“孔子升泰山，观易姓而王，可得而数者七十余人，不得而数者万数也”是从管仲上述“古者封泰山、禅梁父者七十二家，而夷吾所记者十有二焉”化出。参顾颉刚：《顾颉刚读书笔记》卷七，《顾颉刚全集》，第22册，第71页。

笔者认为，晋文公的请隧，或许也和齐桓公封禅的想法类似。

《国语·楚语下》观射父论祀牲，谓："是以古者先王日祭、月享、时类、岁祀……天子偏祀群神品物，诸侯祀天地、三辰及其土之山川……"韦昭注："告以事类曰类……三辰，日、月、星。祀天地，谓二王后。非二王后，祭分野星、山川而已。"①《史记·封禅书》："天子祭天下名山大川，五岳视三公，四渎视诸侯，诸侯祭其疆内名山大川。"②都表明天子与诸侯祭祀有严格的区别。晋文公所请，不符合传统礼制规范，所以才须向周王请求。

之所以齐桓公有封禅的想法可以不向周王室提出请求，而晋文公需要请隧，其原因周襄王已经讲得很明白，晋国不仅为周王所封，而且从宗法制上讲，是周之子弟。而齐国虽然也是周王所封，但毕竟是异姓。这就是"王章""大物"。从文献上看，终春秋之世，异姓诸侯似也未向周王献捷或献俘，也是这个原因。

继齐国之后，晋国成为中原实际的霸主，而且持续时间更久。《国语·晋语八》载郑国大夫子产对晋卿韩宣子所说的一段话："昔者鲧违帝命，殛之于羽山，化为黄熊，以入于羽渊，实为夏郊，三代举之。夫鬼神之所及，非其族类，则绍其同位，是故天子祀上帝，公侯祀百辟，自卿以下不过其族。今周室少卑，晋实继之，其或者未举夏郊邪？"③此事又见于《左传》昭公七年，子产语作："昔尧殛鲧于羽山，其神化为黄熊，以入于羽渊，实为夏郊，三代祀之。晋为盟主，其或者未之祀也乎！"④子产的话表明，在周室衰微之后，作为霸主的晋国，不仅接受诸侯来朝，主持盟会，而且应祀上帝，已是当时不争的共识。类似观念，又可参看《左传》昭公十三年，晋叔向所言："明王之制，使诸侯岁聘以志业，间朝以讲礼，再朝而会以示威，再会而盟以显昭明。志业于

① 韦昭注，上海师范学院古籍整理组校点：《国语》，第567—569页。

② 《史记》，第1357页。

③ 韦昭注，上海师范学院古籍整理组校点：《国语》，第478页。

④ 杨伯峻：《春秋左传注（修订本）》，第1289—1290页。邵蓓先生指出，春秋时期，各国一般以盟主来指称霸主，《左传》中"盟主"一词多见而"霸主"一词罕见，参氏著《春秋霸主政治的几个问题》，收入孟世凯主编：《赵光贤先生百年诞辰纪念文集》，中国社会科学出版社，2010年，第465—473页。

好，讲礼于等，示威于众，昭明于神。自古以来，未之或失也。存亡之道，恒由是兴。晋礼主盟，惧有不治，奉承齊牺，而布诸君，求终事也。”[①]

晋文公之时，尚在霸业初起，其纳襄王，还打着“尊周”“尊王”名义。但如前所论，其真实意图却是“求霸”“以令于天下”。

张政烺先生曾讨论晋公䀇“雁受天命”谓：“此与秦公钟、秦公簋同，皆末世诸侯之僭妄也，而此铭妄诞尤甚。惟天子为受天命，诸侯则受命于天子。晋文公请隧，襄王责以更姓改物之义即受命之说也，曰：‘若由是姬姓也，尚将列为公侯。’盖当世流行‘一姓不再兴’一语，明晋之不能受天命耳。然可见晋之僭久矣。《晋语八》数见周卑晋继之语，更有子产‘其惑（或）者未举夏郊邪’之言，知晋人自信受天命不自晋公锥始也。”[②]

根据近来的认识，晋公䀇很可能是晋文公时所作。[③] 晋文公因称霸进而有“改物”的企图，得到传世文献与出土文献的双重证明。

根据传世文献和出土材料，祀天（上帝）典礼，或依托某座名山。据刘钊先生研究，西周金文中明确提到在“山”进行祭祀的材料是毓祖丁卣（《集成》05396号）。[④]《国语·晋语八》和《左传》昭公七年所记晋“祀夏郊”，没有明确涉及望祀山川。周王祀天不一定就是在泰山。[⑤] 关于天亡簋记载的武王“祀于天室”，林沄先生认为是周武王在嵩山（铭文中的“天室”太室山）行封

① 杨伯峻：《春秋左传注（修订本）》，第1354—1356页。

② 张政烺著，朱凤瀚等整理：《张政烺批注〈两周金文辞大系考释〉》，上册，第504—505页。张先生手稿整理稿见《张政烺批注〈两周金文辞大系考释〉》下册第159页，此据原手稿及郭理远《〈张政烺批注《两周金文辞大系考释》〉读后》（《学灯》第1辑，2016年，第291—293页）校改。又，“锥”非晋公名，参李学勤：《晋公䀇的几个问题》，《出土文献研究》，文物出版社，1985年，第134—137页。

③ 吴镇烽：《晋公盘与晋公䀇铭文对读》，复旦大学出土文献与古文字研究中心网，2014年6月22日；王泽文：《重论晋公䀇年代和历日——兼说晋公盘（摘要）》，纪念清华简入藏暨清华大学出土文献研究与保护中心成立十周年国际学术研讨会论文，北京，2018年11月17—18日，第386—390页。

④ 刘钊：《谈出土文献中有关祭祀山川的资料》，《古文字与古代史》第5辑，“中研院”史语所，2017年，第531页。

⑤ 古时的泰山不止一座，参李零：《入山与出塞》，文物出版社，2004年，第8页。

禅典礼。[1] 李学勤先生认为是祭祀天室，即祀告于天。[2]

综合上面的分析，笔者认为晋文公的“请隧”应解释为祀天（上帝）典礼。当然，这只是一个不成熟的想法，还望方家指正。

附记：本文的删节版刊于《南方文物》2018 年第 4 期，经修订提交于 2019 年 4 月 13 至 14 日在山东曲阜由中国孔子研究院和《中国史研究动态》编辑部联合主办的“新见材料与传统文化研究展望”学术研讨会。此次又结合原底稿，进一步修订。

又，文中论及东周以降的形势变化和时人对天命观的认识，最近拜读罗新慧先生《春秋时期天命观念的演变》（载《中国社会科学》2020 年第 12 期，第 99—118 页），该文提出新说：“春秋诸侯所说的天命，是诸侯国自己的天命，与周王室的天命并行并存，并非由周王室转移而来。在春秋霸主及诸侯们看来，他们各自的天命与周王室的天命皆是同根所生，都源自皇天之赐。承认周王室为天下共主，与宣示自己拥有天命，两者在春秋社会可以并行不悖。……诸侯心目中的天命，并非改朝换代的象征，它更多的是表示上天的庇护、佑助。从这一方面说，西周天命观念的含义发生了显著变化。”

① 林沄：《天亡簋“王祀于天室”新解》，《林沄学术文集》，中国大百科全书出版社，1998 年，第 166—173 页。

② 李学勤：《“天亡”簋试释及有关推测》，《三代文明研究》，商务印书馆，2011 年，第 85—89 页。

试说匍盉造型的另一新意

苏　辉

自 20 世纪 70 年代以来，平顶山应国墓地有一系列的重要发现，尤其是 80 年代以后考古工作者对这一区域进行了全面勘探和发掘，通过他们的不懈努力与辛勤工作，已经确定平顶山市西约 20 公里的新华区薛庄乡北滍村西的滍阳岭为应国公室墓地所在。出土的大批精美文物，尤其是具铭的青铜器，对于研究古文字及历史文化都具有毋庸置疑的意义。[①] 最近发掘报告《应国墓地》陆续出版，[②]更是方便了学者的研究。按照先秦时代的聚落布局惯例，诸侯都邑与公室墓葬相距不会太远，故应国都城当在北滍村附近，考古学者认为当在距墓地以南不远的原滍阳镇，如今已被一座水库淹没，[③]不能不说这是一个遗憾。

图 1　滍阳岭 M50 出土青铜鸭形盉

在应国墓地所出的众多青铜器之中，1988 年滍阳岭墓地 M50 所出的一件青铜鸭形盉（图 1）格外引人注目：流口部位设计成鸭头外形，其上双目极为传神，双唇分以内凹的浅槽，中空唇口。器体的口沿较高，与盖缘都饰一周的相对长尾鸟纹，两者之间以立人形链接相连。作为鸭腹的椭圆器身

① 李学勤：《探寻久被遗忘的周代应国》，《文史知识》2010 年第 11 期，第 8—14 页。
② 河南省文物考古研究所：《平顶山应国墓地Ⅰ》，大象出版社，2012 年。
③ 王龙正、姜涛、娄金山：《匍鸭铜盉与頫聘礼》，《文物》1998 年第 4 期，第 88—91 页。

外鼓，下有四个柱足。鋬的上部有龙首浅浮雕，支撑着平展的尾羽。[①] 整个铜器造型独树一帜，称得上是应国工艺铸造的精品。

盉盖内有铭文5行44字，主要内容是说在四月既生魄戊申这一天，应国的臣子匍率军进驻泜水，响应周师的行动，王朝大臣青公派属员司史艮到柬地犒劳应国将士，送给匍的礼物是牝鹿皮饰和蔽膝两副以及纯铜三十斤。匍感谢青公的赏赐，铸作了这件彝器，希望能长久使用。[②] 考古发掘者定本器的时间在西周中期的穆王后段，可从。[③]

大多数应国铜器的形制、花纹、组合样式等都与宗周地区基本一致，不过也有少数属于别致的类型，学者已指出传世品中的应公觶有鋬；1982年所出的“应事”器物中，“簋敛口垂腹，盖却较小；爵无鋬，双柱接于口外”，均与常见的形制有所差异。[④] 笔者认为，鸭形盉也当归入较为独特的造型之列，尤其是用立人来连接盖和上鋬，在商周时期的铜盉上是很罕见的，也是当时工匠设计创新意识的又一个亮点。

众所周知，盉在先秦的使用时间非常长，自二里头时期直到战国晚期都可以看到它的身影，造型的变化也非常丰富，各个类型的青铜盉流行于夏商周的不同时期，类似鸭形盉这样的带鋬四足圜底盉主要出现在殷墟后期到西周中期，在器、盖之间有链接构件的盉一般行用于西周早中期。[⑤] 不过，就目前已公布的材料看，无论是同时代还是在其前后的铜盉，盖与鋬之间绝大多数是用套环或“8”字形的铜具来链接的。[⑥] 如果从盖、鋬链接形式着眼，可以与匍盉对比的是现藏东京国立博物馆的三足分裆盉（图2），其盖沿与器颈部均饰一周窃曲纹，盖上为一钮形捉手，器形、纹饰都属于西周中期的特点；

---

① 中国青铜器全集编辑委员会：《中国青铜器全集》第6卷“西周二”，文物出版社，1997年，第92页。

② 李学勤：《论应国墓地出土的匍盉》，《平顶山师专学报》1999年第1期，第66—67页。

③ 王龙正、姜涛、娄金山：《匍鸭铜盉与頫聘礼》，《文物》1998年第4期，第88—91页。

④ 王世民：《西周时代诸侯方国青铜器概述》，《中国青铜器全集6·西周二》，文物出版社，1997年，第16页。

⑤ 张亚初：《对商周青铜盉的综合研究》，《中国考古学研究——夏鼐先生考古五十年纪念论文集（二集）》，科学出版社，1986年，第49—63页。

⑥ 参李云朋：《商周青铜盉整理与研究》，陕西师范大学硕士学位论文，2011年，第83—145页。

图 2　东京国立博物馆藏三足分裆盉

最引人注目的是连接盖和錾的站立兽形，前后足均扣紧落点的环钮，尾部自然下垂，整体感觉生动形象，力量感十足，特别像扑食瞬间的豹子之类的猛兽，也算是鲜有其匹的造型。这件三足盉在原田淑人编的《周汉遗宝》中说明是盐原又策氏所藏，[①]林巳奈夫的《殷周青铜器综览》引用时标明归东京国立博物馆收藏。[②]

图 3　宁城小黑石沟 M8501 出土滕盉

另一件是 1985 年宁城小黑石沟 M8501 出土的滕盉（图 3），[③]彩图见于《草原瑰宝——内蒙古文物考古精品》，[④]通体装饰粗弦纹，直管流，宽折肩，平底无足，盖缘和肩錾结合部各有一圆环，分别以仰首状平坐猴子造型的双手和双足扣牢连接，富有自然气息。M8501 为抢救性发掘，又并无地层叠压的证据，根据同出的刖人守门方鼎、直棱纹方簋、重环纹铺、重环瓦纹匜等，推知器物不会早过西周后期，《草原瑰宝》书中定在春秋早期，可从。

上述就是目前在青铜盉上见到的以兽形作为链接构件的两个实例。

匍盉以立人作为链接构件，其实也并非唯一的例子。笔者前些时候在

---

① 帝室博物馆（原田淑人等）：《周汉遗宝》，国书刊行会，1981 年，图 14。

② 林巳奈夫：《殷周时代青铜器の研究——殷周青铜器综览一》，吉川弘文馆，1984 年，第 137 页。

③ 内蒙古自治区文物考古研究所、宁城县辽中京博物馆编著：《小黑石沟：夏加店上层文化遗址发掘报告》，科学出版社，2009 年，第 264—268 页。

④ 上海博物馆：《草原瑰宝——内蒙古文物考古精品》，上海书画出版社，2000 年，第 119 页。

图4　四足分裆盉

北京的私人藏家处曾看到一件四足分裆盉（图4），这件器物原先未见著录，也是以立人站立在鋬的上部，双手抱住盖缘的半环钮作为链接构件，盉盖以卧兽作为捉手，同样是新奇的样式。从器形来说和西周早期的铜盉较为接近，如首都博物馆藏琉璃河燕国墓地所出的克盉，同类型的盉有少数可以延至西周中期，如伯卫父盉等。[①] 就纹饰而言，颈部的分尾鸟纹与现藏美国的屯尊、屯卣上的鸟纹一致，后者学界通行的看法是在西周早、中期之际，大概为昭穆时期。[②] 综合来论，卧兽立人盉应该也是昭穆时期的产物，整体美观大方，设计新颖独特，确实是一件精美的艺术品。

四足分裆盉与亀盉的立人形象大体类似，也穿着裙似的下裳，主要的差异有两点：一是前者立人头部没有立髻；二是立人足部的形态，亀盉是双足粘合套在器颈部的环钮中，可以活动，四足分裆盉则焊接在鋬的上部，是固定的。两器再加上以立兽作为链接构件的三足分裆盉，年代均落在昭穆时期，其间的一致并非巧合，而是显现出当时在青铜器设计、铸造方面的革新意识。

西周初期青铜器的风格与殷墟时期非常接近，而至西周中期青铜器方面已经逐步削弱了前朝的影响，在一些细节方面不断尝试新的构型与设计，形成不同于以往的特点：器类上酒器数量锐减，方彝、觥、觚等慢慢退出了历史舞台；纹饰设计题材不断推陈出新，窃曲纹的类型多样，与W形、横S形的夔纹渐次成为主流，鸟纹等出现分尾的情况；铭文方面如“辰在□□”，[③]单独

① 张亚初：《对商周青铜盉的综合研究》，《中国考古学研究——夏鼐先生考古五十年纪念论文集（二集）》，第49—63页。

② 陈公柔、张长寿：《殷周青铜容器上鸟纹的断代研究》，《考古学报》1984年第3期，第265—286页。

③ 李学勤：《小盂鼎与西周制度》，《历史研究》1987年第5期，第20—29页。

出现的"作宝尊彝",均是作为断代依据的语句,[①]并且册命内容开始形成固定的文风与格式;器形上也有明显的改观,如班簋等容器圈足又接上加长的柱足,鼎、尊等器的腹部倾垂明显,[②]还有就是本文提及的盉类链接构件增加了人形或动物的艺术形象,无疑都是青铜器发展进入一个新阶段的外在表现。

上述这些新因素的确立,使得西周中期成为青铜器艺术演变过程中承前启后的关键环节,昭示着西周早期以来的量变终于在这个阶段积累达到了质变,完全在西周王朝成长起来的工师艺匠已经是技术骨干,在继承前辈文化遗产的同时,创造了新的风格特征,并对西周后期的青铜器产生了深刻的影响。

原载《南方文物》2016 年第 1 期,今据以收入。

① 李学勤:《异形兽面纹卣论析》,《保利藏金——保利艺术博物馆精品选》,岭南美术出版社,1999 年,第 358—360 页;收入《重写学术史》,河北教育出版社,2002 年,第 370—376 页。

② 陈梦家:《西周铜器断代》,中华书局,2004 年,第 97 页。

说卜辞中的“雉众”

刘义峰

在甲骨文军事卜辞中常见“雉众”一语，或作“雉王众”“雉人”。关于“雉”的解释主要有四种观点：（一）于省吾将其读为“夷”，训为“伤亡”，认为这类卜辞是贞问戍守或征伐时众人有无伤亡之义，[①]“犹之‘不丧众’亦作‘不丧众人’也”。[②]（二）杨树达在《卜辞求义》屑部第二十“至”字条下说：“《藏龟》二三三页之一云：‘不至众’。杨树达按：至盖假为失，失众犹他辞云‘丧众’也。”在同部“雉”字条下，他又说：“《前编》二卷八页之五云：‘雉众，弗𢦏？’树达按：雉亦假为失。”[③]他所引两条卜辞均属于“雉众”卜辞。（三）陈梦家认为“雉可能是部别、编理人众”。[④]（四）屈万里认为，雉众之雉，疑当读为《周礼·夏官·大司马》“及致”之致，郑司农注：“致，谓聚众也。”[⑤]

以上四种观点，当前学界以支持前两说的为多，赞同第四说的最少。第三说曾经一度得到一些支持，但近年来声音渐稀。其实这个问题的核心就在于：“雉众”之“雉”应该怎样释读；“雉众”与“丧众”是否可以等同；我们应如何理解“雉众”在商代战争中的地位和作用。

一、释“雉”

陈梦家在论述这个问题时，先汇总该类卜辞，并指出：“以上的‘雉’字，

① 于省吾：《甲骨文字释林》，中华书局，2012年，第63页。
② 于省吾：《双剑誃殷契骈枝三编》，中华书局，2009年，第25页。
③ 杨树达：《卜辞求义》，中华书局，2013年，第84页。
④ 陈梦家：《殷虚卜辞综述》，中华书局，2013年，第609页。
⑤ 屈万里：《殷虚文字甲编考释》，“中研院”历史语言研究所，1961年，第325页。

武丁作‘至’，廪辛作‘⿰矢夫’，康丁从矢，或增土。”①这说明，陈氏当时已经认识到，“雉众”之“雉”在写法上有时代差异，这在当时是非常可贵的。下面我们按照“雉”字的不同写法，分为五类进行考察。

(一) 至众

贞：多射不至众。　　（《合集》69[宾组]）

“雉众”之“雉”作“至”，仅见于宾组卜辞，字形作“”。《新甲骨文编》《甲骨文字编》均将其归在“矢”字头下，杨树达、陈梦家将其释作“至”。甲骨文中“至”一般作“”，从矢从一，一表示箭矢所至。“”亦从矢从一，一表示所至之处，不过箭头已经没入其中，该字形应是“至”字的异体。甲骨文还有一个与“”相倒的字形，作“”，根据正倒无别的原则，该字形在下列卜辞中也应读为“至”，如果读为“矢”，则很难讲得通。

□丑卜，王贞：余作……徝，于之至。　　（《合集》20546[自组]）
我以方至于宗。
弜至。　　（《屯南》313[历组]）
叀剌子至元有任。一　　（《合集》32193[历组]）

(二) 臸众

不臸众。
其臸众。　　（《合集》26889[无名组]）
……臸众。　　（《合集》26893[无名组]）

“雉众”之“雉”作“臸”，仅见于无名组卜辞，字形作“”，从二“”，从数

① 陈梦家：《殷虚卜辞综述》，第609页。

点，数点象中箭后溅出之血滴形，表明箭矢已达。前面已将“”释为“至”，“”字从二“至”，应释为“臸”。《说文》至部：“臸，到也。从二至。”

(三) 雉众

癸丑卜，狄贞：戍逐其雉王众。（《合集》26881[何组]）
贞：戍□弗[雉]王[众]。吉
[贞：戍]冎□雉[王]众。（《合集》26882[何组]）
贞：非行用，𢦏，不雉众。（《合集》26887[何组]）
贞：弜用非[行]，叀祉行用，𢦏羌人，于之不雉人。
（《合集》26896[何组]）
其雉众。
不咏。
戍雋弗雉王众。
其雉众。（《合补》8979[无名组]）
受不雉王众。吉
其雉众。（《合集》26884[无名组]）
……擒𢦏，不雉众。（《合集》26886[无名组]）
戍卫不雉众。（《合集》26888＋《合集》28060[无名组]）
……令戍佣于宁……雉众。（《合集》26892[无名组]）
叀敚用沙，于之𢦏𪉷方，不雉众。（《合集》27996[无名组]）
于□田霸，伐尸永方，擒𢦏，不雉[众]。（《屯南》873[无名组]）
……右旅……雉……王众。（《屯南》2064[无名组]）
叀入，戍辟立于□，[自]之臽羌方，不[雉人]。
……戍辟立于尋，自之臽羌方，不雉人。（《合集》26895[无名组]）
癸戌夙伐𢦏，不雉[人]。
癸于旦廼伐𢦏，不雉人。（《合集》26897[无名组]）

“雉众”之“雉”作“雉”，主要见于何组卜辞和无名组卜辞。宾组卜辞也见一例，我们放到与“丧众”卜辞比较时再作讨论。“雉众”或作“雉人”，意思是一样的。雉，本义指雉鸡，亦称野鸡。《说文》隹部：“雉，有十四种：卢诸雉、乔雉、鳪雉、鷩雉、秩秩海雉、翟山雉、翰雉、卓雉，伊洛而南曰翚，江淮而南曰摇，南方曰弓，东方曰甾，北方曰稀，西方曰蹲。从隹，矢声。”《合集》10921：“允获麋二、雉十七。”《合集》40834：“获麋一，雉五十。”此处假借为“雉众”之“雉”。

（四）堆众

□丑卜，五族戍弗堆王[众]。吉
戍屰弗堆王众。
戍带弗堆王众。
戍冎弗堆王众。
戍逐弗堆王众。
戍何弗堆王众。
五族其堆王众。
戍屰其堆王众。
戍带其堆王众。
戍逐其堆王众。　　（《合补》8982＋《屯南》4200[无名组]）
……堆众。　　（《合集 26891[无名组]）
右戍不堆众。
中戍不堆众。吉
左戍不堆众。吉　　（《屯南》2320[无名组]）
翌日王其令右旅眔左旅臽见方，𢦏，不堆众。
其堆。　　（《屯南》2328[无名组]）
迟伐羌方，于之擒𢦏，不堆众。　　（《屯南》3038[无名组]）

“雉众”之“雉”作“堆”，仅见于无名组卜辞。堆，从雉从土，雉亦声，字形象“雉”立于土堆上。在无名组“雉众”卜辞中，“雉”“堆”两种写法都有，与无名组同时的何组卜辞也写作“雉”。这两种写法并无根本不同，增“土”旁只在于强化雉鸡之特征。雉鸡常成群结队，少则三五只，多则十几只。雄雉发起挑战时站立在地平面的高处，如土堆上。“雉”增“土”作“雔”，充分体现了雉鸡这一生活习性。

（五）雉众

不雉众。
雉众。（《合补》10941［黄组］）
不雉众。（《合集》35344［黄组］）
不雉众。王占曰：“引吉”。一
其雉众。吉。二（《合集》35345［黄组］）
丙辰卜，在㯄，贞：叀大又先……歓美，㯄利，不雉众。
（《合集》35346［黄组］）
其雉众。吉
中不雉众。王占曰：“引吉。”
其雉众。吉
左不雉众。王占曰：“引吉。”
其雉众。吉（《合集》35347［黄组］）
雉众。（《合集》36346［黄组］）

“雉众”之“雉”作“雉”，仅见于黄组卜辞。在黄组中，从至从隹的“雉”字只用于“雉众”卜辞，从夷从隹的“鴺”字只用于田猎卜辞，表示猎获物雉鸡。如《合集》37364：“获象十，鴺十又一。”《合集》41801：“获麋五、兔一、鴺六。”“雉众”之“雉”，在黄组中改从“至”声，作“雉”，说明“至”声更接近本字读音。

如上所述，“雉众”之“雉”作“至”“䴰”“雉”“雔”“雉”。尽管用字不同，但多从“至”声。我们认为当从屈万里所说，读为《周礼·夏官·大司马》“及致”之“致”，郑司农谓：“致，聚众也。”《周礼》中相关记载如下：

《周礼·地官·大司徒》:“大军旅、大田役,以旗致万民。”

《周礼·地官·乡师》:“及期,以司徒之大旗致众庶。”

《周礼·夏官·大司马》:“中春,教振旅,司马以旗致民,平列陈,如战之陈。

《周礼·夏官·大司马》:“及致,建大常,比军众,诛后至者。”

二、“雉众”“丧众”辨析

卜辞中除“雉众”外,还常见“丧众”一语,信从于省吾或杨树达观点的学者多将二者等同。因此,辨明二者之间的关系就显得尤为必要。

(一)“丧众”释义

卜辞所见“丧众”如下:

乙酉卜,王贞:不丧众。 (《合集》54[自组])

己亥卜,贞:不丧众。

其丧众。 (《合集》61[自历间类])

己亥卜,贞:不丧众。

其丧众。五 (《合集》62+《合集》41455[自历间类])

……毕唯其丧众。 (《合集》31998[历组])

□□卜,贞毕不丧众。 (《合集》31999[历组])

贞:我其丧众人。 (《合集》50[宾组])

贞:并其丧众人。三月。 (《合集》51[宾组])

□□卜,古贞:并亡灾,不丧众。 (《合集》52[宾组])

贞:毕不丧众人。 (《合集》57[宾组])

贞:毕其丧众。 (《合集》58[宾组])

己卯卜,宾[贞]:……不丧众。 (《合集》59[宾组])

辛巳卜,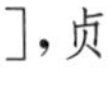贞:□丧众,受方祐。 (《合集》64[宾组])

甲子[卜],贞:臿涉以众,不丧众。 (《合集》22537[出组])

其呼戍御羌方，于义𠟭，𢦏羌方，不丧众。　（《合补》8969[无名组]）

除“丧众”外，卜辞中还有“丧工”“丧人”“丧羌”“丧羊”“丧师”等。

……丧工。[一] 二 三 [四 五] 六 七 [八]
……其丧工。一 二 三　（《合集》97 正[宾组]）
贞：我有丧人□在……令……。　（《合集》1080 正[宾组]）
……告其丧人。三　（《合集》1084[宾组]）
丁亥卜，余，弗其丧羌。　（《合集》21153[𠂤组]）
己未卜，王贞：用，不唯丧羊，𡆥若。　（《合集》20676[𠂤组]）
□□贞：亶允丧师。　（《合集》32914[历组]）

《说文》哭部：“丧，亾也。从哭从亾。会意。亾亦声。”“亾”同“亡”。《说文》乚部：“亡，逃也。”“丧”在甲骨文中应用较为广泛，其义为亡失、逃亡。“丧师”亦见于金文，大盂鼎铭“故丧师”，即“因此丧失了军队”。《国语·周语上》“宣王既丧南国之师”，韦昭注：“丧，亡也。败于姜戎氏时所亡也。”“丧众”多用于军事卜辞，义同于“丧师”。上引《合集》22537 和《合补》8969 就是两例比较典型的卜辞。《合集》22537 卜问：𠂤率众进击，不丧失军队吗？《合补》8969 卜问：戍在义𠟭这个地方抵御羌方，战胜羌方，不丧失军队吗？

图 1

（二）“雉众”“丧众”共版同卜例

以往讨论“雉众”与“丧众”的关系时，多按同音通假，将“雉”读为“夷”，训为“夷伤”，或将“雉”读为“失”，从而将“雉众”“丧众”视为同义关系。但其实并未找到直接的证据。这次我们在检索“丧众”卜辞时，发现了一例“雉众”“丧众”同版共卜的例子，即《合集》63 正（图 1），证明它们不仅不同义，而且意义正相反。

贞：弗其雉。

贞：其丧众。

贞：弗其受有祐。

贞：其艰。

贞：翌辛卯□求雨夔，畀雨。（《合集》63 正［宾组］）

本版卜辞共五条，其中前四条与第五条之间有界画隔开。其中第一条“雉”字下半部分残泐，但从其字形上半部分判断，是“雉”字无疑。据第二条卜辞，“雉”字后面应是省略了“众”字。还有一种可能，就是“众”字在下面缺失的甲骨上。但无论有无“众”字，都不妨碍其“雉众”意思的表达。这段卜辞的文例很特别。如依正反对贞，第一条为“贞：弗其雉”，第二条应为“贞：其雉众”，但第二条却是“贞：其丧众”。这就产生了一个疑问，“雉”和“丧众”究竟是什么关系？不过不用急，接着看第三条和第四条卜辞。第三条卜辞为“贞：弗其受有祐”，如按照正反对贞，第四条应为“贞：其受有祐”，但第四条却是“贞：其艰”。那么“受有祐”与“艰”什么关系呢？受有祐，即得到神灵保佑；艰，艰难、灾难。显然，“受有祐”和“艰”是反义关系。同理，“雉”与“丧众”也是反义关系，“丧众”是指人众的亡失，“雉”就应是人众的聚集。我们前面将“雉”读为“致”，郑司农注为“聚众”，正与此合。该版卜辞坐实了“雉众”与“丧众”之间的关系是反义关系，而不是同义关系。

三、“雉众”的性质和作用

“雉众”之“雉”应读为“致”，“雉众”即“致众”，郑司农训为“聚众”。我们找几组相对比较完整的卜辞，来看看“雉众”在商代战争中的性质和作用。

（一）第一组

辛巳卜，在寻卫……吉

弗及。

戍卫不雉众。

戌亡𢦏。

叀咏有𢦏。

叀隽有𢦏。（《合集》26888＋28060［无名组］）

其雉众。

不咏。

戌隽弗雉王众。

其雉众。

……告。（《合补》8979［无名组］）

以上两版无名组卜骨，有相同的人物，内容均与“雉众”相关，可能是同时所卜。前者存六条卜辞，后者存五条卜辞。我们以《合集》26888＋28060这版为例，看看其主要内容。该版第一条卜辞下半部分残缺，根据第二条卜辞，残缺部分应是卜问“及”的内容。《说文》又部：“及，逮也。”甲骨文用作本义，即追及、逮获。第二条“弗及”，就是追不上的意思。“在寻卫”表示驻扎寻地的武官，亦即“戍卫”。前两条卜问是否能追上敌方的问题，第三条卜问：“戍卫不召集民众吗？”召集民众的目的显然是为了追击敌人。第四条卜问：“戍卫不能获胜吗？”𢦏，读为“翦”，[①]训为消灭。第五、六条则对咏、隽可能获胜的问题进行了卜问。从该版卜辞看，“雉众”是进行战争的重要环节。反复卜问体现了统治者对战争胜利的渴望，他们力图通过占卜趋吉避凶，选取可能获胜的武官来召集人众、出任将领。

（二）第二组

□丑卜，五族戍弗雉王［众］。吉。

戍逆弗雉王众。

戍带弗雉王众。

戍冎弗雉王众。

① 陈剑：《甲骨金文𢦏字补释》，《甲骨金文考释论集》，线装书局，2007年，第99—106页。

戍逐弗雉王众。

戍何弗雉王众。

五族其雉王众。

戍屰其雉王众。

戍带其雉王众。

戍逐其雉王众。（《合补》8982 +《屯南》4200［无名组］）

癸丑卜，狄贞：戍逐其雉王众。（《合集》26881［何组］）

贞：戍□弗［雉］王［众］。吉

［贞：戍］冎□雉［王］众。（《合集》26882［何组］）

王叀次令五族戍羌。（《合集》28053［无名组］）

癸巳卜：王其令五族戍臿伐，𢦏。（《合集》28054［无名组］）

《合补》8982 +《屯南》4200 这版无名组卜辞可以说是很有代表性的一版“雉众”卜辞，整版都在围绕五族戍是否“雉众”进行卜问。《合集》26881 及《合集》26882 为何组卜辞，内容也与五族戍有关。这几版卜辞应是同时所卜。涉及五族戍的还有《合集》28053、28054 这两版。通过内容，可知五族戍的驻防对象、作战对象都是羌方。五族戍“雉众”卜辞按照五族戍、戍屰、戍带、戍冎、戍逐、戍何的顺序，先依次卜问“弗雉王众”，再依次卜问“其雉王众”，这里就涉及投入战争的兵员数量、由谁来担任将领等问题。这说明了当时这场战争的规模很大，商朝统治者渴望能够获得这次战争的胜利，所以才会对相关问题反复卜问。

（三）第三组

甲辰卜，在爿牧延启，又……邑曰……在𣼣。引吉

弜悔。吉

癸酉卜：戍伐，右牧毕启夷方，戍有𢦏。引吉

……𢦏。引吉

中戍有𢦏。

左戍有𢦏。吉
亡𢦏。
右戍不雉众。
中戍不雉众。吉
左戍不雉众。吉 （《屯南》2320［无名组］）
弗𢦏。吉。二
不雉众。王占曰：“引吉。”一
其雉众。吉。二
壬申卜，在攸，贞：右牧毕告启，王其呼戍比寽伐，弗悔，利。一
……利。 （《合集》35345［黄组］）
其雉众。吉
中不雉众。王占曰：“引吉。”
其雉众。吉
左不雉众。王占曰：“引吉。”
其雉众。吉 （《合集》35347［黄组］）

以上三版卜辞应为同时所卜，《屯南》2320为无名组晚期卜辞，其中右牧毕这个人物又见于黄组的《合集》35345。而《屯南》2320关于右戍、中戍、左戍“雉众”的卜问似与《合集》35347相关联，《合集》35347属黄组卜辞。因此，无名组晚期卜辞确实与黄组卜辞并存，下限已到帝辛时期。[①]《合集》33006：“王作三师，右、中、左。”而此右戍、中戍、左戍亦是三师。关于三者“雉众”与否的卜问关乎战争中军力的调配以及由其中哪一个先率众发起挑战的问题。《逸周书·克殷》：“武王使尚父与伯夫致师。”孔晁注：“挑战也。”

综上，商代战争中的“雉众”读为“致众”，指的是战争中将领召集人众意图发起军事进攻的行为，富有强烈的挑战意味。由何人率领军队，如何调派军队对战争胜负起着至关重要的作用。因此，“雉众”才会被商代统治者高

① 李学勤：《帝辛征夷方卜辞的扩大》，《中国史研究》2008年第1期。

度重视。《尔雅·释诂》:“雉,陈也。”《方言》:“雉,理也。”陈梦家据以认为“雉”可能是部别、编理人众。这样的解释有古训依据,应该说是有一定道理的,因为战争中召集兵员、聚集人众后,必然要进行类似整编的行动。

原载《西北早期区域史学术研讨会暨第十一届中国先秦史学会年会论文集》,三秦出版社,2020年,今据以收入。

《禹贡》“九河”与黄河分流

张兴照

《禹贡》是我国第一部地理学名著，全面记载了古代的水系。由于年代久远，古今地貌变化很大，一些河道流经及名称今天已很难考证。其中“九河”颇有歧义，受到历代学者的关注。《禹贡》一篇出现两处“九河”，其一在九州章，曰：“济、河惟兖州。九河既道，雷夏既泽，灉、沮会同，桑土既蚕，是降丘宅土。”[①]其二在导水章，曰：“导河积石，至于龙门……北过降水，至于大陆；又北播为九河，同为逆河，入于海。”[②]《禹贡》“九河”问题，历史上有很多研究，其中有经学家的附会，亦有史学家的考证，[③]至现代则有历史地理学者的探索。[④] 两处“九河”是否相同？能否指实？其水文学意义是什么？我们在前贤研究的基础上作进一步的探索，并联系先秦时期的黄河分流进行考察，可以对《禹贡》“九河”有更深入的认识，对“九河”问题亦可作出更好的回答。[⑤]

一、再辩《禹贡》九河之不可确指

《禹贡》九河研究的首要问题是能否将其证实，包括河流名称考证和古河道的确认。九河之不可确指在学界本已大致取得共识，但仍有论者试图将其证实，本文对此再略作申辩。

---

① 《尚书·禹贡》，《十三经注疏》，中华书局，1980 年，第 147 页。

② 《尚书·禹贡》，《十三经注疏》，第 151 页。

③ 详参刘起釪：《九河考》，《古史续辨》，中国社会科学出版社，1991 年，第 544—573 页。

④ 张淑萍、张修桂：《〈禹贡〉九河分流地域范围新证——兼论古白洋淀的消亡过程》，《地理学报》1989 年第 1 期。

⑤ 为行文之便，下文中“九河”不加引号。

九河在文献中不独《禹贡》有载，它也出现在战国时期的诸子著作中。《孟子·滕文公上》载：“禹疏九河，瀹济、漯而注诸海。”①《荀子·成相》：“禹有功，抑下鸿……北决九河。”②《墨子·兼爱中》载禹“东方漏之陆，防孟诸之泽，洒为九浍”。③ 又《上海博物馆藏战国楚竹书（二）·容成氏》曰：“决九河之结。”④可见战国时期禹疏九河之说已较为盛行。可是关于九河的更多信息，我们却无从得见。《汉书·沟洫志》记载西汉成帝时，九河“既灭难明”，而许商给出了九河的其中三条河名：徒骇、胡苏、鬲津。⑤《尔雅·释水》更是备列九条河名：徒骇、太史、马颊、覆鬴、胡苏、简、絜、钩盘、鬲津。⑥ 这是把后世的九条河附会为《禹贡》九河，并不可信。六世纪出现的又一部地理学名著《水经注》指出九河故迹已不知其所。⑦ 至清代，治《禹贡》之集大成者胡渭著有《禹贡锥指》，他细加考究，得出结论：“九河所在，后人率多附会”，“然而求九河者正不必尺寸皆合于禹之故道，亦不必取足于九。”⑧这其实可作为研究九河的不刊之论。杨守敬也说：“‘九’者，极数也，言其甚多，不必限以‘九’也，此当以汪容甫《释三九》之义诠之。”⑨古人常以三、九言数，汪中《释三九》对此有详尽的考辨。他认为“三者，数之成也”，“九者，数之终也”。数有虚实之分，“实数，可稽也，虚数，不可执也”。⑩ 历史上儒生不知古人用三、九数字虚实的习惯，发生了许多的误解与附会。考之《禹贡》，“三江”“九

---

① 《十三经注疏》，第2705页。

② 王先谦：《荀子集解》，中华书局，1988年，第463页。

③ 吴毓江：《墨子校注》，中华书局，1993年，第160页，“东方漏之陆”或为“东为漏大陆”，“九浍”即“九河”，见第169—170页校注。

④ 季旭昇主编：《〈上海博物馆藏战国楚竹书（二）〉读本》，万卷楼图书股份有限公司，2003年，第127页。

⑤ 班固：《汉书》，中华书局，1962年，第1687、1690页。

⑥ 《十三经注疏》，第2620页。

⑦ 《河水注》谓汉世“议者常欲求九河故迹而穿之，未知其所”，参见郦道元著，陈桥驿校证：《水经注校证》，中华书局，2007年，第136页。《浊漳水注》谓“九河既播，八枝代绝”，见《水经注校证》，第263页。

⑧ 胡渭：《禹贡锥指》，上海古籍出版社，2006年，第69、479页。

⑨ 杨守敬：《禹贡本义》，《杨守敬集》，湖北人民出版社，1988年，第1册，第65页。

⑩ 汪中：《释三九》，《汪中集》，“中研院”中国文哲研究所，2000年，第73页。

江”“九河”等皆为虚数，后世之人强加指实，有违《禹贡》原旨。

刘起釪先生为治《尚书》之大家，他师从顾颉刚先生，对《尚书》的研究卓有成就，其《九河考》一文又将《禹贡》九河的问题提出，并借助于现代科技的成果试图把历史上弄不清的九河弄个明白。文中，他勾稽史料，对文献详加考证评点，认为要探索认识《禹贡》九河，不能用汉代《尔雅》以来所说的九条河，应当用科学工作者考察出来的河北平原黑龙港地区的九条地下古河道带。① 地貌学家从古河道的角度论证历史文献记载古河道的正确性，为历史地理研究中历史文献考证和现代地理学方法相结合开辟了一条新的途径，有很重要的学术意义。② 但简单的比附并不能轻易解决九河问题，对《九河考》一文的有关论证细加分析，发现其中疑点甚多。黑龙港地区位于河北省中南部，是海河平原的重要组成部分，行政区划上包括衡水、沧州两市全部，邯郸、邢台的东部，保定、廊坊各一部分。据河北省地理研究所1977年编绘《河北平原黑龙港地区〈古河道图〉及〈说明书〉》，黑龙港地区有九条古河道带：(1) 大名、馆陶、清河、枣强、景县、沧州的黄、清、漳河古河道带；(2) 大名、卫东地区，中间经山东，至吴桥、东光、南皮、沧州和吴桥、盐山、孟村的黄河古河道带；(3) 魏县、广平、巨鹿、新河、束鹿（今辛集）、深县（今深州）的黄、漳河古河道带；(4) 成安、肥乡、曲周、平乡、巨鹿的漳河古河道带；(5) 冀县（今冀州）、衡水、武强、献县、交河（今并入泊头）、沧州的黄、漳、滹河古河道带；(6) 沿子牙河一带的漳、滹河古河道带；(7) 安平、饶阳、河间、大城的滹沱河古河道带；(8) 肃宁、河间、任丘的滹、沙、唐河古河道带；(9) 任丘、文安的拒马河古河道带等。③ 数字的巧合使得拿这九条古河道指认《禹贡》九河颇有附会之嫌，我们只有从时代及地域上认真分析，才能得出让人信服的结论。华北平原古河道纵横，自中更新世，黄河进入华北大平原，黄河冲积扇

① 刘起釪：《古史续辨》，第544—573页。

② 吴忱、许清海、马永红、阳小兰、梁文栋：《黄河下游河道变迁的古河道证据及河道整治研究》，《历史地理》第十七辑，上海人民出版社，2001年。

③ 河北省地理研究所：《河北平原黑龙港地区〈古河道图〉及〈说明书〉》，吉林省地理研究所，1977年。

开始发育，黄河泛流，留下了为数不少的古河道带。我们当然不能以黑龙港地区的古河道来简单指认四千年前的黄河，《河北平原黑龙港地区〈古河道图〉及〈说明书〉》也提到“埋藏古河道还没有进行分层和给予时代的确定”。历史上，黄河在黄淮海平原南北摇摆，《禹贡》所载九河只是当时的大致反映，古河道的年代不可不察。从地域上来看，《禹贡》九州章所载九河在兖州，其地在今山东德州、河北沧州以南，仅跨有黑龙港地区的东部边缘。导水章所载九河在大陆泽以下，而大陆泽的范围在今河北任县、隆尧、宁晋、束鹿、深县、冀县、南宫、巨鹿诸县间，正位于黑龙港地区的中部偏南。上述九条古河道带真正在大陆泽以下的仅有(6)(7)(8)(9)等几条。然则黑龙港地区的九条古河道带与《禹贡》导水章九河的地域并不完全契合，九河不可指认。

二、由《禹贡》九河看黄河的两大分流

历来考证九河者多将《禹贡》两处九河视为同一所指。《禹贡》全文仅1194字，如此短的篇幅出现的九河会所指不同吗？这首先要从其所处的语境来分析。九州章的九河属于兖州毫无疑问，而兖州的范围如何呢？一般来说，河济之间为兖州。这当然是大概言之，并不能完全这样来界定。黄河河道的变迁在历史时期有过多次，而兖州的地域范围却大致没变。九州地域是人们经过长期的地理认知所形成的，其范围在相当长时期变化是不大的。尤其在其初步形成时期，九州并非行政区划，而是人们地理观念的反映，不像后世那样会因政治因素而导致其地域范围的盈缩。《禹贡》时期，兖州要比后世范围更大，更往北延伸，但也绝不会到大陆泽以北。而“九河既道”后，是“雷夏既泽，灉、沮会同”，雷夏与灉水、沮水都在今天的山东菏泽地区，九州章的九河离此地亦不应太远。导水章中的九河位处大陆泽以下，其基本不在兖州界内。若将两处九河等同，也就将黄河的干流单一化，而冀州的贡赋是由碣石转入黄河，我们知道，碣石地在昌黎，距兖州较远，这是讲不通的。

对于难以等同视之的两处九河，经学家亦只能给出牵强的解释。九州

章的“九河既道”发生地在兖州，孔传谓：“河水分为九道，在此州界，平原以北是。”孔疏曰：“河自大陆之北敷为九河，谓大陆在冀州，嫌九河亦在冀州，故云‘在此州界’也。河从大陆东畔北行，而东北入海。冀州之东境，至河之西畔。水分大河，东为九道，故知在兖州界平原以北是也。”[①]许商所言九河遗存及《尔雅》附会的九河亦大致在冀州与兖州交界地区。然而依此将两处九河统一起来，显然说不过去。

经现代历史地理学者的考证，先秦时期黄河下游存在着两大分流。谭其骧先生认为黄河在今河南浚县西南大伾山西的古宿胥口，即分为东北、北两支大分流。[②] 据此，我们可以从历史地理的角度重新审视《禹贡》九河。[③]

对黄河在《禹贡》时代及以后相当长时期的分流，史籍上也有案可寻。《史记·河渠书》曰大禹“乃厮二渠以引其河”。[④] 对二渠的解释，历来有较大的分歧。有人认为是王莽河与漯水，史念海先生则认为是公元前 132 年黄河在顿丘决口所行故道及漯水。[⑤] 这个我们不作细究，值得注意的是，司马迁所说的二渠可看作黄河两大分流的反映。对大禹治水，我们可以作如下的推测：以当时的生产力水平，大禹不可能修治让黄河分流的新渠。“厮”为分与疏导之义，他对黄河的治理应是对已有的河道加以浚治，使黄河循旧道分流以杀水势。当时的情况是兖州地势低下，在其境漫溢流淌的黄河构成了不小的灾害，大禹利用久已存在的北流故道将黄河的水量分出。黄河自进入黄淮海平原后有多条入海河道，远古时全由河性和地势决定它的流向。自人类逐渐有力量与自然抗争，黄河的走向也会因人们的意志而发生一些

① 《尚书·禹贡》，《十三经注疏》，第 147 页。

② 谭其骧：《西汉以前的黄河下游河道》，《历史地理》创刊号，上海人民出版社，1981 年，第 48—64 页。

③ 张淑萍、张修桂《〈禹贡〉九河分流地域范围新证——兼论古白洋淀的消亡过程》将《禹贡》两处九河与黄河两大分流联系起来进行考证，本文在此基础上作进一步的探讨。

④ 司马迁：《史记》，中华书局，1959 年，第 1405 页。

⑤ 史念海：《论〈禹贡〉的导河和春秋战国时期的黄河》，《陕西师大学报（哲学社会科学版）》1978 年第 1 期。

变化。大禹“断二渠”正是对自然的改造，其结果是黄河在下游地区形成两大分流。当然，对大禹治水，我们还无法断定其功之巨微，黄河分流抑或是自然形成，后世以之誉禹，亦未可知。

黄河的北支分流由于大禹的缘故被后世称为禹河，在《水经注》中被称为大河故渎。在河北平原，由于诸水汇聚，形成面积甚广的大陆泽，黄河在大陆泽以下，散播为多条河道入海，这也是人类介入前大河入海的常态。由于其时处于海水大规模入侵后海退期间的稳定期，会出现潮汐河口的海水倒灌，于是九河“同为逆河，入于海”。此九河正处于谭其骧先生考证的《禹贡》河与《山经》河之间的区域。我们可以从“西河”这一地名来侧证黄河在夏商周时期的流向。据《帝王世纪》，“（启）三十五年，征河西”。[1] 古本《竹书纪年》载“（启）二十五年，征西河”，又“胤甲即位，居西河”。[2] 西河是晚夏四帝之都，其地在今豫北地区，当时的黄河以西。古本《竹书纪年》又载“河亶甲整即位，自嚣迁于相”，[3]《吕氏春秋·音初》谓“殷整甲徙宅西河”，[4]是西河为河亶甲所迁之相，而相在今河南内黄。商代甲骨文中有“河东”，如“癸巳卜，𠣞，贞令师般涉于河东”（《合集》5566）。又如“行东至河”（《合集》20610）。[5] 从出现“河东”的几条辞例的时间和距离推测，当时的黄河就在殷都（今河南安阳）之东不远处。战国初期，子夏居西河为魏文侯师，其地亦当时的卫国。[6] 这些都反映了夏商周时期，黄河走北支分流的情况。

黄河的东北支分流即《汉书·地理志》所载的大河，俗称为《汉志》河。大禹治水时，兖州被黄河漫溢成灾。兖州九河是黄河东北支分流多条河道入海的反映，“九河既道”，入海河道疏通了，并且将灉水与沮水会同流入雷

---

① 皇甫谧：《帝王世纪（丛书集成初编本）》，商务印书馆，1936 年，第 15 页。

② 范雍祥：《古本竹书纪年辑校订补》，上海人民出版社，1962 年，第 9、14 页。

③ 范雍祥：《古本竹书纪年辑校订补》，第 19 页。

④ 陈奇猷：《吕氏春秋新校释》，上海古籍出版社，2002 年，第 338 页。

⑤ 郭沫若主编，胡厚宣总编辑：《甲骨文合集》，中华书局，1979—1982 年。

⑥ 钱穆：《先秦诸子系年》，中华书局，1985 年，第 125—129 页，“子夏居西河在东方河济之间不在西土龙门汾州辨”条。

夏泽，兖州水患平息，人们才能够“降丘宅土”，从小土山上下来搬到平地居住。有学者认为大禹治水主要发生在兖州，联系当时黄河的走向，这是有一定道理的。春秋以后东北支分流逐渐成为黄河的主流。所谓周定王五年（前602）的河徙（《汉书·沟洫志》载“《周谱》云定王五年河徙”）[①]不应被否定，那只是黄河两大分流主流变换中较大的一次罢了。这或许就是黄河由以北行为主，转而以东北支分流为主河道的一次决定性“改道”，因此得以流传下来。《左传》哀公二年（前493）：“晋赵鞅纳卫大子于戚。宵迷，阳虎曰：‘右河而南，必至焉。’”孔传曰：“戚在河外。”孔疏云：“戚在河东。”[②]戚为临河之邑，在今天的河南濮阳，位于《汉志》河的东岸，可证当时的黄河流经濮阳。《史记·田敬仲完世家》记载齐威王二十四年（前333）威王曰：“吾臣有朌子者，使守高唐，则赵人不敢东渔于河。”[③]高唐在今山东省禹城市西南，《汉志》河经行高唐，距北支分流甚远。高唐是漯水分流之处，也是兖州九河分流扇形的顶端。由于春秋以降，黄河主要走东北支分流，后世学者对九河的考察主要放在后世黄河所处的地域了。《尔雅》所言之九河，除徒骇河外，全在《汉志》河以南地区。当时黄河右岸分出了众多支津，自战国以后至于汉代，由于这些分流的存在，人们便将之作为“九河既道”之九河，并概而论之，统称为《禹贡》九河。兖州与冀州两个九河流经的区域以深县、黄骅一线为界，徒骇河即是北支分流的南界，兖州九河绝无可能越过此线。历代研究者的张冠李戴，不可不察。

三、《禹贡》九河与黄河下游分流河道的演变

《禹贡》创作时代虽难有定论，但所言九河绝非东周之后的实录，而必为之前河道状况的反映。探讨其时黄河中下游地区的水文环境，有助于我们对《禹贡》九河的出现及其含义有更进一步的理解。

---

① 班固：《汉书》，第1697页。
② 《十三经注疏》，第2156页。
③ 司马迁：《史记》，第1891页。

《管子·揆度》曰：“共工之王，水处什之七，陆处什之三。”[①]虽有史前洪水的背景，但也大致反映了龙山时代以来的多水时空环境。《禹贡》“降丘宅土”揭示了大禹时代黄河下游平原洪水泛滥时人们居住之所在。商代有“居丘”之说，胡厚宣先生遍览旧籍，认为“古代北方川流特多，湖泽广布，地势卑洳，水潦汪然，故人民不能不择丘陵而居之”。[②]“居丘”是在水潦遍地状况时人们的居住常态。据甲骨文与文献记载，商周时期黄河下游地区的丘数量众多。甲骨文中名丘之地有十几个，文献所载商代以前的丘有十余处，西周春秋时期的丘则多达六十余处。[③]

商周时期华北平原的湖沼应远远多于后世。如在殷都所在地安阳，考古发掘推测有湖泊的存在，在安阳市区以东的洹河两岸，尤其是河道南岸约3～4公里以内地区，经勘探发现，地下分布有一层深黑色或棕黑色沉积地层，推测是洹河冲积扇前缘承压水形成的湖沼沉积物。[④]而在殷都南的今辉县地区“近太行山麓一带，有十分丰富的承压水，并有多处露出地面，构成一条泉水溢出带……地下潜水水位很高，一般距地表1米左右。这样的水热地理条件，使这一地区全新世湖沼兴盛……而泉水溪流更是不计其数”。[⑤]这也可反映出当时地貌的常态应该是到处涝洼积水的情况。

黄河在郑州以上多在丘陵、峡谷中穿行，由于地形地势的约束，古今流路变化不大，而下游河道在文献记载中不同历史时期则移徙不定，决口频繁。由于文献中少有西周以前的黄河水患记载，我们不敢断言其下游决溢情况。但对黄河水患历史规律的探讨及河性的分析有助于窥测其时黄河水患面貌。谭其骧先生认为：“自有历史记载以来的几千年内，黄河的灾害并

---

① 黎翔凤：《管子校注》，中华书局，2004年，第1371页。

② 胡厚宣：《气候变迁与殷代气候之检讨》，《甲骨学商史论丛二集》，齐鲁大学国学研究所专刊之一，1945年，第391页。

③ 张兴照：《商代地理环境研究》，中国社会科学出版社，2018年，第148—154页。

④ 中国社会科学院考古研究所、美国明尼苏达大学科技考古实验室：《洹河流域区域考古研究初步报告》，《考古》1998年第10期。

⑤ 河南省文物考古研究所：《辉县孟庄》，中州古籍出版社，2003年，第5—6页。

不是一贯直线发展，而是中间有过一个大曲折的。”[1]历代黄河泛滥决堤之灾的发生并非全然相同，就文献记载来看，黄河曾有过东汉至唐八百年的安流期。那么，《禹贡》九河形成的时代呢，我们的基本判断是多水但少灾。也就是说，黄河下游河道并非像后世一些历史时期那样徙决不定，众多的湖沼以及从黄河分出的支津可以分流、蓄纳洪水，有效地减少河患的发生，故此是一种相对稳定的状态。

《禹贡》九河并非大禹治水时才出现，更非因大禹导水而人为开凿，九河的形成由来已久。这是黄河的河性与平原地貌相结合而产生的。以冀州九河为例，九河所摇摆的地域范围在地质上属于冀中坳陷，地貌上形成洼地，黄河的流经使这里出现湖泽。进入中全新世，湖沼水面曾极度扩展，成为古白洋淀的全盛时代。黄河尾闾在此游荡，由此形成九河。后来随着泥沙的堆积，湖沼萎缩，九河全面发育，分流注入渤海，即《禹贡》所载的“九河同为逆河，入于海”。这是一个漫长而不断演化的过程，九河数目不定，河道亦不定。只是进入文明时代后，人们把这一现象记录下来，而有九河之谓。

《禹贡》兖州九河更多地表现为黄河的支津。反映了黄河下游平原上所遗存的黄河支津水道长期存在的状况。济水、漯水其实皆为黄河的支津，只不过由于其水势甚大，分水口靠近上流，且在分流处的黄河彼岸有黄河的支流注入，被人们误以为是穿黄而过的河流。济水更是被列为独流入海的四渎之一。漯水至《水经注》时代也仍然存在。《禹贡》九河其实如同济水、漯水一样，有些作为黄河的支津而长期存在，有些成为其他河流的河道，有些则干涸而不见于后世。这与黄河主流河道的固定及变迁情况关系密切。

九河分流入海的状况在史前时期是一种常态，不知经过了多少洪荒岁月。然而伴随着人类越来越多地在此区域的繁衍生息，这一水系面貌对人的生存构成了较大的威胁。一旦出现尧舜禹时代的“汤汤洪水方割，荡荡怀

① 谭其骧：《何以黄河在东汉以后会出现一个长期安流的局面》，《学术月刊》1962年第2期。

山襄陵，浩浩滔天”，[①]它所带给人们的震恐是巨大的。大禹治水或是使黄河的干流由兖州分出，重走冀州的北支分流，黄河在兖州的尾闾不免仍为九河，但分流黄河的水势使得兖州摆脱了洪水漫溢的局面，表现在《禹贡》中则是“九河既道”“桑土既蚕”“降丘宅土”，而冀州则又一次出现大陆泽下九河入海的常态。

历经夏商西周，冀州九河留在人们的印记中。在河北平原到处是黄河的踪迹，即使在黄河转向东北支分流后，河北平原水系出现长时期大范围的变化，直至汉魏时期海河水系的形成。九河中的部分河道被后世河流所利用，更多的则湮废了。不过有一个现象让我们仍能看出九河的影子。“河”在古代是黄河的专称。除了黄河，其他河流皆称为某某水。这一点在《水经注》中表现得非常清楚，但在河北平原却有些河流可以被称为某某河，如巨马河、沽河、商河、清河、潞河、滹沱河、瓠子河等，《汉书·地理志》中河北平原则有12条水道称河。[②] 按之河道所经，可以推测这些河流大多曾经是黄河的分流河道或本就是黄河干流的一部分，在黄河离开河北平原后，由于历史的播衍，人们习惯上将其称为“某某河”。这一现象已为学界所熟知。当然并非河北平原称“某某河”的这几条河流就是《禹贡》时期九河的遗留，这仅是名称上的延续罢了，其所指不单是原来九河所经，有些河道承接太行山来水，后世连带着把整条河流皆呼为“某某河”了。

要之，《禹贡》九河是先秦时期特别是春秋以前黄河下游入海河道状况的反映。它的形成是由于黄河泥沙沉积且无大堤的束缚，因之在平原地区散漫分流入海。随着黄河下游地区人口的增多，黄河的这种漫流与分流状态越来越受到人的干预。战国时开始筑堤，使黄河下游河道渐趋固定单一。冀州九河随着黄河主干道东移，分流黄河的功能不再，但其河道可以承接太

---

① 《尚书·尧典》，《十三经注疏》，第122页。

② 谭其骧先生搜汇称河的水道并指出：“古代‘河’既是黄河的专称，那末《汉志》《水经》里为什么会出现别的水道被称为‘河’？这只能是由于这些水道或其一部分曾经是黄河或其岔流的一部分，因而被称为‘河’或××河，后来黄河虽然离开了这条水，河的称呼却被沿用到了后代。”见谭其骧：《西汉以前的黄河下游河道》，《历史地理》创刊号，第62—63页。

行山的来水，其遗存或在《水经注》某某河的称谓中留下踪影。兖州九河由于后来黄河长期被大堤所束，形成单一河道，除了济水、漯水，其他小的河流逐渐干涸，有些遗迹为人传载而被附会为《禹贡》九河。至此，黄河尾闾的河道基本上渐趋湮灭，九河也只留在《禹贡》中而故迹却“未知其所”了。

原载《首都师范大学学报（社会科学版）》2020 年第 6 期，今据以收入。

“杞梁”初考

任会斌

《左传》襄公二十三年载：“齐侯还自晋，不入，遂袭莒，门于且于，伤股而退。明日，将复战，期于寿舒。杞殖，华还载甲，夜入且于之隧，宿于莒郊。明日，先遇莒子于蒲侯氏。莒子重赂之，使无死，曰：‘请有盟。’华周对曰：‘贪货弃命，亦君所恶也。昏而受命，日未中而弃之，何以事君？’莒子亲鼓之，从而伐之，获杞梁。莒人行成。齐侯归，遇杞梁之妻于郊，使吊之。辞曰：‘殖之有罪，何辱命焉？若免于罪，犹有先人之敝庐在，下妾不得与郊吊。’齐侯吊诸其室。”

此段文字记述齐庄公在伐晋返回途中，齐将领杞梁率兵袭击莒国，不幸战死，齐侯归来时路遇其妻而吊，杞梁之妻因野外凭吊而表示不满，齐侯于是到其家中吊唁。襄公二十三年即公元前550年。

周代以崇尚礼治著称，“周公摄政，……六年制礼作乐，七年致政成王。”[①]西周在总结殷商典章的基础上，礼乐制度严密规范，等及春秋，礼更成为“经国家，定社稷，序民人，利后嗣”的根本。关于丧礼，《礼记·丧大记》云：“大夫之丧未小敛，为君命出。……大夫于君命，迎于寝门外，使者升堂致命，主人拜于下。”《仪礼·士丧礼》亦云：“君若有赐焉，则视敛。”意即君王如果加恩惠于士，就必须要亲临士的大殓之礼，也就是因为此，文中的杞梁之妻认为庄公的行为不合乎礼法，如杨伯峻《春秋左传注》中所言：“古礼，唯所谓贱者受郊吊。杞梁乃大夫，故其妻辞吊。”[②]此段文字形象地塑造了一个

① 王闿运：《尚书大传补注》，中华书局，1991年，第44页。
② 杨伯峻：《春秋左传注》，中华书局，1990年，第1085页。

以“拒效吊”而折服齐侯、聪明知礼的妇女形象。此部分“杞梁妻”之事，已被学界公认为是孟姜女故事的原形，“孟姜女即《左传》上的‘杞梁之妻’”。[①]

就孟姜女的研究，最初始于20世纪20年代的顾颉刚，顾先生以历史演进和传统考据方法，借鉴社会学理论，进行了一系列研究，堪称是现代民俗学史上一个最成功的研究范例。就《左传》襄公二十三年中所涉及的主要人物“杞梁”，在其研究中也有涉及，后来魏建功[②]等学者也曾对其作过考证，但研究多以文字本身为侧重，本文结合近年一些新材料，就此作一点粗浅的补充讨论。

就文中记述的齐国此次伐晋还袭莒的行动，事实上，齐在桓公后，霸业中衰，继而晋、楚崛起。出于争霸需要，晋最初联齐制楚。但城濮之战后，齐、晋交恶。顷公十年（前589），晋郤克借鲁、卫求援之机，出兵攻齐，“战于鞌”，齐师大败。后平阴之战中，晋又得胜。鲁襄公二十三年，栾氏于晋叛乱，齐以此为时机，挥师伐晋。此事件还见于《史记·齐太公世家》《史记·晋世家》及清华简《系年》等文献。而莒地近齐国南部，亦是春秋之世的一个东方大国，随着齐国复兴，齐、莒关系也变得紧张。公元前596年，齐因“莒恃晋而不事齐故”出师伐莒，此后，齐、莒纷争不断，鲁襄公十六年（前557），莒公因为“通齐、楚之使”（《左传》襄公十六年）而被执，莒转而服从他国伐齐，由此带来的是此后齐国对莒国持续的军事行动，以上即为杞梁事件之主要背景。

杞梁，即杞殖，为春秋时齐国大夫，“杞梁、杞殖：齐臣，‘杞梁’二见，‘杞殖’一见，俱出襄传二三·七”。[③] 杨伯峻《春秋左传注》中提到：“梁是杞殖之字，以其妻云‘殖之有罪’知之。”[④]“先秦人名有姓、氏，有名、字，有的有爵，在死后还有谥”。[⑤] “杞”，姒姓，据《元和姓纂》卷六“杞”云：“姒姓，夏禹之后。

---

① 顾颉刚：《孟姜女故事的转变》，《孟姜女故事论文集》，中国民间文艺出版社，1983年，第1册，第7页。

② 魏建功：《杞梁姓名的递变与哭崩之城的递变》，《孟姜女故事论文集》，第39页。

③ 杨伯峻、徐提：《春秋左传词典》，中华书局，1988年，第325页。

④ 杨伯峻：《春秋左传注》，第1084页。

⑤ 李学勤：《考古发现与古代姓氏制度》，《考古》1987年第3期，第253页。

周武王封东楼公于杞，后为楚所灭，子孙氏焉。”又《通志》卷二六《氏族略·以国为氏》：“杞氏，姒姓，夏禹之后。成汤放桀，其后稍绝；武王克纣，求禹后，得东楼公，而封之于杞，……子孙以国为氏。”周代姓名之称，与“女子称姓”相对应的是“男子称氏”制度，郑樵《通志·氏族略》中说：“男子称氏，妇人称姓。氏所以别贵贱。贵者有氏，贱者有名无氏。”以上看来，杞梁应系出于杞国公室。就氏之来源，最早如《左传》隐公八年所言：“天子建德，因生以赐姓，胙之土而命之氏，诸侯以字为谥。因以为族，官有世功，则有官族，邑亦如之。”即以国、以字、以官和以邑，当然实际情况更为复杂。以国为氏与以所封之采邑名称为氏均反映了当时普遍存在的“领土”和“边界”观念。以国为氏在周初是非常普遍的，诸侯之氏或因于国，或因于地，在封国之初就有氏名，事实上，就一国说，国氏集团的成员并不多，主要是由周天子分封到各地的诸侯和一些畿内贵族以各自封国封邑为氏，以及由夏、商时保留到周代的一些小国也多继续以原国名为氏，除此，就是羁縻之臣或流亡贵族在他国以母国国氏为称呼。① 由这里也可以大致推断杞梁之身份。

对于有氏之人，单称名或字，人名并不完全，一般的形式是氏加名或字，这是最常见的称氏形式之一，如文中的“杞殖”“杞梁”。此外，《左传》中的类似例子是非常多的，如“樊皮”（庄公二十九年）、“石买”（襄公十八年）、“孙襄”（襄公二十六年），“赵衰”（僖公二十四年）、“屈完”（僖公四年）、“高子容”（襄公二十九年）、“祭仲”（隐公元年）、“鲍叔牙”（庄公八年），等等。周人男子所称的氏，绝大多数是其父方的氏。同理，此处杞梁亦是。

事实上，杞国东迁之后，北与齐、纪相邻，西南连鲁，东南接莒。春秋中期，淮夷病杞，杞国也受到莒国的威胁，《左传》僖公十三年（前647）：“夏，会于咸，淮夷病杞故，且谋王室也。”《左传》僖公十四年载：“十有四年春，诸侯城缘陵。”杜预注：“缘陵，杞邑。辟淮夷，迁都于缘陵。”杨伯峻注：“缘陵，今山东省昌乐县东南七十里。”②此地是当年纪邑所在地，在齐襄公八年，齐灭

① 陈絜：《商周姓氏制度研究》，商务印书馆，2007年，第279页。

② 杨伯峻：《春秋左传注》，第346页。

纪后，该地已属于齐。齐同意将此地让于杞并参与为之筑城，具体看来，一是使其成为自己的附庸国，增强自身实力；二是把杞置于齐之南疆，用其作为经营胶东的屏障。所以，按春秋中后期这种形势，杞曾在很长时间内一度成为齐的附庸国，国人也多求仕于齐，因此杞梁仕齐为大夫，也是在这样的背景下，杞梁作为齐国大夫，参加了《左传》襄公二十三年中齐伐晋攻莒的一系列军事行动。

杞梁氏出杞国，那么杞国故地自然应该是杞梁家族的故地所在。虽然在最初的《左传》情节中杞梁妻并没有“哭”，而且整个故事与“城”也没有关系，但到了战国时期，情况有所变化，《礼记·檀弓》中借曾子语对情节作了一定的补充，开始出现了这样的记载：“齐庄公袭莒于夺，杞梁死焉。其妻迎其柩于路而哭之哀。”在杞梁妻遵礼同时加入了哭夫的记载。而后从汉代始，故事中出现了哭夫崩城、殉夫死节的情节，刘向《说苑》记述：“其妻闻之而哭，城为之阤，而隅为之崩”，“昔华舟、杞梁战而死。其妻悲之向城而哭，隅为之崩，城为之阤。”[①]至《列女传·齐杞梁妻》，则更为详细。[②]

此时内容已将《左传》记载与当时流行的传说结合在了一起，“悲歌哀哭”之哭成了“哭夫崩城”之哭。但就其所哭为哪座城，文献中却没有具体提及。不过，汉晋时候，有多篇文献中提到是“杞城”，如王充《论衡·变动》：“或时杞国且圮，而杞梁之妻适哭城下。”[③]崔豹《古今注》：“乃抗声长哭，杞都城感之而颓，遂投水而死。”[④]邯郸淳《曹娥碑》中也提到：“哀姜哭市，杞崩城隅。”[⑤]当然，所谓的“哭城”是在故事传播中的再创造，尽管后人讨论也有莒城说、梁山说等不同的观点，但杞妻哭夫于丈夫故家，更为合乎常理，也表明了杞梁与杞城的联系。

由于出土资料有限，最初就杞梁姓族的研究往往限于传为杞国所在地

---

① 刘向：《说苑》卷四、一一，上海中华书局据明刻本校刊，《四部备要》本。

② 张涛：《列女传译注》，山东大学出版社，1990 年，第 146 页。

③ 黄晖：《论衡校释》，中华书局，1990 年，第 660 页。

④ 崔豹：《古今注》，中华书局，1985 年，第 10 页。

⑤ 录自《曹娥孝女庙志》，《绍兴市志》卷三七，浙江人民出版社，1996 年。

的河南杞县。如顾颉刚先生所说:"杞国在今河南开封道中间的杞县,莒国在今山东济宁道东北的莒县,两处相去千里,何以会杞梁战死于莒国而其妻哭倒了杞城?"[①]但随着新时期考古工作的深入,大批杞器的出土与杞国故都的考定,使得我们对这一问题有了进一步的认识,也使人们对杞梁姓族与其里籍问题获得了一些新的线索。

杞为夏后裔所建姒姓国家,历史悠久,由文献可知,杞国初封于商代,《大戴礼·少间篇》:"成汤卒受天命,……故乃放夏桀,散亡其佐,乃迁姒姓于杞。"后重封于周初,先后经商、西周、春秋,至战国初期为楚所灭。《史记·陈杞世家》记载:"杞东楼公者,夏后禹之后苗裔也。殷时或封或绝,周武王克殷纣,求禹之后得东楼公,封之于杞,以奉夏后氏祀。"杨伯峻《春秋左传注》:"杞,国名,姒姓。杞本旧国,汤封之,……据顾栋高《大事表》,杞武公二十九年入春秋。春秋后三十六年,即杞简公元年,楚惠王灭之。"[②]《史记正义》引《括地志》云:"汴州雍丘县,古杞国城也,周武王封禹后,号东楼公也。"雍丘,即今河南杞县一带。曾有学者提出"两杞说"的观点,即认为周初分封的杞国在河南杞县,而商时杞国在山东新泰,[③]但目前看来,多数学者还是主张商周所封之杞是一国,均在今河南杞县。

杞在商代资料有限,甲骨文中可见部分信息,见于一、二、五期卜辞。如《甲骨文合集》24473:"己卯卜,行贞:王其田亡灾?在杞卜。庚寅卜,行贞:王其步自杞于□,亡灾?"此处表地名。杞国重封于周初,出土于河南开封的亳鼎(《集成》2654),铭见"公侯赐亳杞土……",其时代在西周早期。可见,西周早期杞国的政治范围当仍在河南境内。

春秋时,杞东迁山东,不过此后又经过数次迁徙。就具体东迁时间,1986年出土于陕西安康王家坝遗址的史密簋给我们提供了诸多信息,史密簋铭见:"惟十又二月,王令师俗、史密曰'东征',会南夷卢、虎会杞夷、州夷,雚,不悊,广伐东国。齐师、族徒、遂人乃执鄙宽恶。师俗率齐师、遂人左

① 顾颉刚:《孟姜女故事的转变》,《孟姜女故事论文集》,第16页。

② 杨伯峻:《春秋左传注》,第33页。

③ 王恩田:《从考古材料看楚灭杞国》,《江汉考古》1988年第2期,第86页。

[周]伐长必；史密右率族人、莱伯、僰、夷周伐长必，获百人，对扬天子休，用作朕文考乙伯尊簋，子子孙孙其永宝用。”铭文记述：南夷的卢、虎和杞、州两国相呼应，扰乱了周朝东土。于是周王派师俗、史密东征，率领齐、莱、僰、夷等多国军队，围攻长必，取得了胜利。器中的杞夷、州夷即是杞、州两国，杞和州有特殊的关联，州都于淳于，即今安丘东北。杞、州称夷，是由于采用了东夷的习俗。[①] “夷”，狭义而言，是三代对以海岱地区为主体的东方的称谓。史密簋学界多定为是懿、孝时器，因此，可知早在西周中期前，杞就已东迁入山东而离开河南，所以杞、莒之间并非是“相去千里”。就所迁具体地望，学界多认为杞国因中原之地“诸侯力攻相并”，而迁回诸城本土，从史密簋铭看，杞、州两地距离是很近的，州位于今山东安丘一带，而诸城恰恰距离安丘不远。

周王朝平乱之后又将杞迁入新泰一带。清代道光、光绪年间在新泰一带曾出土有一批杞国铜器，计有鼎 2、簋 5、匜 1、盆 1。[②] 铭文字数不一，主要反映了杞国与邾国间的婚姻关系。咸丰四年许翰《周杞白敦铭跋》指出：“近岁新泰某掘地得古铜器多品，铭首皆有杞白二字。知为杞国物，……杞国东迁，书史不详其地，以此器证之，知在新泰一带矣。”关于这批铜器的年代，据形制定其为两周之交到春秋早期，而关于杞国与邾国关系的其他金文材料之后在滕州和平邑等地也有出土，[③]新泰与滕州、平邑都距离较近，一系列发现说明此后一直到春秋早期，新泰一带都是杞人的政治中心。《汉书・地理志》载：“陈留郡雍丘。”班固注：“故杞国也，周武王封禹后东楼公，先春秋时，徙鲁东北。”而新泰，即位于鲁东北。

《左传》隐公四年（前 719）载：“春王二月，莒人伐杞，取牟娄。”牟娄在今诸城西部。杜预注：“推寻事迹，桓六年，淳于亡国，杞似并之，迁都淳于。”杨

---

① 李学勤：《史密簋铭所记西周重要史实考》，《中国社会科学院研究生院学报》1991 年第 2 期，第 7、9 页。

② 此据“中研院”历史语言研究所统计资料。另据王恩田统计为簋 8 件，参见王恩田：《从考古材料看楚灭杞国》，《江汉考古》1988 年第 2 期，第 86 页。

③ 万树瀛、杨孝义：《山东滕县出土杞薛铜器》，《文物》1978 年第 4 期，第 94 页；李常松：《平邑蔡庄出土一批青铜器》，《考古》1986 年第 4 期，第 366 页。

伯峻注：“淳于在今山东省安丘县东北三十里。”据此，有学者认为当时杞谋求淳于并迁都于此，但也有观点认为此说文献根据不足，且距东迁时间太短，根基尚未稳固，无能力北上迁都。个人认为，当以后说为是，同时，由“淮夷病杞”而鲁僖公出动大军回击致“淮夷来同”的过程看，杞都在鲁僖公初年应仍在鲁国附近的新泰地区。① 事实上，淳于距缘陵仅25公里左右，如此，则齐桓公因“淮夷病杞”而发动“诸侯城缘陵而迁杞”，便不是很合理了。

如上文所言，杞于春秋中期，为避莒、徐侵扰而又迁都于缘陵，也就是今山东昌乐东南一带。杞再次迁徙已是78年后，即公元前541年。而莒国的疆域，春秋时大体北起昌邑东南，东北自胶县以西，南至今江苏赣榆县北，东起黄海，西达沂水。包括今安丘、胶县、胶南、诸城、五莲、日照、沂水、莒县、莒南等地区。② 杞正好位于莒国西北，所以在襄公二十三年杞梁战死之时，杞、莒是南北接壤，绝不是“相去千里”，这也与文献中的杞梁事迹相吻合。

《左传》昭公元年（前541）载：“子相晋国，以为盟主，于今七年矣。再合诸侯，三合大夫，服齐、狄，宁东夏，平秦乱，城淳于。”杜预注：“襄二十九年城杞之淳于，杞迁都。”此次杞迁淳于时间不长，到春秋晚期，因齐占据淳于旧地，杞再次迁徙到鲁国北部一带，与鲁、齐接壤，后压缩至宁阳东北、新泰以西及西北、泰安以南一带，直至战国被楚所灭。

在春秋晚期，齐国势力已到达新泰一带，并一直持续到战国中晚期。从新泰一中、周家庄制陶手工业作坊和墓地等遗址来看，新泰城区一带是齐国一处规模庞大的重要区域，可以说容纳杞国存在的区域只能是泰安南、宁阳东北一带。③ 而在泰山以南宁阳县境之石碣集，有“范七郎庙”，附近有“范郎石”等遗迹，《[咸丰]宁阳县志》卷十《古迹》云：“范郎石，《旧志》云：‘在石碣社，俗传范郎筑长城经憩于此，亦不知何许人。’”④据相关的调研，此遗迹确

---

① 杨善群：《杞国都城迁徙与出土铜器考辨》，《学术月刊》2000年第2期，第64页。

② 逄振镐：《莒国史略》，《东岳论丛》1999年第4期，第86页。

③ 钱益汇：《杞国都城迁徙及相关历史地理问题疏证》，《首都师范大学学报（哲学社会科学版）》2011年第4期，第48页。

④ 周郢：《孟姜女故事与泰山》，《文史知识》2008年第6期，第68页。

实存在。众所周知，孟姜女庙分布甚广，而杞梁庙则是极为少见，目前所知仅有二处存在，一在河南杞县，另一处就在宁阳，这极有可能是缘于杞梁与杞国的家世渊源。

事实上，从《左传》中的“杞梁作战，其妻拒绝郊吊”到《礼记》中“哭之哀”，从《孟子》中的“善哭而变国俗”到《列女传》中的“城为之崩，……赴淄水而死”，从《曹娥碑》中的“杞哀姜哭市，杞崩城隅”到《古今注》中的“杞都城感之而颓”，“在这件故事的初期七百余年之中，它的根据地全没有离开过山东的中部”，而就所哭之城，“总之不离乎齐国的附近”。[①] 就是在唐代，《琱玉集》所引《同贤记》中首次出现了秦朝杞梁筑长城而死的情节，齐杞梁被改为燕杞良，身份被平民化，称“杞良，秦始皇时北筑长城，避苦逃走”。但从他们的名称看，仍然具有非常明显的齐人痕迹。虽然后世故事的浪漫主义色彩彰显，异文越来越多，但是在山东中部流传至今的“杞梁妻”故事，从形式上一直具有很强的原始性和史传性，这也是与其他地区相比一个显著的特点。[②]

就具体称呼而言，在相关文献中，春秋至唐之前多作杞梁或杞殖，如“杞梁、杞殖”（《左传》）、“杞梁”（《礼记》）、“杞梁、杞梁殖”（刘向《说苑》《列女传》）、“杞梁”（韩婴《韩诗外传》）、“杞梁”（枚乘《杂诗九首》）、“杞梁”（王充《论衡》）、“杞梁、杞梁殖”（蔡邕《琴操》）、“杞梁、杞殖”（崔豹《古今注》）等，直到唐宋时，范梁、犯梁、杞良等称呼出现且与杞梁并存，如在唐人编纂《琱玉集》所引《同贤记》中（卷十二“杞良妻泣崩城”）“杞良”或“良”共出现了十四次，所以顾颉刚说：“杞梁作杞良，连《春秋》上的名也改了。”[③]宋元后万喜良，范喜良、范杞良、范杞梁、范希郎、范士郎、范郎、犯梁等名称大量出现并流传。[④] 就此，魏建功根据音转规律已有论述：“‘杞’字的形体与‘犯’字相似，

---

① 顾颉刚：《孟姜女故事的转变》，《孟姜女故事论文集》，第 16 页。

② 王雁、宣兆琦：《齐长城沿线孟姜女哭长城传说及其特性》，《理论学刊》2017 年第 4 期，第 161 页。

③ 顾颉刚：《唐代的孟姜女故事的传说》，《孟姜女故事研究集》，上海古籍出版社，1984 年，第 277 页。

④ 魏建功：《杞梁姓名的递变与哭崩之城的递变》，《孟姜女故事论文集》，第 40 页。

‘犯’字的声音与‘范’字相同，并且有些形似，于是‘杞’字一以形讹而为‘犯’，再以音讹而为‘范’。”“等到‘范’字出现，就把‘杞’字的读音读丢了，而读‘范’了。于是便由形讹而至于音讹。……在南方民族中，杞梁的姓便受了方音化而姓万。”所以，以上系由文字的讹变以及语音的相近所造成。就“杞梁”“杞良”“希郎”“士郎”“喜良”等种种同音异字的双名，“则不外方音化的原因，……至于‘梁’字变改‘良’，完全同音，就是‘郎’不过韵的小异”。[①] 以上简言之，就是杞梁的一音之转。这里还有一点，就是先秦时虽然复名常见，但自汉晋开始，单名盛行，直到唐代以后双名方才变多，并开始占据优势，这也应当为杞梁后世双名多见的原因之一。

原载《南方文物》2019年第3期，今据以收入。

---

① 魏建功：《杞梁姓名的递变与哭崩之城的递变》，《孟姜女故事论文集》，第41页。

形状、花纹及其造型的关联

——以弗利尔美术馆鸟兽铜觥为例

张　翀

中国古代青铜器的特点之一就是多具有纹饰，尤其是商代晚期的铜器，纹饰繁丽，造型独特，可谓是与铭文并辔之举。器物上的纹饰与器物造型的关系也十分密切，值得研究。铜器纹饰不仅有装饰功能，也有历史文本或文学意涵，此一方面是因为纹饰本身所致，另一方面也出于与器形的关系。不过，在圆形、方形等几何性较强的常规器形上，器与纹(饰)两者的关系比较不够显性；而在觥、卣甚至牺尊等不规则器形上，纹饰与器形的关系就比较紧密，甚至非常微妙。不规则的器形更多引发了纹饰上的变化，而这些非程式化的纹饰又兼具造型之功。我们就以弗利尔美术馆所藏的鸟兽(图 1)为例作以深入剖析。[①]

图 1　鸟兽纹觥

这件鸟兽纹觥是梅耶夫妇捐赠

① 该图采自 John A. Pope, Rutherford J. Gettens, James Cahill, Noel Barnard, *The Freer Chinese Bronzes*, *Vol 1: Catalogue*, Washington D. C.: Smithsonian Institution Press, 1967, plate45。对器物收藏地 Freer Gallery of Art，之前许多文章中译法不一，今径改为“弗利尔美术馆”，后不再出注。编号为 F1961.33a - b, Lidded ritual ewer (guang) with taotie, dragons, birds, tigers, elephants, fish, snakes, and humans, https: //www.freersackler.si.edu/object/F1961.33a-b/。

给弗利尔美术馆，整器方体，有盖，且为四锥足，通身遍布纹饰，高 31.4 厘米，宽 31.3 厘米，重 4.59 千克。[①] 刘莹莹认为这件器物在造型上有很多创新，且四锥足觥多见于南方地区，因此将其定为殷墟四期。[②] 如果此论可以采信的话，这件四锥足鸟兽纹觥是有比较特殊的个案化铜器，陈梦家亦曾论“在觥中最为奇特”(图 2)。[③] 需要说明的是，此器并非独例，日本藤田美术馆曾藏有相似的一件(图 3)。[④] 因为鸟兽纹觥没有铭文，加之很早就流散海外，国内学界关注有限，亦有必要对其传藏著录略作梳理。

图 2　鸟兽纹觥

图 3　藤田鸟兽纹觥

在陈梦家《美国所藏中国铜器集录》的简单索引中，可以大致看到递藏

① John A. Pope, Rutherford J. Gettens, James Cahill, Noel Barnard, *The Freer Chinese Bronzes*, *Vol 1: Catalogue*, plate45, pp.254 - 261.

② 刘莹莹：《商周青铜觥整理与研究》，陕西师范大学硕士学位论文，2011 年。

③ 图 2 编号为 A655，见陈梦家：《美国所藏中国铜器集录》，中华书局，2019 年，第 942 页。

④ 图 3 采自 Robert W. Bagley, *Shang Ritual Bronzes in the Arthur M. Sackler Collections*, Washington D. C.: the Arthur M. Sackler Foundtion, 1987, p.420, fig74.5；又见林巳奈夫著，广濑薰雄、近藤晴香译，郭永秉润文：《殷周青铜器综览・第一卷　图片》，上海古籍出版社，2017 年，第 374 页。

脉络：溥伟——卢芹斋——梅耶。不过，在荣格的著录中，却说是来自端方。如果之前为溥伟所藏的话，这件鸟兽纹觥是恭王府旧物，很可能是来自于清宫内廷，只是不知何时赐予恭王府，[①]而又何时从恭王府到了端方手上。亦或者是荣格作为古董掮商的说辞。藤田美术馆的鸟兽纹觥，确知是经山中商会之手入藏的。[②] 这段传藏史或将会是潜流，以至于容庚在整理清宫旧藏时，这件器物已然出宫，《商周彝器通考》虽有著录该器，但是移录于他书(图 4)。[③] 这件铜觥如何从溥伟转到卢芹斋也讳莫如深，其间端方又是如何经手的，而卢芹斋、梅耶、荣格之间的关系也比较微妙。虽然荣格很年轻就去世了，但确实是中国铜器的出口者或是文物掮客，[④]这一点林巳奈夫也有所注意。[⑤] 所以，陈梦家的传藏线中需要添加荣格这位人物：溥伟——荣格——卢芹斋——梅耶。

图 4　鸟兽纹觥俯视图

我们尚未见到卢芹斋对这件器物的具体记录，但卢芹斋与梅耶之间是

① 查《西清古鉴》等书，并无著录，很可能是藏于圆明园、热河等行宫，其中部分藏品被选编入《宝蕴楼彝器图录》《武英殿彝器图录》，并未将其著录，推测清宫很早就赏赐给恭亲王府。清廷行宫所藏铜器情况，请参阅徐坚：《名山：作为思想史的早期中国博物馆史》，科学出版社，2016 年，第 64—101 页，第三章“化私为公：以古物陈列所和故宫博物院为中心的帝室遗产转型”。

② Yamanaka&Company, *The Remarkable Collection of the Imperial Prince Kung of China: A Wonderful Treasury of Celestial Art*, New York: The American Art Association, Managers, 1913, p.311.

③ 容庚：《商周彝器通论》，哈佛燕京学社，1941 年；《商周彝器通考》，上海人民出版社，2008 年，第 325 页，图六八四。

④ Otto Kümmel, *Jörg Trübner zum Gedächtnils*, Berlin: Klinkhardt & Biermann, 1930.

⑤ 林巳奈夫著，广濑薰雄、近藤晴香译，郭永秉润文：《殷周青铜器综览・第一卷》，第 26 页。

有其他铜器交易记录的。① 荣格撰写《卣与觥》这本德文图录时(图5),②这件器物已经归梅耶夫妇所有。荣格收录了七张图,不乏有细节纹饰,并有详细的测量。奥托也随即著录,应是移录了正、侧、背三张图(图6),但有更详细的解说,可以视为最早的研究文章。③ 梅原末治著录的时候,④此器亦已在海外;容庚也是转引于他书,亦很可能直接引自荣格的《卣与觥》。⑤ 从早期递藏及著录的情况看,这件器物属于清廷皇室收藏,散出之后很快转手海外,国内学者难得见到原器。虽能通过出版物获睹该器,又因器无铭文,对其重视不足。尽管容庚亦提醒到,"意匠之奇,与饕餮食人卣相类"。所以,进入新时期后,虽然有《中国青铜器全集》等图录重新进行著录(图7),⑥但受到出版条件等因素的限制,仅收录一张器影全图,亦系弗利尔美术馆供图。对这件器物比较集中的研究,仅有刘敦愿先生一篇文章。⑦ 除此之外,就是有关诸如人兽母题等论著会涉及。⑧ 可见,国内学界未曾有过机会对这件器物进行更为详尽的个案研究。反观虎食人卣,因为名气更大,其关注度则要更高一些。而在相关纹饰母题研究中,虽然也有谈及,但未注意到纹饰及其造型的关联性。

---

① 董韦译:《卢芹斋与弗利尔部分书信往来》,《美术向导》2014年第1期,第80—92页。

② Jörg Trübner, *Yu und Kuang. Zur Typologie der Chinesischen Brozen*(卣与觥). Leipzig: Klinkhardt & Biermann, 1929, pp.30, 140-145, XLII.

③ Otto Kümmel, *Chinesische Kunst*(中国美术), Berlin: Bruno Cassirer Verlag, 1930, pp.2-4, tafel2-4.

④ 梅原末治:《欧米蒐储支那古铜精华》,山中商会,1933—1935年。

⑤ 容庚:《商周彝器通考》,第325页;容庚、张维持:《殷周青铜器通考》,文物出版社,1984年,第51页。

⑥《中国青铜器全集》编辑委员会编:《中国青铜器全集·四 商》,文物出版社,1998年,第81页,图八三。

⑦ 刘敦愿:《鸟兽纹觥装饰艺术分析》,《文物天地》1989年第5期;后收入氏著《美术考古与古代文明》,人民美术出版社,2007年,第193—196页。刘先生亦借助容庚《商周彝器通考》中的图片,描绘线图四幅。此承郑岩师告,郑师当时亦绘制一幅线图,惜未收入刘先生文中。

⑧ 施劲松:《论带虎食人母题的商周青铜器》,《考古》1998年第3期,第56—63页;练春海:《"虎噬人"母题研究》,中国社会科学院历史研究所文化史研究室编:《形象史学研究》(2015上半年),人民出版社,2016年,第30—58页;韩鼎:《早期"人蛇"主题研究》,《考古》2017年第3期,第82—93页;卢昉:《中国古代青铜器整理与研究·人兽母题纹饰卷》,科学出版社,2016年,第52页。

图 5　鸟兽纹觥 45°图片

图 6　鸟兽纹觥鋬面图片

图 7　鸟兽纹觥

我们先来看鸟兽纹觥的器形，此觥高 31.4 厘米、长 31.5 厘米、宽 21.5 厘米。不过，大部分的著录也只不过是公布了这些基本数据。荣格的记录非常详实，或许是出于收藏继而转卖目的。[①] 所以，他会对造型独特的铜器更感兴趣。荣格所记录的数据大体如下：通高 31.4 厘米、宽 31.3×12.5 厘米、前腿 7.15 厘米、前腿间距 12.5 厘米、后腿间距 11.2 厘米、右侧腿间距 13 厘米、左侧腿间距 12.7 厘米、无盖尺寸 20.4×10 厘米。通过上述数据，我们可以认为，鸟兽纹觥大致可归为动物形觥，但形态较之前的动物觥已经发生变化，其器高大于器宽，呈现出过渡形态。

根据鸟兽纹觥的测量数据，可以看出这件铜器的器宽开始变窄，直观的感觉就是流部或鋬部的立面开始窄峭，这与羊觥、凤纹牺觥、司母辛觥、牛觥等更纯粹的动物形觥不同。后者可归入刘莹莹方案的 Aa 亚型，也很可能与牺尊的器物有渊源。然在鸟兽纹觥上，器形从具体的动物形状逐渐向几何化演进，具有更为功能化的形态。流下侧立面的块面也就可以分解出来，不再承担羊、牛等动物下颌及颈部的实际形状功能。这样的话，鸟兽纹觥体流下部的块面就有施造其他纹饰的余地，特别是不表现为动物下颌形象的纹饰。尽管如羊觥(图 8)，[②]在相应部位有其他纹饰，但多为地纹的性质，属于无意义的装饰范畴。而鸟兽纹觥则不同(图 9)，[③]流上部利用觥盖做成兽首的形状；而下部则结合腹部侧立面，在所构成较大面积的块面，塑造了鸮的形状。兽首、鸮等形状在鸟兽觥上是具有结构意义的，其在兽面 V 形的牙齿、鸮形突出的喙部也可以看出，这是以往所不多见的。

其实，这件铜觥给人第一印象就是纹饰繁多，刘敦愿先生统计其上有纹饰 30 件数之多。不过若要深入研究的话，则不能仅仅统计动物的种类，而应该要把形状与纹饰的关系也考虑在内。具体说来，形状就是具有突出的、

---

① 荣格亦是洛阳金村文物最早的收藏者之一，详见徐坚：《再造金村：珍稀文物的失而复得之路》，《美成在久》2017 年第 3 期，第 28—41 页。

② 佳士得：《宗器宝绘——藤田美术馆藏中国古代艺术珍品》，佳士得，2017 年，第 170 页。

③ Jörg Trübner, *Yu und Kuang. Zur Typologie der Chinesishen Brozen*（卣与觥），pp. 30, 140 - 145, XLI.

图8　藤田羊觥

图9　鸟兽纹觥流面图片

结构性的形象，如我们之前所讨论的兽首、鸮形。而平面的、装饰意味的形象则可以归为纹饰的范畴。为便于统计和进一步研究，我们借助《卣与觥》中的多个角度的图片，对这件鸟兽纹觥上的纹饰进行梳理，其观察顺序为流—觥体—足—鋬—盖，接近于相对完整的观察视线，具体情况如表1所示：

表1　鸟兽纹觥纹饰统计表

序号	名　称	性　质	部　　位	备　　注
1	羊首	形状	流上部、觥盖	
2	兽首	纹饰	觥流底部上端	以腹部侧立面扉棱左右对称一组
3	龙	纹饰	觥流底部	以腹部侧立面扉棱左右对称一组
4	蛇	纹饰	颈部侧立面	以腹部侧立面扉棱左右对称一组

（续表）

序号	名　称	性　质	部　　位	备　　注
5	鸮	形状	流下、腹部侧立面	
6	鸟	纹饰	腹部侧立面	以腹部侧立面扉棱左右对称一组
7	鸟爪	纹饰	前足	左右各一，纹饰存疑
8	蟠龙	纹饰	觥腹下部	左右腹部各一
9	蛇	纹饰	觥腹近鋬处上部	左右腹部各一，作兽面（10）的角
10	兽面	纹饰	觥腹另一侧立面	
11	人物操蛇	纹饰	后足	左右各一
12	小兽面	形状	鋬上部	
13	鸟	形状	鋬	
14	龙	纹饰	鋬的支脚及扉棱	
15	大兽面	形状	鋬上部及另一侧觥盖	
16	鱼龙	纹饰	觥盖兽面的上部	左右各一，作兽面（15）的双角
17	龙	形状	觥盖正上	有兽面、前肢等兽类特征
18	虎	纹饰	觥盖正上，龙纹（17）尾部内侧	半浮雕，带兽面
19	鸟	纹饰	觥盖正上，龙纹（17）尾部内侧，虎（18）下部	有卷身等龙纹特征

（续表）

序号	名　称	性　质	部　　位	备　　注
20	虎	纹饰	觥盖正上，龙纹(17)尾部外侧	半浮雕，带兽面
21	鱼	纹饰	觥盖正上，龙纹(17)尾部外侧，兽面(20)下部	
22	象	纹饰	觥盖侧	左右各一
23	兽面	纹饰	觥盖侧	左右各一，有龙身等特征

我们对鸟兽纹觥上纹饰作进一步的梳理，发现全部纹饰有 23 组 34 件，基本符合刘敦愿先生所谓 30 件之多的说法。需要说明的是，属于衬底的云雷纹，我们未作考察与讨论。因暂时无法目验原器，也可能存在更为隐蔽的纹饰。器名中所谓“鸟兽纹”，基本概括了最为突出的器物形体上的动物形象，除此之外，还有不少龙、蛇、鱼等水生动物纹饰，值得注意。总体说来，我们从中发现了一些纹饰施造的规律：一、纹饰、形体的相对性规律，具体体现在流方形有羊首、鸮的形体，而在另一端鋬处也塑造了异向的兽面、鸟等形状。从纹饰的等级、朝向上很难确定鸟兽纹觥的方向。当然，通常我们以流的方向规定为器物的正方向。二、纹饰的叠压，通常是在一件纹饰上再次重叠塑造出另外一件纹饰，二者之间没有太强的逻辑语法，也有一些重叠的视觉感，以鋬处的上下三件大小兽面为代表。三、纹饰的借用，即在一些动物状的形体上又有其他的纹饰，如在兽面的双角上是鱼龙纹(16)或蛇纹(9)。这两点在其他器物也有体现，只是在鸟兽纹觥上更为明显，也唯有如此，才能够在这件不甚大的器物上出现 34 件明显的纹饰。当然，我们总结出的三条规律，特别是后面两条，刘敦愿先生均已不同程度地观察到了，如“器身的后部有一巨大兽面，与鸱鸮前后向背，而与牛首上下相叠。……鸟兽之上又加以立体的兽头，兽头有颈，连接器身，构成鋬之上部”，“盖之后部

有一巨大牛首，牛之双角饰以双鱼，下颔饰以双龙”。[①] 不过，刘先生更多是观察到一些现象，尚未总结归纳为规律；再加之这件器物纹饰的叠压、借用关系比较复杂，一时很难缕析出纹饰变化的流绪。这件器物之所以会出现如此复杂的纹饰关系，需要从其器形说起。

觥类器物常与匜混同，甚至林巳奈夫将这件鸟兽纹觥及其他觥器都划为匜类属，[②]而在兕觥器类中，他只收集了一件发掘于安阳的器物。[③] 虽然“觥”这一器名，来自文献中的“兕觥”等说法，“朋酒斯饗，称彼兕觥”，[④]但欲进行器物学的进一步研究，则不便连称“兕觥”。王国维将觥类器物从匜中分出，是他的贡献。[⑤] 虽然定名存在不妥，但也不必如林巳奈夫全然否定之。事实上，林巳奈夫的分类又混淆了觥、匜的区别。基于文献记载以及器物研究史的既有成果，我们仍称之为觥，指的是器形不太规则、截面常为椭圆形、有流有鋬且带有盖的酒器。我们将其视为单独的一类器物，毕竟这类器物有一定的数量，也出现了稳定的器物组合。在器物演进序列中，觥类介乎牺尊与匜之间，特别是后者，常常有混淆现象，也成为诸家争讼的诱因。作为器具而言，铜器的功能是可以转化的，也牵动形制上的改变，张临生认为是周人将觥改造成为盥洗的注水器，[⑥]且出现了夷曰匜这样受到觥影响的水器。[⑦] 我们认为，觥与匜的最大区别在于流口的折率。通过学者的整理研究，可知绝大部分铜匜流的出水口都较平，[⑧]虽有极个别的器物流口“上扬”，

---

① 刘敦愿：《鸟兽纹觥装饰艺术分析》，《美术考古与古代文明》，第 195 页。所谓巨大的牛首，我们统称为兽面(15)；双角的鱼纹，我们认为有龙的特性，称之为鱼龙纹(16)；“下颔饰以双龙”的部位实际已到觥体，我们亦认为是蛇纹(9)，且充作觥体立面上兽面的角部。

② 林巳奈夫著，广濑薰雄、近藤晴香译，郭永秉润文：《殷周青铜器综览 · 第一卷　图片》，第一卷图片册，第 371—379 页。

③ 林巳奈夫著，广濑薰雄、近藤晴香译，郭永秉润文：《殷周青铜器综览 · 第一卷》，第 95—98 页；第一卷图片册，第 351 页。容庚：《殷周彝器通考》，第 323 页。

④ 器名渊源问题，容庚、朱凤瀚等诸位先生均有指出，兹不详论。

⑤ 王国维：《说觥》，《观堂集林》，中华书局，1959 年，第 147—151 页。

⑥ 张临生：《说盉与匜——青铜彝器中的水器》，《故宫学术季刊》1982 年第 1 期，第 25—40 页。

⑦ 张懋镕：《夷曰匜研究——兼论商周青铜器功能的转化问题》，《故宫学术季刊》2007 年第 1 期；后收入氏著《古文字与青铜器论集(第三辑)》，科学出版社，2010 年，第 155—163 页。

⑧ 阴玲玲：《两周青铜匜研究》，陕西师范大学硕士学位论文，2008 年。

但也只是针对与器腹连接的角度，具体到出水口也还是趋近于平的。所以，觥应是酒器，具有浇器的功能，而匜则为水器，注水时避免溅出。这些功能上的差别反映到器物部件上就只是细微的差别，稍不注意就有可能被忽视，然在其中也不排除极个别器物之间的功能是可以转换的。我们再回到主要讨论的本案上来。

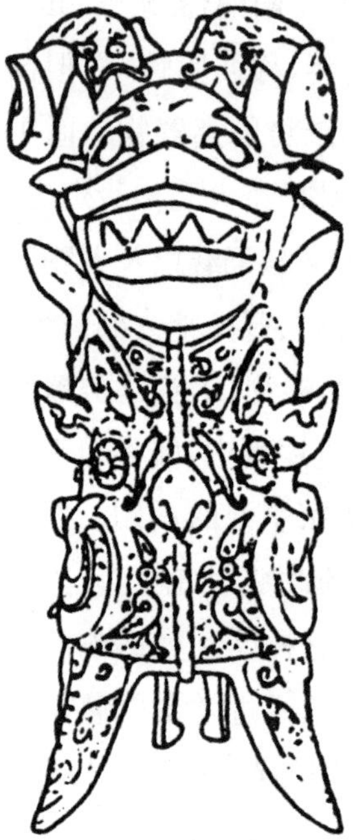

图 10　鸟兽纹觥流面线图，刘敦愿先生绘

笔者曾论鸟兽纹觥与动物形牺尊的关系很深，刘莹莹也认为“再加上有的鸟兽尊如牛尊、羊尊的造型和青铜觥写实感很强的动物型觥即三足或四足觥有所相似，所以这两类器物也常常会有混淆的情况出现”，[①]所以她将这件铜器与更写实的兽形觥划为同型，但多少因为二者分属不同亚型，使得这件铜觥的器形具有过渡的性质，即有些器形部位只承担器具的功能。通过器形演进的大致序列，也可看出这件鸟兽纹觥必然是酒器，且用作祼礼，所以才会出现比较多样的动物形象，同时很多纹饰性质的动物形象又层层套叠，基本不具有更实际的意义。此种矛盾性，刘敦愿先生用现代西方纯属趣味的“多义画”来比拟，不无道理与意趣。不过需要说明的是，鸟兽纹觥之所以会存在这种情形，主要在于它的器形处于过渡状态，即模拟动物形象与几何结构之间（图 10）。[②]

鸟兽纹觥的年代相当于殷墟四期。这一时期，觥类器形还有圈足的形态，当然根据体腔的圆体或方体还可进行考古类型学的细分，本文暂不进行讨论。这一时期的觥，盖部仍然做出逼真的动物形态，但器腹的纹饰开始简省，不像殷墟二期妇好圈足觥，其腹部呈现鸟形的翅羽形象，也不像西周时

---

① 刘莹莹：《商周青铜觥整理与研究》，陕西师范大学硕士学位论文，2011 年。

② 采自刘敦愿：《鸟兽纹觥装饰艺术分析》，第 194 页，图 2。

代的铜觥多在腹部,其块面面积较大,较易施绘以鼻梁为中心对称的兽面纹。殷墟四期是考古学上的分期,大约在商代末期,属于商王帝乙、帝辛在位期间。这一时期除了处在完全象形与几何器形过渡形态的鸟兽纹觥外,还有其他形态的铜觥,如近乎圆形的圈足觥和方体的圈足觥两种。前者的代表器物为䍙觥,出土于河南安阳郭家庄53号墓,通高19.2厘米、口长18.7厘米、圈足9×6.8厘米,重1.05公斤。盖的一端装饰为鹿头,另一端尾部有一凸起,器身腹部较鼓,高圈足。器身前有宽长流,后有扁环形鋬,素面无饰,①觥盖与后岗9号墓所出土的一件觥盖近似,②后岗觥盖的纹饰更为精美繁多。后一种的代表器物为亚丑方觥,出土于山东益都苏埠屯,器物通高17.1厘米、腹深9厘米、口长12.6厘米、口宽6.4厘米。③ 长方体,曲口圈足,鋬作兽首状,盖前端作龙首形,圆雕大兽面,腹微收,长方圈足高且外侈。可以看出,这两种铜觥虽然形体不同,但尺寸基本趋近,而装饰手法也是纹饰附丽于器体之上,造型与纹饰之间的互动程度较低。

除上述铜器以外,还有两件特异形态的铜觥。一件是陕西宝鸡戴家湾出的告田觥,觥的形制与䍙觥接近,但带有方禁,一般认为方座及禁有提升等级作用,④另外与器铭所谓的"告田"族不无关系。另一件是山西石楼桃花庄出土的龙纹角形觥,这是一件所谓的觥,我们目前将其分出觥属。其器扁平,为兕角形,前部为龙头,后部平齐,背上有盖,呈长方弧曲形,下有圈足并带有缺口,背上有钮,头上有角。值得注意的是,狭长器背上有一条浮雕龙纹由器首向后延伸,整体纹饰做得比较形象生动,扬首翘鼻,张口露齿。可以看作形体与纹饰的结合,虽不及鸟兽纹觥那么紧密,也有学者认为,桃花

① 中国社会科学院考古研究所:《安阳殷墟郭家庄商代墓葬》,中国大百科全书出版社,1998年,第44页,图32-3;中国社会科学院考古研究所、安阳市文物考古研究所编著:《殷墟新出土青铜器》,云南人民出版社,2008年,第418页。

② 中国社会科学院考古研究所、安阳市文物考古研究所编著:《殷墟新出土青铜器》,第360—361页。

③ 端方:《陶斋吉金录》,清光绪间有正书局石印本,古香书屋珍藏印。

④ 张懋镕:《三论西周方座簋》,《苏州文博论丛》第一辑,文物出版社,2010年,收录氏著《古文字与青铜器论集(第四辑)》,科学出版社,2014年,第106—109页。

庄的特殊铜觥是模拟当时兽角，但又不是简单的再现。[①] 由此亦可见当时对器物创制的勃兴之力，并不局限于器形之上。

殷墟四期，是铜觥较为繁盛的时期，据刘莹莹整理，“这一时期出土、传世青铜觥共30件，占青铜觥总量的33%，数量比前两个阶段略高”。[②] 她还归纳出两点发展趋势：一、器形在圆体之外出现方体，并占有一定比例，共有9件，占这一时期总数的39%；二、兽面纹盛行，在腹部、圈足盖上等多处使用，满花器物达20件之多，占这一时期总数的67%。这两点相辅相成，器形增加方体形制，兽面纹饰也与之兴盛，因器物形体不固定，较之以往有所松动，以至于会有鸟兽纹觥以纹饰的面目来承担部分造型的功能，出现造型与纹饰的紧密互动。恰恰在觥发展的兴盛期，除了数量增多，制作手法也趋于多样，因而会产生像鸟兽纹觥的特例。附带说明一下，弗利尔美术馆还藏有另外一件造型奇特的铜觥。[③]

结语

鸟兽纹觥出现于觥类器最为活跃的时期，即商代晚期，确切说是殷墟三、四期。其器形亦非是弗利尔鸟兽纹觥这一独例，足以说明所谓觥类的器形尚未固定划一，出现很多的发展面向，以至于纹饰也介入造型之中，并非只是作为简单的装饰。考古学研究方法及思维更侧重于发现规律，规律具有一定的普遍性，更看重共性。无论是时代分期，还是对器物的类型学分期，都是对共性的把握，在不同程度上力图建立一种框架。在这种框架下，自然对一些特例有所忽视，而艺术史则更注意个案化的作品，特别是造型特殊的“奇怪”之作。一些特异之器，如不是“赝鼎”的话，自然是一件杰作或某一工匠或团队的代表作品。尽管我们无法得知这些“匿名”作家的名姓，但

① 刘敦愿：《山西出土龙纹铜觥的装饰艺术与族属问题》，《文史哲》1983年第5期，第58—63页；另以《山西石楼龙觥与鬼方》为题，收入氏著《美术考古与古代文明》，第413—421页。

② 刘莹莹：《商周青铜觥整理与研究》，第25—27页。

③ John A. Pope, Rutherford J. Gettens, James Cahill, Noel Barnard, *The Freer Chinese Bronzes*, *Vol 1: Catalogue*, plate43, pp.242 - 247.

并不妨碍加强这些作品的研究。其实，这两个方面并没有根本性的矛盾，具体到铜器研究中，仍然需要对某些作品进行个案性质的研究。较之先前的研究，更应在适当的原境（Context）下——如墓葬信息或某类器物的演进，个案研究才会更为深入，也不致偏颇，同时也能避免“将有关古代美术的考古标本简单地、狭义地与艺术史联系在一起”。[①]

附记：感谢北京大学郑岩教授、鲁迅美术学院焦琳讲师、佳作书局朱帅先生提供信息，友人张少华（Shaohua Grasmück-Zhang）女士借阅、扫描德文资料，南开大学吴若明副教授提供翻译，谨表谢忱。另外感谢刘莹莹女士允为先期使用她的研究。

原载《中国古代青铜器整理与研究·青铜觥卷》，科学出版社，2022年，今据以收入，略有改动。

① 杨泓：《一个中国考古学分支学科的发展——从事美术考古五十年的体会》，《束禾集——考古视角的艺术史》，中国社会科学出版社，2018年，第3—19页。

读《甲骨文捃》(一)

郜丽梅

《甲骨文捃》著录的拓本与摹本按藏家分布，本文主要讨论《文捃》第一部分的著录情况。该部分拓本为孟定生旧藏，编号为0001至0272，其中0064有面、背两张拓本，实际上这两张拓本非同一版甲骨的正、反片。所以，《文捃》中孟定生所藏拓本实际数目应为273版。其中《文捃》0259被揭取，依据《合补》“材料来源表”，该版拓本被揭去用于《合补》当中，即《合补》6347，而《合补》6769选定的是考孟51，①实际上与《合补》6347为同一版甲骨拓片。

《文捃》所著录孟定生拓本，其甲骨原骨现藏于中国国家图书馆(原北京图书馆)。此外，中国社会科学院考古研究所也收藏有孟定生拓本，中国社会科学院历史研究所(现为古代史研究所)“《合集》组”在编纂《甲骨文合集》时曾借用，目前古代史研究所存有借阅复本。但由于复本中有一些拓片已被揭取收录到《合集》和《合补》当中，所以现存复本已不完整。

《文捃》中所著录的孟定生拓本，大部分与《合集》、《合补》、北图、考孟拓本相同，但有些拓本不如《合集》等拓本清晰、完整，有些缺少背面拓本，有些则较其他拓本完整、清晰且多背面拓本。限于篇幅，下文仅作简单叙述。

《文捃》较《合集》多背面拓本的仅有一版，即《文捃》0140，该版面、背拓本完好，《合集》07319背面拓本缺失。

---

① 《甲骨文合集》(简称“《合集》”)“材料来源表”将其选定的中国社会科学院考古研究所收藏的孟定生拓本简称为“考孟”。

文捃0140

面

背

7319

《文捃》拓本残缺或背拓缺失的情况如下:

(一)《文捃》0009 背面拓本残缺,《合集》12692 背面拓本完好。

0009

合12692 正

12692 反

(二)《文捃》0040 背面拓本缺失,《合集》10981 背面拓本完好。

0040

合10981 正

10981 反

(三)《文捃》0048 拓本残缺,《合集》10374 拓本完好。

(四)《文捃》0073 背面拓本缺失,《合集》1310 背面拓本完好。

(五)《文捃》0074(北图 636)背面拓本缺失,考孟 101 背面拓本完好。

(六)《文捃》0094 背面拓本缺失,《合集》3116 背面拓本完好。

0048

合10374

0073

合1310 正

1310 反

0074

背

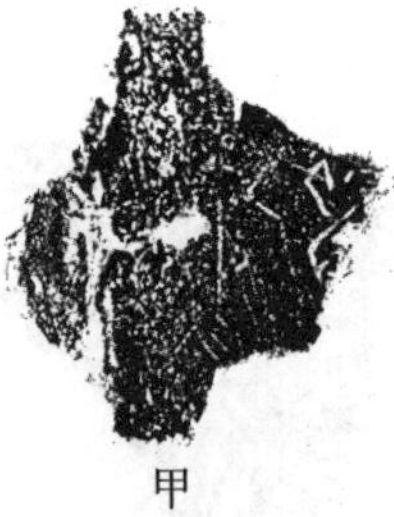

甲

正

考孟101

0094

合3116正

3116反

(七)《文捃》0098(北图 649)背面拓本缺失,考孟无号 28 背面拓本完好。

0098

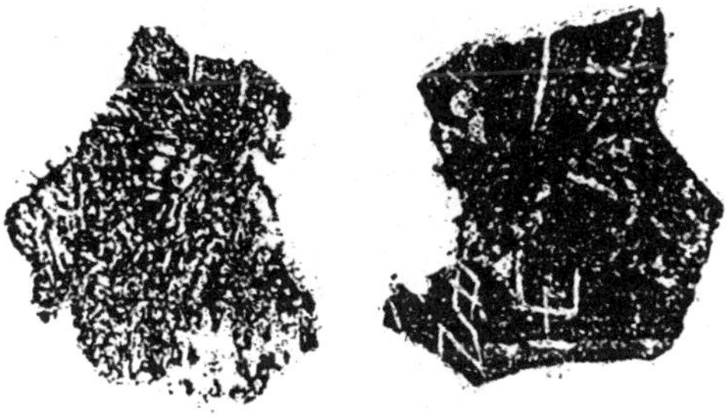

考孟无号28背、正

(八)《文捃》0107 背面拓本缺失,考孟无号 30(北图 666)背面拓本完好。

0107

考孟无号30背、正

(九)《文捃》0124(北图 682)背面拓本缺失,《合补》2196 背面拓本完好。

0124

合补2196正

2196反

（十）《文捃》0134 骨臼拓本缺失，《合集》7081 骨臼拓本完好。

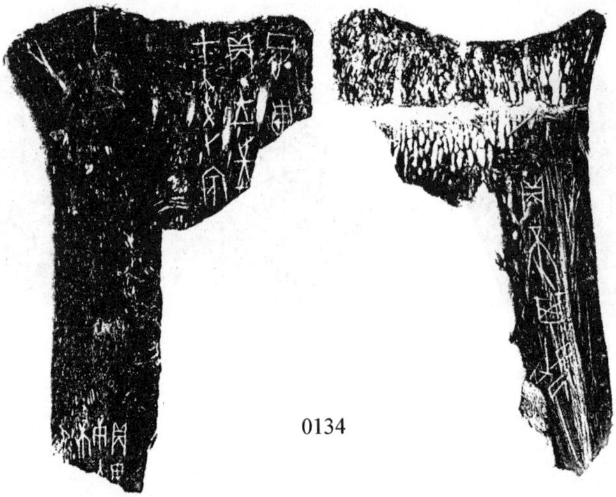

0134

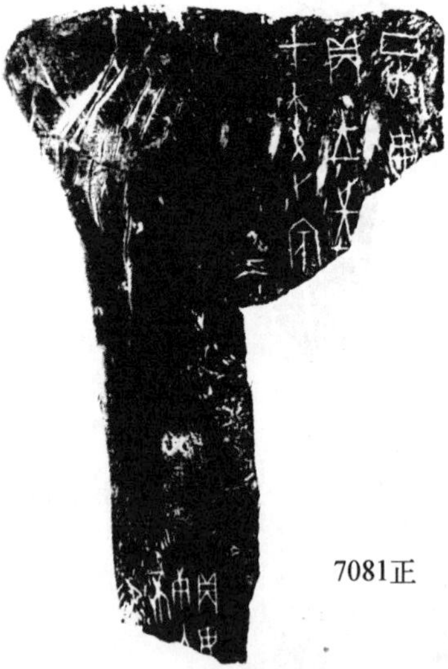

7081正

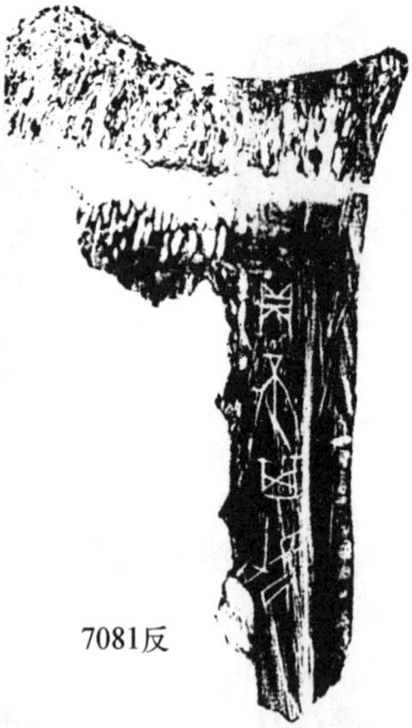

7081反

7081臼

（十一）《文捃》0175 背面拓本缺失，《合集》18460 背面拓本完好。

（十二）《文捃》0205（北图 402）背面拓本缺失，考孟 85 背面拓本完好。

（十三）《文捃》0206 背面拓本缺失，《合集》8124 背面拓本完好。

（十四）《文捃》0217（北图 553）背面拓本缺失，考孟 157 背面拓本完好。

0175

合18460 正

18460 反

0205

考孟85背、正

0206

合8124 正

8124 反

0217

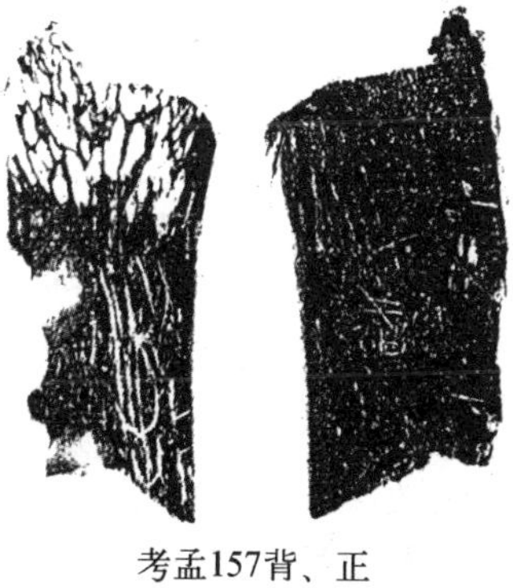
考孟157背、正

（十五）《文捃》0222 背面拓本缺失，《合集》17757 背面拓本完好。

0222

合17757 正

17757 反

此外，《文捃》0043 可与《文捃》0047 缀合，[1]《文捃》0096 可与《文捃》0172 缀合，[2]《文捃》0109 可与北图 831 缀合，[3]《文捃》0143 可与《合集》14430 缀合，[4]《文捃》0164 可与《合集》432 缀合，[5]《文捃》0167 可与《合集》26804、北图 786 缀合，[6]《文捃》0185 可与《旅藏》774 缀合。[7]

在对《文捃》孟定生所藏拓本进行整理研究时，必须与《合集》、《合补》、北图、考孟等与之相关的甲骨及其拓片结合起来，才能全面了解这部分甲骨在不同时期的不同著录情况，避免同一版甲骨拓本在同一著录书中重复出现的情况。例如《合补》6347 选用《文捃》0259，而《合补》6769 则选用考孟 051，实际上这三张拓本为同一版甲骨拓本。由此可见，查明甲骨及其拓本来源，厘清其在不同时期不同著录或未著录情况对于更好地编纂甲骨书籍有相当重要的意义。

① 林宏明：《甲骨新缀第 481、482、483 例》，先秦史研究室网站，2014 年 4 月 3 日。

② 李延彦：《甲骨新缀第 77—79 则》，先秦史研究室网站，2011 年 11 月 18 日。

③ 李延彦：《甲骨新缀第 112 则》，先秦史研究室网站，2012 年 10 月 17 日。

④ 李爱辉：《甲骨拼合第 280 则》，先秦史研究室网站，2015 年 2 月 2 日。

⑤ 张宇卫：《甲骨缀合新第三三—三六则》，先秦史研究室网站，2012 年 2 月 20 日。

⑥ 蒋玉斌：《〈甲骨文合集〉缀合拾遗（第七—十二组）》，先秦史研究室网站，2009 年 9 月 13 日；林宏明：《甲骨新缀第 484 例》，先秦史研究室网站，2014 年 4 月 11 日。

⑦ 展翔：《殷契缀合第 28 则》，先秦史研究室网站，2020 年 8 月 27 日。

附:

表 1 《文捃》(孟定生所藏)著录对照表①

《文捃》	《合集》	《合补》	北图	考孟	孟	备 注
0001			540	112	001	
0002		4765	779	038	241	
0003	16886		5402	004		
0004		654	623	110	084	
0005		10113	624	125	085	
0006	7128		625	035	086	
0007 面/背	17834 正/反		626	012 正/反	087	
0008		3502	571	283	032	
0009 面/背	12692 正/反		563 正/562 反	011 正/反		《文捃》背拓下半部缺失
0010			569	155	030	
0011			574	308	035	
0012		3816	570	168	031	
0013			565	153	026	
0014	12776		576	182	037	
0015	12793		575	047	036	

① "孟"栏编号为中国国家图书馆网站上所附孟定生旧藏号。又,《文捃》中的许多拓本已被《合集》组揭去用于编纂《合集》与《合补》,现据《合集》与《合补》的著录来源表,可部分还原《文捃》的原貌。

（续表）

《文捃》	《合集》	《合补》	北图	考孟	孟	备 注
0016	12985		573	306	034	
0017			566	184	027	
0018	11976		568	202	029	
0019	11965		572	058	033	
0020			721	135	183	
0021			567	186	028	
0022 面/背			564 正/反	320 正/反	025	
0023	13310		579	049	040	
0024			580	339	041	
0025 面/背		3942 正/反	581 正/反	019 正/反	042	
0026 面/背			578 正/反	190 反片缺失	039	
0027	13130		577	266	038	
0028	13046		582	231	043	
0029 面/背	13460 正/反		583 正/反	013 正/反	044	《文捃》字迹不清晰
0030 面/背	3267 正/反		606 正/反	002 正/反	067	
0031			587	163	048	
0032			584	041	045	
0033			586	057	047	
0034			585	181	046	

(续表)

《文捃》	《合集》	《合补》	北图	考孟	孟	备　注
0035			588	130	049	
0036			593	296	054	
0037	16028		591	356	052	《合集》字迹不清晰
0038 面/背			613	122 正/反	074	
0039	10983		592	310	053	
0040	10981 正/反		590	139 正/反	051	《文捃》背拓缺失,北图反片缺失
0041	10877		595	174	056	
0042	4812		596	136	057	
0043	10397		608	093	069	
0044	7642		594	118	055	《文捃》字迹不清晰
0045			609	198	070	
0046			650	242	112	北图 610 与 650 拓片互换
0047			611	128	072	
0048	10374		612	144	073	《铁》5.1+《铁》120.1(《京人》261)+考孟144(《文捃》0048、北图612)=《合集》10374

（续表）

《文据》	《合集》	《合补》	北图	考孟	孟	备　注
0049			614	145	075	
0050	10178		616	007	077	
0051	13962		599	179	060	
0052			601	152	062	
0053	13960		600	344	061	
0054 面/背	14056 正/反		602 正/反	014 正/反	063	
0055	17151		597	040	058	
0056	17140		598	132	059	
0057			603	156	064	
0058	1739		604	091	065	
0059 面/背		4993 正/反	605 正/反	341 正/反	066	
0060	16968		607	039	068	
0061	13615		618	287	079	
0062	13921		619	151	080	
0063			621	291	082	
0064 面	17426		620	305	081	《文据》006 面、背二版实际上并非同一版甲骨的正反片
0064 背			627	215	088	
0065 面/背	13513 正/反		629 正/反	003 正/反	090	

(续表)

《文捃》	《合集》	《合补》	北图	考孟	孟	备 注
0066	15187		630	113	091	《合集》字迹不清晰
0067	17250		631	021	092	
0068	14518		632	095	093	
0069			640	196	102	
0070	1173		633	考郭 181	094	《合集》"材料来源表"为考郭 181
0071			634	087	095	
0072	1311		635①	284		
0073	1310 正/反		635	246 正/反		《文捃》0073 背拓缺失
0074			636	101 正/反	098	《文捃》0074背拓缺失,北图反片缺失
0075	1606		637	165	099	
0076	1858		638	355	100	
0077	1844		639	257	101	《合集》字迹不清晰
0078			643	255	105	

① 据中国国家图书馆赵爱学先生的调查,北图 635 有两个编号。

（续表）

《文捃》	《合集》	《合补》	北图	考孟	孟	备　注
0079	1745		641	129	103	
0080 面/背	15027 正/反		644 正/反	138 正/反	104	
0081 面/背			662		124	
0082	968		456	161		
0083			696	243	158	
0084			646	044	108	
0085	2457		685	150	147	
0086	2800		647	127	109	
0087	8023		651	037	113	
0088			652	318	114	
0089 面/背			653	256 反片缺失	115	考孟反片缺失
0090			654	263	116	
0091	2776		655	077	117	
0092 面/背	5124 正/反		720 正/反	016 正/反	182	
0093			657	326	119	
0094	3116 正/反		656	218 正/反	118	《文捃》、北图反片缺失
0095			645	062	107	
0096			610	282	71	北图 610 与 650 拓片互换

(续表)

《文捃》	《合集》	《合补》	北图	考孟	孟	备　注
0097			648	204	110	
0098			649	无号 32 正，无号 28 正/反	111	《文捃》、北图反片缺失
0099	14175		660	053	122	《文捃》字迹不清晰
0100			658	314	120	
0101		4078	659	162	121	
0102			661	325	123	
0103			689	220	151	
0104			690	343	152	
0105	15890		670	108	132	
0106			617	131	078	
0107			666 正/反	无号 30 正/反	128	《文捃》背拓缺失
0108			667	353	129	
0109			665	232	127	
0110 面/背			663 正/反	229 正/反	125	
0111			664	169	126	
0112	15844		671	033	133	
0113 面/背			668 正/反	149	130	考孟反片缺失

（续表）

《文据》	《合集》	《合补》	北图	考孟	孟	备　注
0114 面/背	11240 正/反		669 正/反	239 正/反	131	
0115			642	120	104	
0116	8376		676	221	138	
0117	8288		677	070	139	
0118	4999		678	025	140	
0119		4173	675	177	137	
0120			672	142	134	
0121 面/背			673 正/反	102 正/反	135	
0122			681	137	143	
0123			674	185	136	
0124		2196 正/反	682	340 正/反	144	《文据》背拓缺失，北图反片缺失
0125			683	226	145	
0126	14958		687	309	149	
0127			688	336	150	
0128	979		684	193	146	
0129 面/背	463 正/反		692	278 正/反	154	
0130			693	271	155	
0131	20679		698	170	160	

（续表）

《文摭》	《合集》	《合补》	北图	考孟	孟	备　注
0132	15413		699	224	161	
0133	17190		628	300	089	
0134 面/背	7081 正/反/臼		5387 正/反	001 正/反/臼		《文摭》臼拓缺失
0135	7826		715	046	177	
0136	7791		716	052	178	
0137			718	064	180	
0138			717	338	179	
0139			726		188	
0140 面/背	7319		724 正/反	068	186	《合集》反片缺失
0141 面/背	8530 正/反		727 正/反	008 正/反	189	
0142 面/背	6206 正/反		725 正/反	074 正/反	187	
0143			728	188	190	
0144	6339		729	141	191	
0145	20392		730	045	192	
0146 面/背	6792 正/反		731 正/反	017 正/反	193	
0147	6757		732	176	194	
0148			733	316	195	
0149			734	237	196	

（续表）

《文捃》	《合集》	《合补》	北图	考孟	孟	备　注
0150	7005		737	105	199	
0151	4294		738	036	200	
0152	7597		736	206	198	
0153		2281	739	214	201	
0154	487		622	143	083	
0155 面/背	509 正/反		741 正/反	030 正/反	203	
0156 面/背			740 正/反	331 正/反	202	
0157			751	216	213	
0158			406	073		
0159			719	194	181	
0160 面/背			701 正/反	无号 025 正/反	163	
0161	1366		702	241	164	
0162			704	233	166	
0163	7062		705	126	167	
0164 面/背			706 正/反	158	168	
0165			707	114	169	
0166	4026		710	285	172	
0167	4963		711	094	173	
0168	19231		712	096	174	

（续表）

《文捃》	《合集》	《合补》	北图	考孟	孟	备　注
0169		5573	713	273	175	
0170			722	303	184	
0171	4417		708	351	170	
0172	5139		753	261	215	
0173 面/背	3235 正/反		754 正/反	350 正/反	216	
0174			755	无号 20	217	《合集》“材料来源表”为考郭 179
0175	18460 正/反		615	015 正/反	076	《文捃》、北图反片缺失
0176 面/背	18867 正/反		756 正/反	275 正/反	218	
0177	9335		757	023	219	
0178	3627		394	301	276	
0179	4487		742	230	204	《合集》“材料来源表”为柏俗 230，误
0180			398	133		
0181	2952		709	066	171	
0182			743	322＋330	205	
0183			735	337	197	
0184	18725		748	075	210	

（续表）

《文捃》	《合集》	《合补》	北图	考孟	孟	备　注
0185 面/背	12885 正/反		744 正/反	018 正/反	206	
0186 面/背			745 正/反	140	207	
0187	4994		746	210	208	
0188 面/背	19436 正/反		750 正/反	029 正/反	212	
0189 面/背			758 正/反	274	220	
0190	10841		760	063	222	
0191			761	197	223	
0192	18112		763	213	225	
0193 面/背		1702 正/反	764 正/反	032 正/反	226	
0194		3191	765	195	227	
0195	18199		766	211	228	
0196	147		772	265	234	
0197 面/背			774 正/反	172	236	
0198			804	304	266	
0199			818	295	280	
0200			822	无号 29	284	
0201		5545	396	267		
0202			399	222		
0203			400	200		

（续表）

《文捃》	《合集》	《合补》	北图	考孟	孟	备　注
0204			401	240		
0205			402	85 正/反		《文捃》、北图反片缺失
0206	8124 正/反		403 正	276 正/反		《文捃》、北图反片缺失
0207			404	205		
0208			405	076		
0209			589	302	050	
0210			541		002	
0211 面/背	18565 正/反		543 正/反	348 正/反	004	
0212			545		006	
0213			549	252	010	
0214			550	无号 24	011	
0215			551	328	012	
0216			749	099	211	
0217			553	157 正/反	014	《文捃》、北图反片缺失
0218			552	082	013	
0219			554	208	015	
0220			555	294	016	
0221	17832		556	159	017	

（续表）

《文捃》	《合集》	《合补》	北图	考孟	孟	备 注
0222	17757 正/反		558	349 正/反	019	《文捃》、北图反片缺失
0223			557	160	018	
0224			559	244	020	
0225			560	无号 27	021	
0226			561	171	022	
0227	26341		407	111		
0228			409	183		
0229		7091	413	248		
0230		7331	414	315		
0231	24740		412	345		
0232	21033		454	028		
0233	25790		419	054		
0234			420	106		
0235	25420		421			
0236			422	289		
0237	25836		423	080		
0238		8140	424	297		
0239	26129		428	043		
0240	25744		427	024		

(续表)

《文捃》	《合集》	《合补》	北图	考孟	孟	备　注
0241	27731		429	092		
0242	29811		431			
0243	24624		433	086		
0244	23617,25984		434	235		
0245	25996		430	107		
0246			415	104		
0247		7207	416	097		
0248			417	324		
0249			418	253		
0250	5292		435	115		
0251			437	089		
0252			436	148		
0253	31339		5391	006		
0254	25098		425	020		
0255			438	027		
0256	20504		442	124		
0257	20253		452	050		
0258	2916		455	071		
0259①		6347,6769	703	051	165	

① 《文捃》0259 被揭去。

（续表）

《文捃》	《合集》	《合补》	北图	考孟	孟	备　注
0260	22175		457	010		
0261	27793		445	009		
0262	21407		448	088		
0263	9369		444	264		
0264	19782		439	084		
0265	20735		440	022		
0266	20293		446	167		
0267	21601		441	034		
0268	21861		443	146		
0269			453	347		
0270			447	187		
0271			450	166		
0272		12385	451	079		

表 2　《文捃》孟定生部分缀合表

《文捃》编号	缀　　　合	缀　者
0043	《合集》10397（北图 608、《文捃》0043、考孟 93、孟 069）+《文捃》0047（北图 611、考孟 128、孟 072）	林宏明
0096	《文捃》0096（北图 610、考孟 282、孟 071）+ 北图 753（《合集》5139、《文捃》0172、考孟 261、孟 215）	李延彦
0109	北图 665（《文捃》0109、考孟 232、孟 127）+ 北图 831（考孟无号 004、孟 293）	李延彦

(续表)

《文捃》编号	缀　　合	缀　者
0143	《合集》14430(《铁》90.3、《铁新》107、德瑞荷比S12)+北图728(《文捃》0143、考孟188、孟190)	李爱辉
0164	《合集》432(《安明》60)+北图706(《文捃》164、考孟158、孟168)	张宇卫
0167	《合集》26804(铁》40.4、《铁零》29、《存下》674、《掇三》478)+《合集》4963(考孟94、北图711、孟173、《文捃》0167)+北图786(考孟217、孟248)	蒋玉斌、林宏明
0185	北图744(《合集》12885、《文捃》0185)+《旅藏》774	展　翔

甲骨著录书或拓本集简称:

《文捃》　《甲骨文捃》
《合集》　《甲骨文合集》
《合补》　《甲骨文合集补编》
《铁》　《铁云藏龟》
《铁新》　《铁云藏龟新编》
《铁零》　《铁云藏龟零拾》
《安明》　《明义士收藏甲骨文集》
《存下》　《甲骨续存》
《掇三》　《殷契拾掇三编》
《德瑞荷比》　《德瑞荷比所藏一些甲骨录》
考孟　中国社会科学院考古研究所原孟定生
北图　北京图书馆
国图　国家图书馆
考郭　中国社会科学院考古研究所原郭若愚
柏俗　德国柏林民俗博物馆

剑桥大学图书馆藏《方法敛致金璋书信集》的整理及其研究价值

郅晓娜

方法敛(Frank H. Chalfant,1862 年 5 月 29 日—1914 年 1 月 14 日)是美国长老会派驻到中国的传教士,自 1888 年底到达山东潍县以来,一直在潍县传教。甲骨被发现后不久,他便在古董商的帮助下开始收购甲骨,并在 1906 年 9 月出版的 *Early Chinese Writing* 一书中对新近出土的龟骨文字进行了初步介绍。金璋(L. C. Hopkins,1854 年 3 月 20 日—1952 年 3 月 11 日)是英国驻华外交官,1874 年来华,先后在淡水、上海、烟台、天津等地担任领事,早年翻译过戴侗《六书故》之《六书故目》和《六书通释》,对传统小学有一定研究。当他读到方法敛的 *Early Chinese Writing* 后,便对甲骨产生了兴趣,于 1907 年 5 月 26 日主动给方法敛写信,请教有关甲骨的问题。[①] 方法敛也于 1907 年 6 月 1 日复信,向金璋详细介绍了自己在甲骨方面所做的工作。从此,二人便因甲骨结下了不解之缘,进行了长达六年的通信往来。

方法敛和金璋常年通信,讨论甲骨研究中的各种问题。金璋在方法敛的帮助下购买了一千余片甲骨(含伪刻),方法敛把甲骨摹本和甲骨研究手稿中的各种细节都详细地和金璋做过讨论。方法敛因病去世后,金璋更是不忘老友遗愿,多方联系,使得方法敛甲骨摹本最终得以出版。方法敛写给金璋的书信原件,保存在英国剑桥大学图书馆手稿室(Manuscript Room)所藏金璋档案(Hopkins' Archives)中,他们之间的学术友谊在甲骨学界传为美谈,而这些书信正是二人跨地跨国友谊的历史见证。笔者对这批书信进

① 金璋的来信日期见于 1907 年 6 月 1 日方法敛给金璋的第一封回信。

图1　金璋①

图2　方法敛②

行了初步整理，编次成集，并拟定标题《方法敛致金璋书信集》。鉴于这批书信在甲骨学史上的重要意义，本文拟对《方法敛致金璋书信集》的基本情况、主要内容和研究价值进行简要论述。

一、《方法敛致金璋书信集》的基本情况

2011年笔者在伦敦大学访学期间，多次前往剑桥大学图书馆手稿室查阅有关金璋的档案资料。经图书馆管理人员的许可，笔者自带相机对这批资料进行拍照保存，回国后又对这批资料进行分类整理。在金璋档案中，笔者找到了一批方法敛写给金璋的英文书信原件，内容非常重要。因此，笔者对这批书信进行了整理。书信的主体是方法敛1907至1912年间写给金璋的139封信，另有方法敛夫人Jane M. Chalfant在1914年2月3日写给金璋的1封信，以及

① 图片采自L.C. Hopkins, *The Six Scripts*. Reprinted: with a memoir of Hopkins by W. P. Yetts, Cambridge: The University Press of Cambridge, 1954。

② 图片采自Charlotte E. Hawes, *New thrills in old China*, New York: Hodder & Stoughton, 1913。

方法敛之子 E.N. Chalfant 在 1942 年 6 月 17 日写给金璋的 1 封信，共计 141 封，全部整理下来大约 15 万字，编次成集，是为《方法敛致金璋书信集》。

图 3 剑桥大学图书馆藏方法敛致金璋书信

方法敛写给金璋的书信，从 1907 年 6 月 1 日到 1912 年 12 月 18 日，前后持续了近六年时间。在这段时间里，金璋早先在天津任英国驻天津总领事，1908 年 5 月因身体原因返回英国休假，旋即办理了退休手续，到英国萨里郡黑斯尔米尔定居，并在方法敛的帮助下收藏和研究甲骨，从一名驻华外交官逐渐转变成专门的甲骨收藏和研究学者。方法敛先是在潍县传教，一边传教一边进行甲骨的收购、整理和研究工作。1910 年患胸膜炎，此后又经历过多次肋间神经痛的折磨，先被误诊为风湿痛，1912 年 2 月又被误诊为慢性胸膜炎，在青岛的德国政府医院进行手术治疗效果不佳，后来身体每况愈下，被迫于 1912 年 6 月离开中国，次月到达美国匹兹堡。经过先进的医疗检查，方法敛被确诊患了脊髓肿瘤，一年多后于 1914 年 1 月 14 日病逝，享年仅 52 岁。方法敛在匹兹堡期间只给金璋寄过 4 封信，最后寄出的 1 封分别写于 1912 年 10 月 28 日和 1912 年 12 月 18 日的两张便条，更是他躺在病床上用铅笔草就，后来由于半身不遂和意识模糊，方法敛便中断了写信。方法敛和金璋的这些重大人生经历，都在书信中体现了出来。

按照邮寄时间和邮寄地址的变化，这批书信大致可以分为三个阶段：第一阶段中国潍县—中国天津，第二阶段中国潍县—英国黑斯尔米尔，第三阶段美国匹兹堡—英国黑斯尔米尔。

第一阶段中国潍县—中国天津，从1907年6月到1908年5月，共23封。这一时期，金璋在天津担任英国驻天津总领事，方法敛在山东潍县传教，两人平均每月都要给对方写两封信。从邮戳信息和信里提到的收信时间看，天津和潍县之间的书信往来大约需要7天时间。可见，两人都是一收到对方的来信就立刻回信，没有间断。

第二阶段中国潍县—英国黑斯尔米尔，从1908年7月到1912年5月，共112封。这一时期，金璋住在英国黑斯尔米尔的家中，方法敛仍在山东潍县传教，书信几乎都在山东潍县和英国黑斯尔米尔之间往来。其中，有五封信(1909年6月15日、1909年6月22日、1910年6月22日、1911年6月17日、1911年6月29日)是方法敛在青岛休假时所写，有一封信(1910年4月28日)是方法敛到上海给金璋邮寄甲骨时所写，其他书信都是方法敛在潍县家中所写。书信在潍县和黑斯尔米尔之间，路上大概需要20天左右时间。从书信数量上看，方法敛平均每月要给金璋写2.5封信。显然，两人都是不等收到对方的来信，一有新消息或新想法，就迫不及待地写信告诉对方。在1912年5月29日的信中，方法敛告诉金璋，他与夫人决定于6月8日从上海乘坐日本邮轮返回美国，并附上了美国匹兹堡的邮寄地址。

第三阶段美国匹兹堡—英国黑斯尔米尔，只有4封书信，分别写于1912年7月19日、1912年8月16日、1912年8月26日、1912年12月18日(内含10月28日写的一张便条)。这一时期，金璋住在黑斯尔米尔，方法敛因健康不佳终止了传教事业，在美国匹兹堡接受治疗。由于病情恶化，方法敛基本无法继续他钟爱的甲骨研究事业，但在病床上他仍然坚持审读甲骨字表，偶有心得就写信和金璋进行探讨。每个时间节点上的地址变迁，都标志着二人在人生上的重大变化。

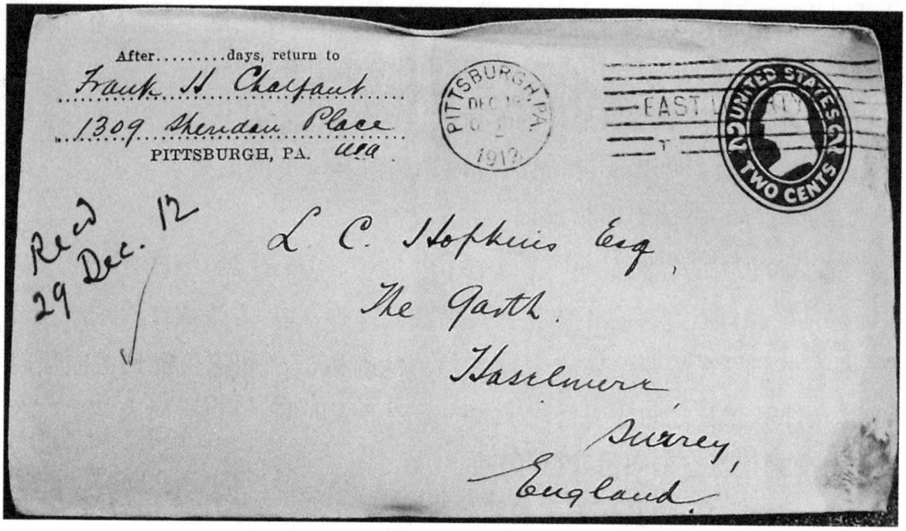

图 4　方法敛致金璋书信信封(1912 年 12 月 18 日)

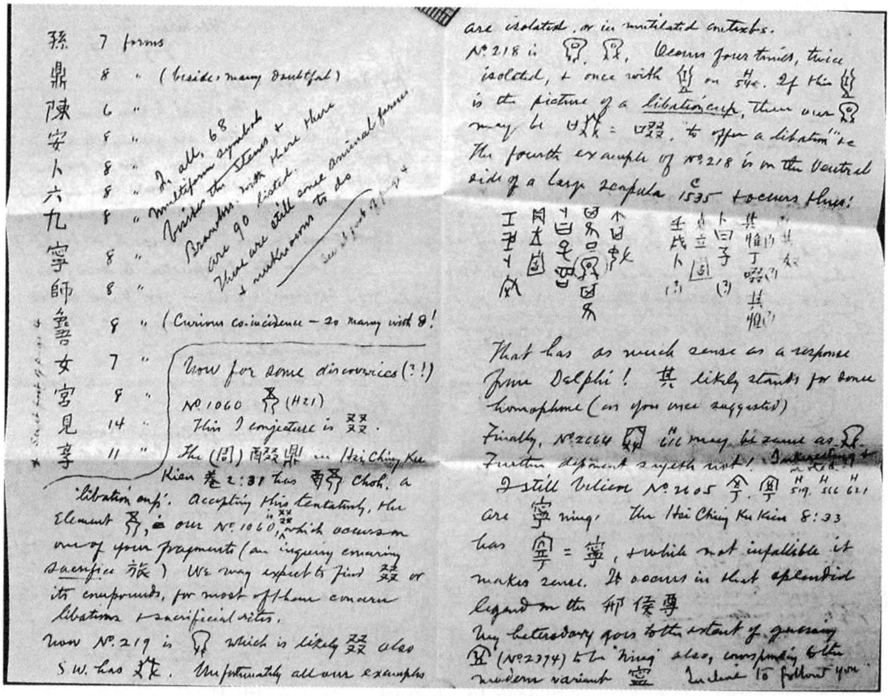

孫 7 forms
鼎 8 " (besides many doubtful)
陳 6 "
安 8 "
人 8 "
六 8 "
九 8 "
寧 8 "
師 8 "
魯 8 " (Curious coincidence — so many with 8!
女 7 "
宮 8 "
見 14 "
享 11 "

In all, 68 multiform symbols besides the Stems & Branches, with these there are 90 listed. There are still some unusual forms & unknowns to do

Now for some discoveries (?!)
No. 1060 (H21)
This I conjecture is 叕.
The (周) 酉叕鼎 in Hsi Ching Ku Kien 卷 2:31 has 酉叕 Choh, a 'libation cup'. Accepting this tentatively, the Element in our No. 1060, which occurs on one of your fragments (an inquiry concerning sacrifice 旅) We may expect to find 叕 or its compounds, for most of these concern libations & sacrificial rites.
Now No. 219 is which is likely 叕 also S.W. has 叕. Unfortunately all our examples are isolated, or in mutilated contexts.
No. 218 is , occurs four times, twice isolated, & once with on 54c. If this is the picture of a libation cup, then our may be = 啜, "to offer a libation" i.e.
The fourth example of No. 218 is on the ventral side of a large scapula 1535 & occurs thus:

That has as much sense as a response from Delphi! 其 likely stands for some homophone (as you once suggested)
Finally, No. 2664 may be same as . Further shipment says that!
I still believe No. 2605 are 寧 ning. The Hsi Ching Ku Kien 8:33 has = 寧, & while not infallible it makes sense. It occurs in that splendid legend on the 邢侯尊
My heterodoxy goes to the extent of guessing (No. 2374) to be "ning" also, corresponding to the modern variant 寍 Incline to follow you

图 5　方法敛致金璋书信内页(1911 年 7 月 18 日)

二、《方法敛致金璋书信集》的内容和价值

方法敛写给金璋的书信，内容涉及方法敛与金璋相识相知的经历、方法敛与库寿龄合购甲骨的情况、方法敛为金璋代购甲骨的过程、方法敛制作甲骨摹本的艰辛、方法敛编纂《甲骨字表》的成果、方法敛和金璋探讨甲骨文字的释读问题，对新出甲骨著作的介绍及评述，等等。除此之外，信中还多次提到方法敛的生活状况、身体状况，并对时下的中国社会变革有所述及。方法敛夫人 Jane M. Chalfant 写给金璋的信是在方法敛去世后，主要向金璋的哀悼表示感谢，详细叙述了方法敛去世前的身体状况和工作情景，并提到了方法敛藏书的处置和手稿的后续出版问题。方法敛之子 E. N. Chalfant 写给金璋的书信，主要谈到方法敛手稿的处置问题，要向父亲的工作伙伴和挚友金璋咨询意见。这批书信是研究方法敛如何致力于甲骨收藏和研究的绝佳文献，也是研究 20 世纪初期西方甲骨学史的重要资料，更是方法敛和金璋从未谋面却相知相惜的感人学术友谊的历史见证。

这批书信内容十分丰富，一篇小文不足以做到面面俱到的介绍。故而，本文只选取与甲骨收藏和研究密切相关的四点内容进行举例说明，主要为：（一）方法敛与库寿龄合购和转让甲骨的情况；（二）方法敛为金璋代购甲骨的过程；（三）方法敛的手稿：甲骨摹本和《甲骨字表》；（四）方法敛手稿艰难的出版过程。这些都是有关方法敛甲骨收藏和研究的重要内容。

（一）方法敛与库寿龄合购和转让甲骨的情况

方法敛与金璋的书信往来，一开始就以甲骨为中心。方法敛写给金璋的第一封信（1907 年 6 月 1 日），就根据金璋的提问介绍了第一部甲骨著录书《铁云藏龟》的版本信息，以及自己收购甲骨和编纂《甲骨字表》的具体情况。在其后的书信里，方法敛更是把自己和英国传教士库寿龄一起合购甲骨并分别转让给各家博物馆的具体信息，都与金璋进行交流，有几宗甲骨转让更是在金璋的帮助下促成的。笔者 2015 年在《甲骨文与殷商史》新五辑上发表的《〈库方二氏藏甲骨卜辞〉的材料来源》一文，就是利用方法敛的这批书信资料，对方法敛和库寿龄合购并分别转让给四家博物馆的四宗甲骨

的来源信息、转让过程和著录情况，进行了细致系统的阐述。《库方二氏藏甲骨卜辞》(以下简称“《库方》”)一书著录的四批甲骨，皆为库寿龄、方法敛二氏于1904—1912年间所购得。第一批苏格兰皇家博物馆的甲骨藏品，就是方法敛在信中所说的“库方1号”。第二批美国卡内基博物馆的甲骨藏品，就是方法敛在信中所说的“库方2号”。第三批大英博物馆的甲骨藏品，就是方法敛在信中所说的“库方3号”。第四批美国飞尔德博物馆的甲骨藏品，是方法敛把大宗甲骨转让给大英博物馆后自己手中保存的部分。《库方》一书断缺的那些编号，则是库方藏品中的各种伪刻，这些在书信中都有详细记载。由此，我们可以清晰地看到库方二氏收购和转让甲骨的具体过程。

(二)方法敛为金璋代购甲骨的过程

方法敛除了和库寿龄一起合购甲骨之外，还在金璋的委托下帮助其购买甲骨，并邮寄到其在英国的住处。方法敛为金璋购买的甲骨共970片，总价1220.5美元，其中混有护身符等伪刻。笔者2013年在《甲骨文与殷商史》新三辑上发表的《金璋的甲骨收藏始末》一文，就是利用方法敛致金璋书信里的内容所做的研究成果。方法敛前后17次为金璋购买甲骨，每批甲骨的购买时间、购买过程、购买价格和邮寄情况，都在书信里有详细记载(1908年2月19日、1908年3月14日、1908年3月17日、1908年4月16日、1909年3月5日、1909年3月23日、1909年9月1日、1909年12月24日、1910年1月12日+13日、1910年2月24日、1910年3月7日、1910年8月6日、1910年8月6日、1911年11月3日、1911年12月23日+25日、1912年2月8日、1912年2月14日)。由此，我们可以清晰地看到方法敛为金璋代购甲骨的具体过程。

(三)方法敛的手稿：甲骨摹本和《甲骨字表》

方法敛在给金璋的书信中，反复谈到他计划出版的手稿内容。比如他在1909年2月13日的信中写道：

> 到目前为止准备好出版的材料包括：(1) 180版甲骨摹本，是所能见到的全部“发现”。版面和 Early Chinese Writing 一样大，希望卡内

基博物馆能出版。(2) 90 版《字表》(未完成),包括 1800 多个字条。(3) 书目解题,历史性的和注释性的专门解释——还未收集。护身符的释文。(4) 提供确凿证据的其他图版,诸如散氏盘等其他古老铭刻,以及从《博古图》等传世著作中摘录的祭器和礼器图版。(5)《字表》索引,包括字母索引和字根索引。

在 1909 年 10 月 8 日的信中,他又再次谈到手稿的主要内容:

现在《甲骨字表》已经编到了第 2405 号。其他用于出版的材料还有:甲骨图版(Hopkins、Whitcher、Bergen、Anglo-Chinese College、R. A. S. Museum、Sun、Liu Tieh Yun、Couling-Chalfant),共 281 版,3890 片甲骨;疑难字形的多种考释;参考书目(对参考著作的描述);《卜法详考》的粗浅笔记;所有收录单字的拼音检索;天干地支的各种字形。以上字表应该有 120 版。

由此可以大致看出,方法敛的手稿主要包括甲骨摹本、释文、《甲骨字表》、字表索引、疑难字形考释、参考书目、干支字形表以及摘录的与甲骨研究相关的铜器资料和传世文献资料等,而甲骨摹本和《甲骨字表》则占据了手稿的绝大部分篇幅。

方法敛在给金璋的第一封信(1907 年 6 月 1 日)中,就谈到了自己制作甲骨摹本和编纂《甲骨字表》的宏大计划和工作进展:

我把所有业余时间都用在甲骨碎片的编目、摹写和分类上。经 RAS 博物馆(上海)的许可,我已经借到他们的一部分甲骨(180 片)。我也借到了柏根氏的 80 片,加上我和库寿龄共同拥有的 1700 片,共有将近 2000 片甲骨。加之刘铁云发表的 1026 片甲骨拓本,以及山东临淄孙氏所持约 20 片甲骨的摹本(已被许诺),我们大约能有 3000 片甲骨摹本。我希望今夏能把这些甲骨摹本都凑在一起比照,看能否拼合。这个工作，我和库寿龄已经做了一部分。我为几宗藏品的所有龟骨碎片进行了贴签和编号，以便查阅。接着我以图版的形式摹录了全部甲骨，对应这些图版我正准备编纂一个不同字形的《字表》——这是一项单调却令人着迷的工作。《字表》的形式大概如下：

No.	Symbol	Reference	Modern form	Sound	Meaning
20		M60，L676，C25	酉	Yu	10th Branch，etc.

Reference 是用字母和数字表示的。字母代表不同宗的藏品，比如：M（Museum），B（Bergen），C（Couling-Chalfant），S（Sun），L（Liu）。数字表示龟骨的编号，一宗藏品顺次编号，骨在前，甲在后。不同宗藏品的编号是连续的。……我相信这 3000 片甲骨至少能产生 700 个不同的字。我希望把这个字表和甲骨摹本的图版编次出版。我必须把刘铁云的甲骨也摹写了，否则许多学者将无法见到这批甲骨。抱歉这个冗长的介绍，但我想您应该对甲骨方面的进展很感兴趣。

方法敛在书信中也摹写了许多甲骨，如 1908 年 5 月 16 日信中所附 Whitener 氏藏 No.119，1908 年 8 月 21 日信中所附一片伪刻，1908 年 11 月 30 日信中所附干支表《库》1118，1909 年 1 月 5 日信中所附一组遥缀《库》372+《库》708，1909 年 6 月 15 日信中所附伪刻《库》961、《库》914 和真伪难辨的《库》1506 家谱刻辞，1909 年 8 月 14 日信中所附《库》1720，等等。

关于《甲骨字表》，方法敛也多次向金璋介绍并探讨甲骨字形的释读问题。在 1907 年 6 月 18 日的信中，他详细介绍了自己编纂《甲骨字表》的情况：

我的《字表》（尝试性的）现在即将完成，从 3000 片甲骨中找出的大约 580 个单字。这个数字不包括同一单字的异体字形，如，都是“寅”，我把它们计为一个字。干支字也是如此，有各种不同的异体字形。

图 6　Whitener 氏藏 No.119
(1908 年 5 月 16 日)

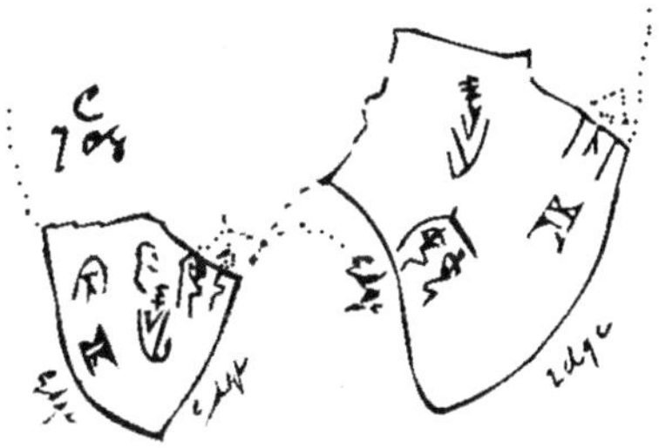

图 7　《库》372+《库》708
(1909 年 1 月 5 日)

他还列举了他所考释出来的一些甲骨文字,如:

书信中这样的举例比比皆是,信中也常见金璋用红笔添加的批注。

随着甲骨摹本数量的不断增长,《甲骨字表》收录的单字也逐渐增加。如 1908 年 4 月 16 日信中提到收录了 1218 个单字,1910 年 3 月 2 日信中提到收录了 2565 个单字,1910 年 8 月 18—19 日信中提到收录了 2762 个单字,1911 年 10 月 4 日信中提到单字数量已超过 3000 个,1912 年 1 月 17 日、

① 第三个可能是"事"。

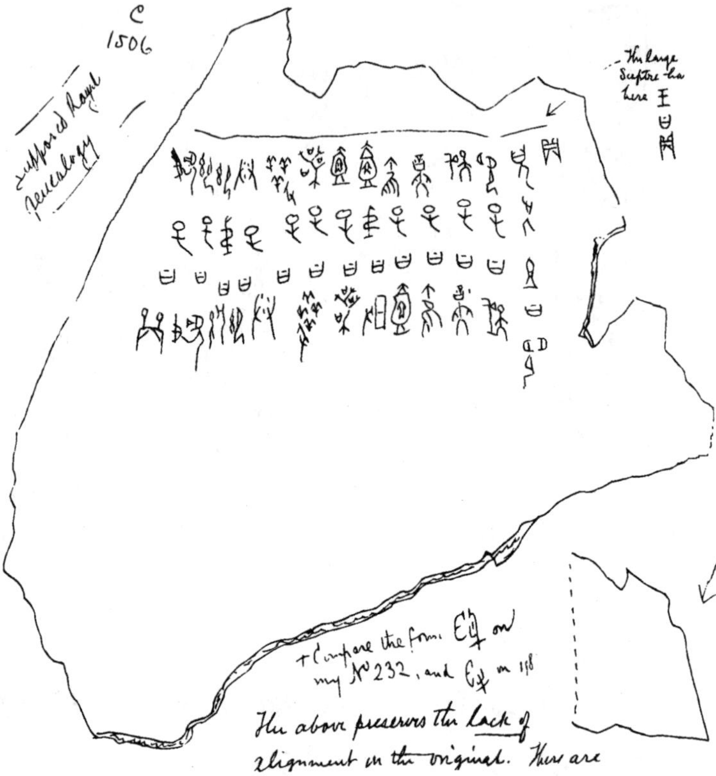

图 8 《库》1506 摹本（1909 年 6 月 15 日）

18 日、24 日的信中提到单字数量是 3190 个，1912 年 2 月 1 日的信中提到单字数量是 3230 个。前期收购的甲骨真品多，故而《甲骨字表》中的字形就比较准确，如 1908 年 11 月 30 日信中列举的一些字形：No. 1566 莫，No.1567 朝，No. 1576 再，No. 1576（）後，No. 1580 每，No.1588 鼠，No.1595，No.1596，等等。后期收购了较多护身符伪刻，故而《甲骨字表》中就出现了较多伪刻字形，如 1912 年 2 月 1 日信中提到的 No. 3212，No. 3214，No. 3127，No. 3218，No. 3222，No.3225 等。

从整体上来看，方法敛手稿的两个重要部分就是甲骨摹本和《甲骨字表》。我们知道，方法敛手稿中的甲骨摹本经白瑞华整理，出版了三种著录书——《库方二氏藏甲骨卜辞》《甲骨卜辞七集》《金璋所藏甲骨卜辞》，而手稿中的《甲骨字表》却一直没有出版。推其原因，大概是因为《甲骨字表》内容较为专业，需要整理者对甲骨字形有较深研究才能对其进行校勘、筛选和编纂，另外字表中也收录了较多伪刻字形，无形中降低了它的重要价值。

（四）方法敛手稿艰难的出版过程

方法敛在潍县期间就一直努力为自己的手稿寻找出版机会。他先是向卡内基博物馆申请经费（1910年5月18日、1910年11月9日），后又通过金璋试图与大英博物馆达成协议（1911年6月29日、1911年8月15日+16日）。在1910年11月9日的信中方法敛写道：

> 我已经给卡内基博物馆写了两封信，催促或请求他们出版我的图版作为首卷。……把所有能接触到的甲骨图版做成集子摆在面前，这对所有学者来说都有巨大的价值。如果材料不全，做研究是非常困难的。把所有甲骨的摹本都摆在眼前，可以很容易地进行字形比较。相反，如果需要研究的甲骨非常分散，字形比较就相对不易。我的图版非常便于查阅。通过摹本，所有甲骨字形都一清二楚。当然，如果对字形有所质疑的话，直接查看原片是非常有价值的。尽管摹写的时候十分认真，人工抄写也不可避免会有一些错误产生。

在1911年6月29日的信中，方法敛写道：

> 能麻烦您向大英博物馆的人咨询一下出版条款吗？卡内基博物馆答应给作者100套出版物，并允许作者根据情况对此进行赠予或销售，但销售价格不得低于博物馆的价格。博物馆方负责所有出版费用。……当然，如果卡内基博物馆不帮我出版，我们也可以通过大英博物馆出版，现在他们也收藏了这么多龟骨刻辞！无论如何，图版的照相需要在上海进行，这样花费更少，也更方便。我只要了解了大英博物馆的出版条文，就能提出正式申请，让大英博物馆出版我的著作。

可惜，大英博物馆最终没有接纳这个出版计划，卡内基博物馆也只同意出版图版部分（甲骨摹本），不出版《甲骨字表》。但方法敛认为《甲骨字表》也非常重要，在 1911 年 9 月 18 日的信中他再次强调：

> 出版这本《甲骨字表》，可以方便东方语言学家们接触到丰富的中国古文字形，我这么说并非自夸，而是事实的确如此。把这么重要的材料置于兵火之下是非常危险的。如果霍兰德博士能够意识到这些——我原以为他能够意识到——出于他们长久信誉的考虑，卡内基博物馆也会出版这本书。

方法敛回到美国后，在病床上仍然坚持为出版计划整理手稿，他在 1912 年 8 月 26 日的信中写道：

> 迄今我已完成了把手稿（Mss）和图版（plates）插入空白书页中的工作，以此作为第一卷。这将产生一部至少厚达 500 页的书。《字表》及其《导言》（还未写）和《索引》作为第二卷，至少有 400 页。两卷都是 *Early Chinese Writing* 那么大的版本。因此，您看，我们手上有两头大象！

然而，由于经费问题，[1]直到方法敛去世，出版计划也未能顺利执行。

1914 年方法敛去世后，这件事情落到了菲尔德博物馆劳费博士[2]手中。劳费博士为方法敛遗著出版四处筹集经费，他分别于 1914 年 6 月 14 日和

① 方法敛粗略计算过，如果只出版第一卷，即甲骨摹本图版和编纂说明，印刷 600 部，大概需要 500 镑（1911 年 8 月 15 日＋16 日）。

② 劳费（Berthold Laufer，1874—1934），生于德国，1897 年在德国莱比锡大学获得博士学位，1898 年移居美国。1908 年到芝加哥菲尔德自然历史博物馆工作，始任助理馆长，1911 年成为人类学馆亚洲人种分馆馆长，1915 年担任人类学馆馆长，1931 年被芝加哥大学授予荣誉法学博士头衔，1934 年跳楼自杀。劳费被誉为美国博物馆史上第一位真正的汉学家。有关劳费的学术评价，参看龚咏梅：《劳费汉学研究述评》，《探索与争鸣》2008 年第 7 期。

1914年8月11日两次给金璋写信，商量如何解决经费问题。他还提议是否要把手稿寄给金璋，让金璋估算一下出版费用，看能否在英国出版等。一战爆发后，邮寄手稿的事情就搁置了。同时，方法敛夫人则希望把方法敛遗著交到劳费手中，让他帮助整理出版。但直到1934年劳费去世，出版计划也没有实现。劳费去世后，此事一直耽搁数年。直到1935年菲尔德博物馆把方法敛手稿归还方氏家庭，并转到白瑞华[①]手中，最后由白瑞华整理出版了三本甲骨摹本著录书。

结语

以上就是对《方法敛致金璋书信集》的概览性介绍。总体来讲，方法敛致金璋的这批书信资料主要有以下三个特点：一是时间跨度大，从最早的一封1907年6月1日开始，到最晚的一封1912年12月18日（内含1912年10月28日写的一封）结束，前后持续了近六年时间。二是空间跨度大，这141封书信分别在潍县和天津、潍县和黑斯尔米尔、匹兹堡和黑斯尔米尔之间飞传，跨越了地域和国度的界限，见证了方法敛和金璋之间深厚的学术友谊。三是书信内容专业性极强，涉及甲骨的收购和转让、甲骨摹本的制作、甲骨字表的编纂、甲骨文字的释读、甲骨著录书和研究成果的出版等，这些都是甲骨学研究的重要构成，更是研究二十世纪初西方甲骨学史的重要材料。希望这批书信能尽快整理出版，方便学者研究使用。

原载《炎黄文化研究》第19辑，大象出版社，2019年，今据以收入。

① 白瑞华(Roswell Sessoms Britton，1897—1951)，1923年6月在哥伦比亚新闻学院获得硕士学位，随即接受教会派遣前往燕京大学任教。1924年秋抵达燕大，任新闻学讲师兼主任，筹建新闻学系，开展新闻教学工作，一直到1926年10月返美休假。1928年，白瑞华年假结束，未返回燕大新闻学系任教。1935年开始接手方法敛手稿，先后整理出版了《库方》《七集》和《金璋》三种甲骨摹本著录书，另有自著《殷墟甲骨相片》和《殷墟甲骨拓片》两种著录书。参看邓绍根：《论哥伦比亚大学新闻学院与民国新闻界的交流合作及其影响》，《新闻与传播研究》2014年第12期；傅路德(L. Carrington Goodrich)著，郅晓娜译：《美国甲骨学者白瑞华小传》，载李健胜主编：《西北早期区域史学术研讨会暨第十一届中国先秦史学会年会论文集》，三秦出版社，2020年，第586—589页。

叶家山出土三足青铜器的地域特征分析

赵孝龙[1,2,4]　黄凤春[3]　李玲[3]　郭长江[3]　王昌燧[1,2*]

（1. 中国科学院脊椎动物与人类演化重点实验室；

2. 中国科学院大学考古学与人类学系；3. 湖北省文物考古研究所；

4. 中国社会科学院古代史研究所）

湖北随州叶家山遗址是西周早期曾国的一处高级贵族墓地。该墓地发现于2010年，湖北省文物考古研究所分别于2011年和2013年对其进行了两次大规模的勘探和发掘。叶家山遗址出土遗物的无比丰富和重要，使之被视为30年来长江流域商周考古的最重大发现，并被评为“2011年度全国十大考古发现”。

叶家山遗址的发掘资料一经公布，便引起了学术界浓厚的兴趣。学者们围绕叶家山墓地及其出土器物，从墓葬的性质及族属、①曾国的历史及与周边诸侯国的关系、②青铜器的冶铸及器型、③原始瓷的原料及产地④以及文物保护⑤等诸多领域进行了广泛而深入的研究，一时间，叶家山遗址成为国

---

① 李学勤、李伯谦、朱凤瀚、刘绪、王占奎、张昌平、李天虹：《湖北随州叶家山西周墓地笔谈》，《文物》2011年第11期，第64—77页；李伯谦、王巍、朱凤瀚、张懋镕、徐少华：《随州叶家山西周墓地第二次发掘笔谈》，《江汉考古》2013年第4期，第58—63页。

② 黄凤春：《随枣走廊话曾国——随州的曾侯墓地》，《中国文化遗产》2013年第5期，第72—81页；黄凤春、陈树祥、凡国栋：《湖北随州叶家山新出西周曾国青铜器及相关问题》，《文物》2011年第11期，第78—89页。

③ 湖北省文物考古研究所、随州市博物馆：《随州叶家山西周墓地第二次考古发掘的主要收获》，《江汉考古》2013年第3期，第3—14页。

④ 郭长江、胡涛：《湖北随州叶家山墓地出土原始青瓷初论》，叶家山西周墓地国际学术研讨会会议论文，2013年，第220—234页。

⑤ 李玲：《随州叶家山西周墓地田野考古发掘中的文物保护技术》，《江汉考古》2012年第2期，第98—104页。

内考古研究的焦点和热点。

叶家山墓地出土的大批西周早期器物中，数量甚多且铸造精美的青铜器特别令人注目。众所周知，青铜器，尤其是青铜礼器，通常蕴含着古代社会的丰富信息，可望涉及与墓地相关的政治、经济、社会文化及对外交流等。叶家山墓地等级高，地位特殊，其出土青铜器数量大、种类多、制作精良，自然备受学界的关注。

不言而喻，有关叶家山青铜器的诸多问题中，首当其冲的基本问题是其铸造地区，亦即性质问题。然而，叶家山青铜器的风格颇为特殊，似乎具有明显的中原地区风格，[①]换句话说，不像其他地区出土的青铜器，具有一目了然的自身特征。尽管如此，仍有学者表示，叶家山青铜器虽总体上与中原青铜器的风格类似，但依然具有一些自身特征。[②] 我们的观察、分析也指出，叶家山遗址出土三足青铜器的器口多呈"桃圆形"。为此，本文选择湖北黄陂盘龙城商代遗址、山西绛县横水西周墓地、山西翼城县大河口西周墓地、宝鸡竹园沟西周墓地、宝鸡石鼓山西周墓地、陕西扶风县周原遗址庄李西周墓地、北京琉璃河西周燕国墓地、山东济阳刘台子西周墓地及山东高青县陈庄西周墓地出土的青铜器与叶家山出土青铜器进行了比较分析，现将具体探讨介绍如下。

一、器口形状统计及分析

叶家山出土有多种三足青铜器，不难发现，除爵外，其余三足器，包括圆鼎、分裆鼎、甗、鬲等，它们的器口多为"桃圆形"。所谓"桃圆形"器口（图 1），即器物器口的平面图类似桃子的形状，它由三段弧线组成，三个顶点分别为三条足与器口外弧相切的三个点。一般说来，经过桃尖（即顶点 A）的两条弧，其弧长和相应的弦长相等，故三个顶点组成的三角形为等腰三角形。如

---

① 张昌平：《叶家山墓地相关问题研究》，《随州叶家山：西周早期曾国墓地》，文物出版社，2013 年，第 270—284 页；李学勤、李伯谦、朱凤瀚、刘绪、王占奎、张昌平、李天虹：《湖北随州叶家山西周墓地笔谈》，《文物》2011 年第 11 期，第 64—77 页。

② 李伯谦、王巍、朱凤瀚、张懋镕、徐少华：《随州叶家山西周墓地第二次发掘笔谈》，《江汉考古》2013 年第 4 期，第 58—63 页。

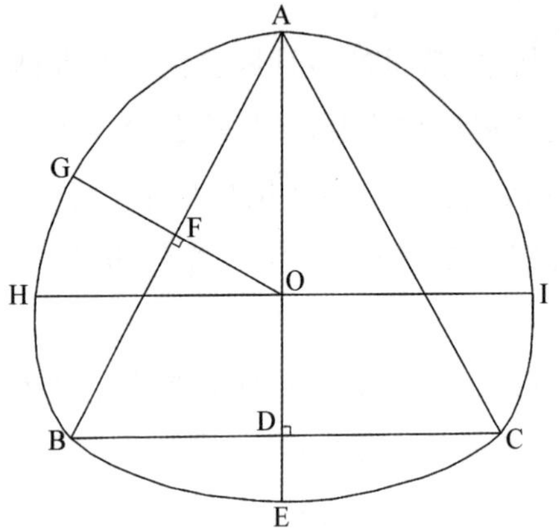

图 1　桃圆形器口示意图

图 1 所示，AE 为 BC 的垂直平分线，OG 为 AB 的垂直平分线，则 O 为三角形 ABC 的外心，也可视为桃圆形器口的中心，过外心 O 与 AE 垂直可得 HI。于是，作为标准的桃圆形器口应该符合下列条件，即 DE＜FG；AO＞OE。根据这一限定桃圆形器口的条件，我们对叶家山出土三足器（此处及以下三足器皆不含爵）进行逐一分析。

本次共分析非圆形器口三足器 37 件，基本涵盖了叶家山遗址出土所有桃圆形器口的三足青铜器。尽管由于客观原因，未能对其中 7 件器物的器口进行测量，但所测 30 件器物的数据已足具统计意义。不难认识到，所测样品可分为两类，第一类的“DE＜FG”“AO＞OE”，满足桃圆形器口的基本条件，属于标准的桃圆形器口。由统计分析表 1 的数据可知，叶家山墓地的桃圆形器口三足器主要出自 M28、M65、M2 和 M27 号墓，而其他墓葬仅偶有零星发现。根据发掘报告和表 1 测量数据的统计分析，不难发现，叶家山墓葬出土桃圆形器口三足青铜器的比例甚高。在表 1 所分析的 37 件三足青铜器中，这种标准桃圆形器口有 28 件。

第二类是表 1 中标注为“近似桃圆形”的器口，它们仅满足“DE＜FG”和“AO＞OE”中的一项（M28：152 甚至两项都不满足），不过器口的形状接近于桃圆。严格说来，它们不是“桃圆形器口”，不过，相较于圆形，它们更接近于桃圆形，加之它们腹部的横截面皆呈桃圆形，因此，人们根据视觉很可能将它们的器口归于桃圆形，例如，发掘报告即将 M28：152 号鼎和 M28：164 号鼎定为“桃圆形器口”，[①]然而，实际测量指

① 湖北省文物考古研究所、随州市博物馆：《湖北随州叶家山 M28 发掘报告》，《江汉考古》2013 年第 4 期，第 3—58 页。

表 1　叶家山墓地出土非圆形器口青铜器统计表

（单位：cm）

编号	器　名	原编号	器口形状	DE	FG	AO	OE	AE	HI	OG	条件 1	条件 2
1	曾侯谏分裆鼎	M28：158	近似桃圆形	3.3	4.6	8.6	8.7	17.3	16.9		√	×
2	曾侯谏分裆鼎	M28：181	桃圆形	3.6	4.5	8.6	8.4	17	17.2		√	√
3	曾侯鬲	M28：151	桃圆形									
4	曾侯甗	M28：159	桃圆形									
5	曾侯谏圆鼎	M28：152	近似桃圆形	6	5.3	11.4	11.8	23.2	22.7	11.1	×	×
6	曾侯谏圆鼎	M28：164	近似桃圆形	5.7	5.1	11.7	11.1	22.8	22.5	11	×	√
7	曾侯谏圆鼎	M65：44	桃圆形									
8	涡龙纹圆鼎	M65：42	桃圆形									
9	涡龙纹圆鼎	M65：45	桃圆形									
10	兽纹圆鼎	M65：46	桃圆形									
11	束父乙分裆鼎	M65：51	桃圆形									
12	象首纹铜鬲	M65：52	桃圆形	2.2	3.3	6.4	5.7	12.1	12.1		√	√

（续表）

编号	器　名	原编号	器口形状	DE	FG	AO	OE	AE	HI	OG	条件 1	条件 2
13	师铜圆鼎	M1：5	近似桃圆形	5.5	5.3	11.7	11.3	23	23	11.1	×	√
14	师圆鼎	M1：06	桃圆形	5.1	5.5	11.5	11.1	22.6	22.5		√	√
15	铜甗	M1：011	桃圆形	5.1	6.8	12.7	12.4	25.1	25.2		√	√
16	□子铜鼎	M2：2	桃圆形	3.5	4.3	8.5	8.1	16.6	16.7		√	√
17	曾侯谏分裆鼎鼎	M2：3	桃圆形	3.5	4.2	9	8.3	17.3	17.4		√	√
18	父乙铜鼎	M2：4	桃圆形	3.2	4.3	8.5	8	16.5	17		√	√
19	曾侯谏分裆鼎	M2：5	桃圆形	3.5	4.2	8.7	8.2	16.9	17.1		√	√
20	曾侯谏铜圆鼎	M2：6	近似桃圆形	5.7	5.6	11.8	11.7	23.5	23.4	11.5	×	√
21	蝉纹铜鼎	M27：20	桃圆形	4	4.2	8.8	8.4	17.2	17.3		√	√
22	铜鬲	M27：21	桃圆形	2.6	3	6.6	6.2	12.8	12.9		√	√
23	素面铜鬲	M27：22	桃圆形	2.4	3.1	6.5	5.9	12.4	12.5		√	√
24	兽面纹鼎（乙）	M27：25	桃圆形	4.7	5.3	10.5	10.4	20.9	20.4		√	√
25	兽面纹铜鼎	M55：5	近似桃圆形	5	4.6	10.1	9.7	19.8	19.3	9.9	×	√

（续表）

编号	器　名	原编号	器口形状	DE	FG	AO	OE	AE	HI	OG	条件 1	条件 2
26	铜鼎	M126：17	近似桃圆形	5.8	5.4	11.7	11.6	23.3	22.7	11.3	×	√
27	涡纹鼎	M46：21	桃圆形	4.1	4.7	9.3	9.1	18.4	18.6		√	√
28	兽面纹分裆鼎	M51：9	桃圆形	3.4	4.3	8.7	7.9	16.6	16.9		√	√
29	铜鼎	M82：2	桃圆形	3.6	3.8	8	7.8	15.8	16.4		√	√
30	铜鼎	M83：1	近似桃圆形	3.7	4.4	9.1	9.2	18.3	17.4	8.5	√	×
31	铜鼎	M86：14	近似桃圆形	4.2	4	9.1	8.4	17.5	17.6	8.6	×	√
32	铜鼎	M92：18	桃圆形	3.7	4.5	9	8.5	17.5	17.8		√	√
33	铜甗	M92：26	桃圆形	5.2	5.9	12.1	11.7	23.9	23.9		√	√
34	铜鼎	M92：27	桃圆形	3.4	4.1	8.1	7.8	15.9	16.3		√	√
35	铜鼎	M107：3	桃圆形	5.5	6.8	13.3	13.1	26.4	25.8		√	√
36	铜鼎	M111：87	桃圆形	4.1	4.5	9.4	8.6	18	18.1		√	√
37	铜鬲	M111：71	桃圆形	2.3	3.1	6.6	5.8	12.4	13.1		√	√

注：×表示不满足条件，√表示满足条件。条件 1 为 DE<FG，条件 2 为 AO>OE。

图 2　叶家山 M28：158 号鼎

出，它们属典型的“近似桃圆形器口”。相对于“桃圆形器口”而言，它们的数量较少，37 件三足青铜器中只占 9 件，分别是曾侯谏圆鼎两件（M28：152、M28：164）；曾侯谏分裆鼎一件（M28：158，图 2）、师铜圆鼎（M1：5）、曾侯谏铜圆鼎（M2：6）、兽面纹铜鼎（M55：5）以及编号依次为 M126：17、M83：1、M86：14 的 3 件鼎。尽管本文未将这批三足青铜器的器口定为桃圆形，而定为“近似桃圆形器口”，但相对于圆形，它们更接近于桃圆形，一定程度上可将其视为桃圆形器口的变种。

为了更客观地揭示叶家山墓地出土三足青铜器器口的特征，本文对比分析了我国西周早期遗址或墓葬出土三足青铜器的器口状况，这些遗址或墓葬有：山西绛县横水西周墓地、山西翼城县大河口西周墓地、宝鸡竹园沟西周墓地、宝鸡石鼓山西周墓地、陕西扶风县周原遗址庄李西周墓地、北京琉璃河西周燕国墓地、山东济阳刘台子西周墓地及山东高青县陈庄西周墓地等。对比结果显示，山西翼城县大河口西周墓地出土的几十件三足器中，①仅有 1 件鼎（M1：4）为桃圆形器口；山西绛县横水西周墓地的资料尚未完全公开，其已发表数据显示，几十件三足青铜器中，仅有 5 件为桃圆形器口，分别为 3 件鼎（编号为 JHM2034：9、JHM2144：8、JHM2158：138）和 2 件鬲（编号为 JHM2123：3、JHM2082：9）。需要强调的是，其余的众多遗址或墓葬，皆未发现桃圆形器口的青铜器。

图 3　叶家山 M65：46 号鼎

① 山西省考古研究所大河口墓地联合考古队：《山西翼城县大河口西周墓地》，《考古》2011 年第 7 期，第 9—23 页。

关于商代遗址，本文虽然只选择了黄陂盘龙城遗址（图5）器物作为对比分析对象，但妇好墓等著名商代遗址出土的三足青铜器表明，它们基本都为圆形器口。

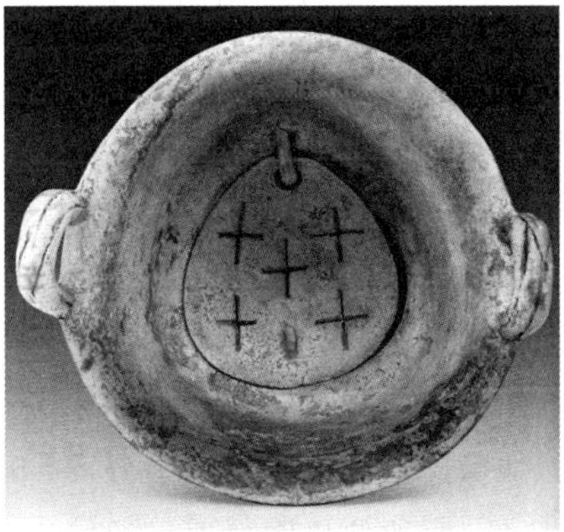

图4　叶家山 M2：1号甗

图5　湖北盘龙城商代遗址出土铜鼎

综合上述分析可知，只有叶家山墓地出土了大量桃圆形器口的青铜器。这些器物铸造非常精美，铭文所在位置也非常固定，都在器口桃尖部位下方的器腹内壁。可以肯定的是，桃圆形器口并非铸造缺陷，也非埋藏过程中的外力所为，而应是特殊的铸造工艺。这一事实充分反映了叶家山遗址的地方文化特征。事实上，叶家山遗址对桃圆形的偏爱还体现在其他器物上，例如，M1号墓出土的两件匕，其头部皆为尖桃圆形，[①]而M65号墓出土的一件半环形龙纹钺（图6），其龙耳亦为小桃形。[②]

图6　叶家山 M65－9号铜钺

① 湖北省文物考古研究所、随州市博物馆：《湖北随州叶家山西周墓地发掘报告》，《江汉考古》2011年第1期，第4—60页。

② 湖北省文物考古研究所、随州市博物馆：《湖北随州叶家山 M65 发掘报告》，《江汉考古》2011年第3期，第3—40页。

叶家山三足青铜器的鲜明地方特征至少暗示这批三足青铜器为当地铸造。众所周知，湖北省境内有着较为丰富的铜矿资源，即位居那里的曾国拥有铸造青铜器的客观条件，而叶家山 M28 内青铜礼器旁边出土的两块铜锭（M28∶10、M28∶11），无疑为曾国曾经铸造青铜器的重要证据。[①] 由此可见，叶家山遗址出土青铜器虽然具有关中和中原的典型西周风格，但其地方特征亦已清晰显现，这应该表明叶家山遗址出土的青铜器，至少部分为曾国本地铸造。

需要指出的是，这些具有桃圆形器口的器物，它们器腹的横截面也是桃圆形的，三条底足组成一个等腰三角形。有资料认为，这是西周早期工艺简化的结果。[②] 然而，不难理解，桃圆形器无法像圆形器那样被三等分，即不能像圆形器那样制作三分之一的模即可。显然，要铸造桃圆形器口的器物，通常需制作两个模，方能翻出整范，即其工艺较之圆形三足器更为复杂一些。这就是说，叶家山出土三足青铜器的制造工艺并未简化，而是相对复杂化，一定意义上可以说，当时的曾国业已掌握较为高超的铸造技术。

二、曾国与外界的文化交流

如前所述，山西翼城县大河口西周墓地和山西绛县横水西周墓地也零星出土了桃圆形器口的三足青铜器。这一事实表明，曾国与倗国等有着一定的文化交流。前面的分析指出，曾国青铜器主要具有中原地区的风格，同时保留有明显的地方特征，这应该是对外文化交流的结果。此外，据发掘报告介绍，叶家山出土的青铜器上有许多商代晚期和西周早期的族徽铭文，但未见数量上占绝对优势的族徽种类，这似乎暗示这些器物多为其他地区交流而来的舶来品，[③]而非曾国本地的产品。令人感兴趣的是，叶家山墓地出

① 湖北省文物考古研究所、随州市博物馆：《随州叶家山西周墓地第二次考古发掘的主要收获》，《江汉考古》2013 年第 3 期，第 3—14 页。

② 湖北省博物馆、湖北省文物考古研究所、随州市博物馆：《随州叶家山：西周早期曾国墓地》，第 24 页。

③ 湖北省博物馆、湖北省文物考古研究所、随州市博物馆：《随州叶家山：西周早期曾国墓地》，第 242 页。

土了一组“鱼伯”青铜器。人们知道，“鱼”族青铜器曾于宝鸡、安阳、洛阳及山东青州等地出土，关于“鱼”族的地望，学者们的分歧较大。① 就目前而言，尽管难以确定叶家山青铜器中“鱼”族的地望，但仍可肯定，曾国与鱼族是有文化交流的。叶家山墓葬出土器物的多角度研究表明，曾国与外界有着十分广泛的交流。这似乎表明古曾国及其周围地区已经形成了一个文化次中心，在这里多种文化汇聚、交流、共同发展，并且又被远播到远方。山西翼城县大河口西周墓地和山西绛县横水西周墓地零星出土的桃圆形器口三足青铜器，正是这种交流的产物。

三、结语

综上所述，可得初步结论如下：

（一）叶家山遗址出土青铜器虽然与中原地区的风格相似，但大多数三足器的器口及器腹为桃圆形，这种器口在其他遗址中十分罕见，它反映了曾国青铜器的地方特征。

（二）湖北省境内丰富的铜矿资源、叶家山青铜器具有的地方特征以及出土铜锭的实物证据，充分说明曾国曾经铸有青铜器。

（三）叶家山墓地出土一组鱼伯青铜器和多种族徽铭文的青铜器，而山西翼城县大河口西周墓地和山西绛县横水西周墓地零星出土有桃圆形器口的三足青铜器，所有这类迹象表明，曾国与其他地区的文化交流颇为广泛。

原载《考古与文物》2018 年第 6 期，今据以收入。

① 陈树祥：《简论随州叶家山新出鱼伯铭文铜器及鱼族》，叶家山西周墓地国际学术研讨会会议论文，2013 年，第 24—29 页。

金石旧拓所钤印章研究三题*

李红薇

殷周历史的研究往往离不开甲骨、金文等出土文字材料。在近代摄影术传入以前，中国人很早便已发明了传拓（或称椎拓）技艺来复制金石文字。相比文物的不可替代性，拓本更易广泛流传。金石拓本多钤有收藏、鉴赏的印记，表示曾为某人考藏、审定、鉴赏、经眼。① 这种印记与藏书印类似，或可称为藏拓印、鉴藏印。

以往学界利用金文拓本研究时多关注铭文本身，对拓本周围的印章不很在意。更有甚者，如《两周金文辞大系图录考释》收入《郭沫若全集》时，编辑竟有意删减了原书拓本周围的所有印章。其实，拓本所钤印章对鉴定拓本真伪优劣、考订其流传起着十分重要的作用，而考辨拓本源流、真伪又有助于了解青铜器本身的真伪、出土、流传等信息。而且由于鉴藏印好用古字，所用之字也能从侧面反映出当时古文字学的发展水平。由此可见，利用拓本的同时，更多地关注、研究拓本周围的印章是有一定学术意义的。本文即以笔者平日读书所见印章为例，谈谈近代金石拓本所钤印章的种类、印文释读及印主考辨等问题。

一、鉴藏印的种类

金石拓本鉴藏印种类繁多，印文长短不一，大体可分为公家藏印和私人藏印两大类。公家藏印，如“宝蕴楼藏器”“故宫博物院古物馆传拓金石文字

* 本文系四川省教育厅人文社会科学（郭沫若研究）项目“《卜辞通纂》的文献学研究（GY2021A02）”的成果。

① 时永乐：《古籍整理教程》，人民出版社，2016 年。

之记”，表示曾属公家某机构收藏。私人藏印，又可分为名号印、堂号印、箴言印、图像印等。

宝蕴楼藏器

故宫博物院古物馆传拓金石文字之记

名号印，主要指印章上刻有收藏者的姓名、字、别号等。如“思泊”（于省吾印）、“海滨病史”（陈介祺印）、“朗亭鉴藏”（陈廷炤印）、“西蠡所藏”（费念慈印）、“吴下曹氏秋舫藏器”（曹载奎印）、“寿孙之玺”（金祖同印）等。

思泊

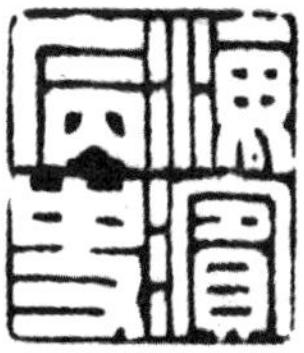

海滨病史①

朗亭鉴藏

西蠡所藏②

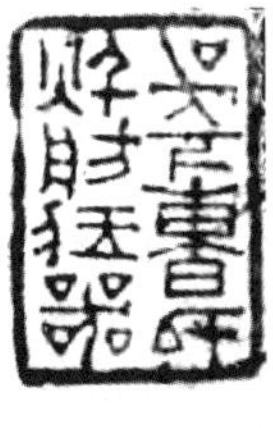

吴下曹氏秋舫藏器

寿孙之玺

堂号印，或称斋馆印，即印章上刻有收藏者的书斋、堂馆等。如“愙斋”（吴大澂印）、“澂秋馆所藏器”（陈承裘印）、“宝汉楼主”（孙禄增印）等。

① 王石经刻。

② 吴昌硕刻。

窸斋[①]

澂秋馆所藏器[②]

宝汉楼主

箴言印，或称吉语印，如“文字之福”（陈介祺印）、“平生有三代文字之好”（陈介祺印）、“四千年上古人心”等箴言类闲章。

文字之福[③]

平生有三代文字之好[④]

此外还有印面不是文字，而是以线条镌刻出的简单图案。

另有一种传拓者名号印，记录传拓器物的拓工名号，似有“物勒工名”的性质，如“希丁手拓彝器”（周康元印）、“王秀仁精拓”（王秀仁印）、“六舟手拓彝器”（僧达受印）等。有些鉴藏家亲自椎拓铜器，他们同时又是拓本的收藏者，如“锡永手拓”（商承祚印）、“建卿手拓”（朱善旂印）、“柯燕舲手拓本”（柯昌泗印）等。当然传拓者不一定都是收藏者。

希丁手拓彝器[⑤]

王秀仁精拓

六舟手拓彝器

① 王石经刻。

② 周康元刻。

③ 王石经刻。

④ 王石经刻。

⑤ 周康元自刻。

易(锡)永手拓　　建卿手拓　　柯燕舲手拓本

值得注意的是，还有一类印文，不属于狭义上的鉴藏印系统，或标明金文拓本所属的器物类别，如“壶”“敦”“鼎”“匜”“觯”等，多钤盖于拓本右上角。或标示铭文所属器、盖，大概因为簋、卣、盉等青铜器的器、盖常均铸刻铭文；甚至多有器盖同铭的情况，一般在拓本右下角或右上角加盖“器”“盖”印记，以示区别。

这些印文或作篆文，或为楷书。我们认为这类鉴别印，最早可能源于拓工作拓本时使用的小印章，起标示作用，以防止误置铭文（特别是器盖相同的铭文）。马子云讲金石传拓技法时，强调“拓成的铭文与花纹拓片，应随时用铅笔在拓本的右上角书明器的名称，或打上刻成的器名小戳子。因为古器铭文中，不书器名，而只有‘父丁’或‘父乙’等字，或书‘作宝彝’与‘作尊彝’等字的很多，如不在拓本的纸角上记载，事后即难以查考。我看到以前一些人著录金文，往往把铭文弄错。因此我对此事特别注意”。[①] 黄濬《尊古斋金石集》著录的拓本多钤盖、、等。罗振玉《三代吉金文存》多钤有、、、、、、、、、等。邹安《周金文存》有、、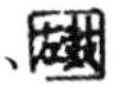、、等。

需要说明的是，、（敦）字常出现在簋的拓本上，系因宋代以来一直将铜器“簋”误认为是“敦”。[②] （簋）常出现在盨的拓本上，也是因为金石学界一直将铜器“盨”误认为是“簋”。

二、印文释读

近代金石拓本所钤印章多为篆书印，释读难度不大。但由于个别印章

① 马子云：《金石传拓技法》，人民美术出版社，1988 年，第 25 页。

② 容庚：《殷周礼乐器考略》，《燕京学报》1927 年第 1 期，第 83—142 页。

用字或取自古文或源于当时新出的铜器铭文，需要了解时人的释字水平、用字习惯，以便正确释读印文。如“窸斋”“雪盦藏器”“居”等。

金文拓本中常有一方阳文印如下揭：

或释作“纣丁手拓”，[1]有误。印主为周康元，原名家瑞，字希丁、西丁，江西金溪人。早年曾在琉璃厂开设古光阁古玩铺，最善青铜器全形拓，他的传拓法被称为“周氏拓法”。[2]“”实为“希”字。《字汇·又部》“柔，同希”，《集韵·微韵》“希，古作柔”。

“希”，不见于《说文》，目前最早见于睡虎地秦简：

睡虎地秦简《日书》甲篇简71

后人不明构形，俗写为“希”，[3]又因“布”与“糸”同义替换，即作“紊”“柔”形。

《碑帖鉴藏》所录《张通妻陶贵墓志》说明：

> 国家图书馆藏有一整幅拓本，裱本折迭装，外加木版封皮，装裱极为别致。此拓本曾为褚德彝、邹安、陈景陶、任杰递藏……拓本另钤有“两敦盖客”“任卓群”“邹安”……“骑安适庐”“觉盦任杰收藏金石书画”等印。[4]

---

① 孔令伟：《风尚与思潮：清末民国初中国美术史的流行观念》，中国美术学院出版社，2008年，第76页。

② 马子云：《金石传拓技法》，第4页。

③ 见潘重规主编：《敦煌俗字谱·巾部》，石门图书公司，1978年。

④ 赵海明：《碑帖鉴藏》，天津古籍出版社，2010年，第302—303页。

所谓“两敦盖客”印原作：

细审印文，当释“两敦盖窨”，印主为顾寿松。顾寿松，字容斋，乌程人，因藏颂敦（簋）故命所居名“两敦盖窨”。窨，或有荟萃聚集之义。据“拓本钤印位置多有考究，越早的鉴藏印其钤盖位置一般处于拓本四角最显要最舒适的地方”，[1]可知该拓本的递藏情况当补改为“此拓本曾为顾寿松、褚德彝、邹安、陈景陶、任杰递藏”。

所谓“骑安适庐”印作：

当释作“驺安适庐”，驺同邹，印主即邹安。邹安，字寿祺、景叔，号适庐。

三、印主考辨

印主考辨是金文拓本鉴藏印整理研究的重点，亦是难点。今试举两例如下。

金石旧拓中常见一方阴阳文印：

① 赵海明：《碑帖鉴藏》，第207页。

释文“宝汉楼主”并不难认，但学者多误以为其印主是陈介祺，如陆明君《簠斋研究》、[1]舒文扬《从簠斋用印看陈介祺的篆刻审美和创作思想》等均将“宝汉楼主”归入陈介祺姓名字号印中。

其实“宝汉楼主”并不是陈介祺，当为孙禄增。孙禄增，字叔茀，号镜江，居名宝汉楼，浙江归安人。藏金石文至数千种，多未见之品，[2]据其藏品撰有《宝汉楼碑刻目录》。南京图书馆藏《宝汉楼碑刻目录》即钤有“叔茀”“臣禄增”“宝汉楼主”“南京图书馆藏”等印，可辅证“宝汉楼主”确为孙禄增。[3]

近代金石藏家有“十钟山房”陈介祺，亦有“廿钟山馆”潘祖荫。《簠斋研究》将“十钟主人”“廿钟主人”均归入陈介祺名号自用印中，[4]有误。

“十钟主人”指陈介祺无疑义。陈介祺（1813—1884），字寿卿，号簠斋，晚号海滨病史，山东潍县人，著《十钟山房印举》等。篆刻名家王石经曾为陈介祺刻印：[5]

但“廿钟主人”印主并非陈介祺，而是潘祖荫。

王石经《西泉印存》有潘祖荫题跋：“簠斋丈曾属西泉为余刻印，今年始遇于都门，复为刻数枚。西泉之印近今无第二人。质之知者，以为何如？光绪丙戌春二月下旬吴县潘祖荫识。”书中钤有“廿钟山馆藏器”“廿钟主人”等。[6]

---

① 陆明君：《簠斋研究》，荣宝斋出版社，2004 年，第 131 页。
② 李遇孙等点校：《金石学录三种》，浙江人民美术出版社，2017 年，第 208 页
③ 南京图书馆编：《南京图书馆藏稀见书目书志丛刊》，国家图书馆出版社，2017 年，第 27 册。
④ 陆明君：《簠斋研究》，荣宝斋出版社，2004 年，第 131、135 页。
⑤ 王石经著，陈进整理：《西泉印存》，天津人民美术出版社，2014 年，第 15 页。
⑥ 程仲霖、王绘：《晚清金石著述刊刻观念异同分析》，《艺术研究》2014 年第 9 期，第 47—49 页。

另有孙壮题跋《王孙遗者钟》全形拓云："潘文勤廿钟山馆中物，与吴愙斋所藏沇儿钟作器年月同，惜久已流落海外，今获见此拓，眼福不浅。丙寅长夏北平孙壮题于雪园玉简斋。"①潘文勤公即潘祖荫。潘祖荫（1830—1890），字伯寅，号郑盦，江苏吴县人，与陈介祺因父辈同官中枢而为世交。②

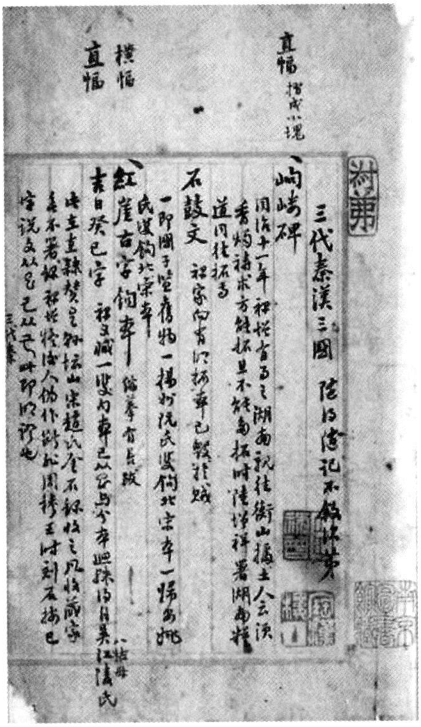
直幅 横幅
直幅
三代秦漢三國
岣嶁碑
石鼓文
紅崖古字

南京图书馆藏《宝汉楼碑刻目录》书影

综上，可知潘祖荫"廿钟山馆藏器""廿钟主人"与陈介祺"十钟主人""十钟山房藏钟"同出于王石经手，印文风格一致。

盖因"宝汉楼主"与陈介祺的"簠斋藏三代器""海滨病史"等常钤盖于同一拓本，故一些学者误以为"宝汉楼主"也属陈介祺，当更正。

了解总结名号印的规律，才能准确考证印主。旧时人名用印习惯，姓名若为三字，除常见的省略姓氏外，还可省略第二字，如褚德彝的"褚彝私印"，孙承泽的"北平孙泽"；或省第三字，如沈树镛的"沈树宝"，陈衡恪的"义宁陈衡章"。

① 西泠印社 2015 年秋季拍卖会吉金嘉会·金石碑帖专场拍品。
② 程仲霖、王绘：《晚清金石著述刊刻观念异同分析》，《艺术研究》2014 年第 9 期，第 124—128 页。

近现代以来，不少藏家名号、斋室等有相同者，若不细加考辨，极易混淆。如近世以“尊古斋”名世者，至少有何溱、黄易、黄浚、王嘉瑞四人。

何溱（1817—?），字方谷，浙江钱塘人，诸生，何元锡之子、何澍之兄。少承家学，藏书多善本，好古器，藏有芮太子鼎、鲁伯大父敦、旂簋等，藏器处曰尊古斋。①

黄易（1744—1802），字大易、大业，号小松、秋盦、秋影庵主等，浙江钱塘人，斋室名小蓬莱阁，著有《小蓬莱阁金石文字》。乾隆三十五年庚寅（1770）刻尊古斋印，边款为“庚寅七夕小松自作”，印面如下：②

黄浚（1880—1952），字伯川、百川，号横斋，湖北江夏人。1910 年接替叔父黄兴甫经营琉璃厂尊古斋古玩铺。③ 著有《尊古斋所见吉金图》《尊古斋陶佛留真》《尊古斋古玉图录》等。黄浚尊古斋印如下：

又安阳有王嘉瑞，在城内经营古董肆，亦曰尊古斋。④

如名“陶斋”者有端方、丁树桢二人。

端方（1861—1911），号陶斋，字午桥，斋室名宝华庵，满洲镶白旗。光绪八年（1882）举人，官至直隶两江总督。笃嗜金石书画，藏毛公鼎、番生簋、克

① 李遇孙，陆心源，褚德彝，桑椹点校：《金石学录三种》，浙江人民美术出版社，2017 年，第 240 页。

② 金玲：《黄易编年事辑》，《西泠印社》总第 27 辑，荣宝斋出版社，2010 年，第 58—73 页。

③ 陈重远：《京城古玩行》，北京出版社，2015 年，第 59—63 页。

④ 董作宾：《民国十七年十月试掘安阳小屯报告书》，《安阳发掘报告》第一期，1929 年，第 4 页。

钟等器。另曾藏斗鸡台柉禁一套，为彝器之冠。著《陶斋吉金录》《陶斋吉金续录》《陶斋藏石记》《陶斋藏印》《陶斋藏瓦》《陶斋藏陶》等。有印文“陶斋”“陶斋藏器”“陶斋所藏先秦文字”等：

丁树桢（1861—1915），字干圃，号陶斋，山东黄县人。有印如下：

此印见于《周金文存》卷一26“克钟一”拓本，《贞松堂集古遗文》卷一10“克钟一”记“此器黄县丁氏匋斋藏”，故“陶斋藏钟”的印主当为丁树桢。

又如“周氏吉金”有周进、周鸿孙。

周鸿孙（1877—？），字雪盦、湘云，浙江四明人。有印如下：

此印为赵时棡所刻，印文边款“雪盦主人藏三代吉金，多精品，故刻是印。叔孺”。①

周进（1893—1937），字季木，室名居贞草堂，安徽东至人。富收藏，藏铜器、石刻、玺印、封泥等，藏有吴彩父簋盖等器，著《季木藏陶》《季木藏印》等。有印如下：②

① 赵时棡：《二弩精舍印谱》，重庆出版社，2015年，第130页。

② 台湾史语所数位典藏资料库整合系统，http://ihparchive.ihp.sinica.edu.tw/ihpkmc/ihpkm_op?@@0.10177764106960985。

另有印文“季木审定”“季木过目”“季木”“季木心爱物”“周进之印”等。

学界很早便开始重视书画、金石拓本所钤印章研究，并形成了较为完善的理论体系。[①] 但一般古文字学者面对铭文拓本时，注意力更多地聚焦在古文字字形上。我们在这里想说的是，研究古文字拓本时，也可以多留心上面的题跋印章，这些信息对于深入了解器物的流传，甚至拓本背后的故事或许会有些意想不到的作用。

附记： 本文部分章节曾发表于《殷都学刊》《古文字研究》，本次收录时作了修订。

① 张彦远：《历代名画记》，人民美术出版社，2004 年；周克文著，谢稚柳审定：《中国书画鉴定》，东方出版中心，2017 年；朱敏：《印章与书画》，云南美术出版社，2006 年；刘江：《中国印章艺术史》，西泠印社出版社，2005 年。

后　记

中国社科院古代史研究所先秦史学科，2017年有幸列入中国社会科学院“登峰计划”优势学科，转眼已近四载。我们获得这一殊荣，有赖于先秦史研究室老先生的厚重成果打下的坚实基础，也得益于院所领导、同行专家的认可和期待。我们编辑本书的目的即在于向关心学科发展的各位先生汇报近年工作和成果。这一工作启动后得到中西书局的支持。先秦史研究室任会斌副主任，前期与中西书局接洽，讨论具体合作事宜，付出大量时间与精力。论文集编撰过程中，先秦史学科在职同仁给予大力支持，均积极赐予大作，通过文章向学界介绍近年研究之重点及所得。这本论文集，正如一场纸面上的学术研讨会，大家交流心得、培养新知，为先秦史研究事业添砖加瓦。此书亦愿抛砖引玉，期待下一辑能展现本学科更多更好的成果！

刘　源

2021年2月11日